编委会名单

主编： 曹云华

编委： 曹云华　徐义雄　史小军　陈奕平

潮龙起　文　峰　黄圣英

国家出版基金项目
NATIONAL PUBLICATION FOUNDATION

GZC 高校主题出版
GAOXIAO ZHUTI CHUBAN

国家新闻出版广电总局
深入学习宣传贯彻党的十八大精神重点出版物

凝聚与共筑

海外侨胞与中国梦

曹云华　主编

暨南大学出版社
JINAN UNIVERSITY PRESS

中国·广州

图书在版编目（CIP）数据

凝聚与共筑：海外侨胞与中国梦/曹云华主编. —广州：暨南大学出版社，2014.7
ISBN 978－7－5668－0894－3

Ⅰ.①凝…　Ⅱ.①曹…　Ⅲ.①华侨事务—研究—中国②华侨政策—研究—中国　Ⅳ.①D634

中国版本图书馆 CIP 数据核字（2014）第 002659 号

出 版 人：徐义雄
责任编辑：黄圣英　郑晓玲　吴筱颖　黄多多
责任校对：王嘉涵　卢凯婷

出版发行：暨南大学出版社

地　址：中国广州暨南大学
电　话：总编室（8620）85221601
营销部（8620）85225284　85228291　85228292（邮购）
传　真：（8620）85221583（办公室）　85223774（营销部）
邮　编：510630
网　址：http：//www. jnupress. com　http：//press. jnu. edu. cn

排　版：广州市天河星辰文化发展部照排中心
印　刷：佛山市浩文彩色印刷有限公司

开　本：787mm×1092mm　1/16
印　张：19. 375
字　数：287 千
版　次：2014 年 3 月第 1 版
印　次：2014 年 7 月第 2 次

定　价：48. 00 元

前　言

伟大的梦想，源于现实的土壤。自古至今，概莫能外。

回首中国历史长河，文明灿若星汉，传承千年不绝。两千多年的封建史上，盛世迭出，统治者以文治武功，促成国家强盛之梦，如西汉“文景之治”，唐朝“贞观之治”、“开元盛世”，清朝“康乾盛世”，莫不造福于人民及后世。然而，鸦片战争后，中国内忧外患，战乱频仍，民族危机严重。一百多年来，无数中华儿女怀揣国家独立、富强之梦，不惜抛头颅、洒热血。直到中国共产党成立，领导中国经过新民主主义革命、社会主义革命和建设的洗礼后，神州面貌焕然一新，重新走上了繁荣富强之路。特别是经过改革开放三十多年的伟大实践，中国综合国力不断增强，国际地位明显提升，人民生活水平显著提高。这是时代赋予这片古老大地的梦想——实现中国梦，正成为海内外中华儿女的共识，也成为国人追求幸福生活的不竭动力。

中国梦的本质内涵是实现国家富强、民族振兴、人民幸福，它是个人梦、国家梦和民族梦的有机统一。近百年的历史进程表明，国力不强，民族不盛，任何个体都难以得到发展，包括走出国门的每一位中华儿女。因此，中国梦是海内外中华儿女最伟大的共同梦想。一方面，海外华侨华人是推动中国革命、建设和改革，走向繁荣富强的重要力量，是中国继续深化改革、提升软实力所倚重的海外资源。另一方面，中国的强大与崛起又是海外华侨华人的有力保障和坚强后盾，中国政府对海外侨胞权益的保护力度不断加大，海外侨胞在居住国的社会地位日渐提高，他们的民族自豪感和自信心不断增强。这些都有助于海外侨胞更好地生存与发展。

目前，遍布世界各地的中国海外侨胞综合实力明显增强，尤其是新华侨华人的文化素养、经济实力等都有了大大提高，成为一支正在崛起的华人力量。他们既积极融入居住国政治、经济、文化、社会等领域，又时刻关注、参与祖（籍）国的建设与发展。他们，既是中国梦不可或缺的“造梦者”，又是梦想照耀现实时的缕缕“阳光”。因此，加强新时期华侨华人与中国梦的研究，充分挖掘、培育、借助这一独特的海外资源，对实现中国梦这一伟大事业将具有重要的意义。

本书是关于华侨华人与中国梦研究的最新成果，由教育部人文社会科学重点研究基地暨南大学华侨华人研究院、新闻与传播学院、华文学院等单位科研人员共同完成。全书围绕海外华侨华人与中国梦的相互关系展开，包括海外华侨华人与百年中国梦的形成，海外华文传媒、华人社团、华文教育与中国梦的建构，中国的和平发展与海外侨胞权益的保护，新时期华侨华人与中国梦的实现等主要内容，从华侨华人历史、华文传媒、华人社团、华文教育、华人经济、中国海外新移民、华人权益保护、华侨华人与中国创新体系、华侨华人与中国和平统一、华侨华人与中国软实力等多维视野进行全面深入的阐述，有助于全面了解海外华侨华人在中国梦的形成、建构、发展、实现中的角色与实践。同时，在理论与实践、历史与现状分析的基础上，本书针对性地提出了相关对策建议，这对于涉及相关工作的侨务、外事、文化、教育等部门也有一定参考价值。

本书由暨南大学国际关系学院/华侨华人研究院执行院长曹云华教授负责整体框架设计及统稿工作，具体编写人员与分工如下：第一、十、十一章，潮龙起；第二章，莫光木；第三章，彭伟步；第四章，石沧金；第五章，刘慧；第七章，曹云华；第六、八章，王九龙；第九章，文峰；第十二章，陈奕平、罗发龙。

本书入选国家新闻出版广电总局组织的“深入学习宣传贯彻党的十八大精神重点出版物”，以及教育部社会科学司组织的“全国高校出版社主题出版项目”，并获得国家出版基金项目资助。在此，还要特别感谢暨南大学出版社徐义雄社长为本出版项目提供的大力支持，同时感谢黄圣英等编辑为此付出的辛勤劳动。

最后，需要说明的是，本书各章节仅代表作者本人观点。由于时间仓促、水平所限，疏漏之处在所难免，敬请各位同仁批评指正。

编　者

2014 年 7 月

目　录

第三编 国力为侨：中国的和平发展与海外侨胞利益的保护

第一编

古今相继：海外华侨华人的中国梦

第一章 海外华侨华人的百年中国梦

中国梦的本质内涵就是实现国家富强、民族振兴和人民幸福。它是个人梦、国家梦和民族梦的有机统一，国家不富强，就会被人欺侮；强国才能富民，强国也是为了富民。中国近百年历史表明，实现中国梦是近代以来海内外中华儿女最伟大的梦想。华侨华人是中国革命、建设和改革的重要力量，从辛亥革命到抗日战争再到新时期的改革开放，为了民族独立和国家富强，华侨华人在人力、智力和物力方面都给予了巨大支持。

要探讨海外华侨华人的中国梦，就该先定义华侨华人的概念和内涵。华侨与华人概念的区分，主要判断依据是“国籍”：“华侨”是拥有中国国籍，而又长期在外国居住或工作的中国人；“华人”是已经取得所在国国籍的具有中国血统的人，又叫华裔或外籍华人。这个概念的区分主要与历史上的中国移民有关，也与所在国的华人政策有关。20世纪50年代开始，以东南亚国家为主，各国先后出台了相应的华人政策，虽然各国政策在执行程度以及政策收效上有所不同，但最终的目的是一致的，即将“华侨”同化成“华人”再同化成“本国人”。为保护华侨华人的利益，中国政府鼓励华侨加入当地国籍，认同居住国。现在这些移民都已经融入了当地社会，特别是他们的后代，一般称为“华裔”。在东南亚国家中，从第二代或第三代华人开始，他们在居住国出生和接受教育，成为居住国公民，从小接受当地的文化教育和认同居住国为自己的祖国。对于他们而言，中国只是父辈们出生的故乡，是一个逐渐陌生和遥远的概念，他们把爱国主义的热情投放到自己的居住国。

1979 年中国改革开放以后，特别是 20 世纪 90 年代开始，华侨华人的概念和内涵出现新的变化。随着中国改革开放步伐的不断加大，有许多新移民开始流向以美国为代表的发达国家；许多企业开始走出国门，到外国投资；许多人到海外求学；许多工人到境外务工等。据统计，1978 年，中国公民出境仅为 20 万人次左右，而 2003 年中国公民出境达 2 020 万人次，增长 100 多倍。据不完全统计，华侨华人分布在全球 151 个国家，其中亚洲国家 34 个、美洲国家 39 个、欧洲国家 25 个、大洋洲国家 17 个、非洲国家 36 个。截至 2010 年 12 月，中国留学生人数达 127 万，已居全世界首位。近几年来，中国留学生人数每年增长幅度在 35% 以上。2010 年中国出境旅游人数达 5 739 万，海外务工人员达 563 万。[①] 在传统意义上来说，这些人不属于“华侨”，因为他们不是在当地国家长期居住；这些人大部分也不属于“华人”，因为他们未获得当地国家国籍，还是中国的公民。但是，这些人应该属于华侨华人的后备队伍，随着条件的达成，他们也许会成为居住国的公民，或者成为华侨。今后，还将会有更多的国人走出国门，成为华侨华人。遍布全球各地的华侨华人在实现自己个人目标和理想的同时，也都怀有一个中国梦，无论是过去还是现在，无论时代如何演变，这个中国梦会一直留于他们心中，永不褪色。

一、晚清华侨中国梦的形成

19 世纪中叶以前，历代封建政府出于对政治安全和经济利益的考虑，实行严禁民众出洋的政策，视华侨为“背弃祖宗庐墓”、“自甘化外”的“天朝莠民”，对其不闻不问，更谈不上保护。

到 19 世纪末，海外华侨人数至少有 400 万，且高度集中在东南亚。此时，各地华侨社会仍多为自然形成的，以血缘、地域、方言等为划分

① 唐昊:《关于中国海外利益保护的战略思考》,《现代国际关系》2011 年第 6 期。

依据的各种团体。如在新加坡，自1819年莱佛士（Stamford Raffles）爵士代表英国开埠新加坡后，华社逐渐形成帮群林立的局势。来自中国华南地区的闽粤移民因所操方言的差异而划分为“福建”、“潮州”、“广府”、“客家”、“琼州”这五大帮群，各帮群因其独特的风俗、习惯等而形成各自的帮群认同，从而与异帮群相区别，使早期的华社呈现出高度的异质性。可以说，“帮”是东南亚华侨社会结构的基本特征。这些华侨群体及其社团在维护共同利益、守望相助、保持家乡联系等方面虽发挥了积极作用，但其狭隘的乡土观念与宗族、方言、行业的排他性又常成为不同华侨群体之间冲突的根源。在美国，自华侨大规模赴美淘金后不久，各地缘会馆就纷纷建立。至1862年，已有华侨六大会馆，三邑、阳和、人和、宁阳、冈州与合和会馆，美国人将其称为“六大公司”。到20世纪初，又增加了肇庆会馆。早期美国华侨的这些会馆、宗亲会之类的组织，其背后都有浓厚的地方文化色彩。早期的华侨会馆时分时合，这充分反映了华侨社团强烈的宗派性和排他性，且成员常为争夺会馆的权力和职务发生冲突，各堂会之间械斗不止。实际上，自19世纪50年代初华侨移民美国、组建各堂会始，就有“堂斗”发生，大致到“二战”前，大规模的“堂斗”始告平息。

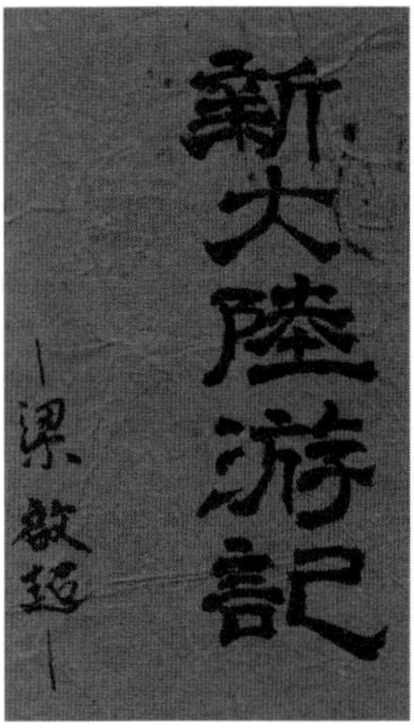

梁启超《新大陆游记》

梁启超在《新大陆游记》中也指出：“凡外洋之粤民，皆有所谓三邑、四邑者，是最怪事。……三邑、四邑，殆如敌国，往往杀人流血，不可胜计。……旧金山之四邑，又分为五会馆，其分裂之法极可笑，最奇者，则余姓又自外于新宁是也，其故皆由人多之县，不欲与他县合并，人多之姓，又不欲与他姓合并，此亦其无政治能力之一大征证也。小群可合，而大群遂不能合也。”1905年，戴鸿慈作为清末出洋考察政治的五大臣之一，也在日记中写到整个华侨社会的分裂和敌对现象。他感叹道：“八大会馆，以地而分者也；……此外，有族姓联合者，有秘密结社者，各立堂号，不相上下，往往睚眦相杀，互为仇雠，争竞无已。时商民良厚者，道及辄太息，以废去堂号为请。夫吾国内地人民，素无合群之能力，世以团沙相诮久矣。近少知团体之急，而不并力外侮，方日攻同胞之不暇，是人揕吾胸而又自剚也。”

早期华侨社会的严重分裂和冲突，突出地反映了他们在地域、语言、风俗等文化方面的差异。这种差异说明当时华侨只有狭隘的地缘意识，而无民族观念。在此浓厚的地缘意识之下，他们只知自己是三邑人，或四邑人，或客家人等，而没有中国人这一民族观念。保皇会领导人伍宪子（名庄）也曾指出美国华侨社会存在“党派多，姓氏别，邑属分，堂号异”[①] 的劣习。1911 年 6 月 25 日，孙中山在中国同盟会葛仑分会成立大会的演说中，批评一些华侨“各自营其私，无顾大局之观念”，指出：“我国人多不知国与己身之关系，每顾个人主私事而不为国出力，不知因与己身之关系如身体之于发肤，刻不可无。”

从华侨定居国来看，当时的一些国家实行排华法，华侨在当地无法入籍，更谈不上生根立足。如美国是一个由以盎格鲁—撒克逊基督教新教徒为主的欧裔白人族群组成的国家，其主流社会对来自亚洲地区的、种族和文化差异较大的华侨是难以接受的。他们轻蔑华侨，称呼华侨为“苦力”、“清克”、“异教徒”等。尽管华工对早期美国西部经济开发贡献很大，但经济危机袭来时，美国白人种族主义者仍指责他们是引发这场危机的“祸水”，华侨因而遭受美国社会的排斥。排华分子处心积虑地剥夺华侨在美国经济领域本可能获得的地位，目的是将他们逐出美国。在排华分子的鼓动下，一些地方政府通过了大量歧视和排斥华侨的法律条规。很快，美国的排华运动从加州蔓延到全国。1882 年国会制定排华法案，禁止华工移民美国，在就业、公共服务、社会生活等方面全面排斥在美华侨。[②] 粤督张之洞在 1886 年致书总理各国事务衙门及驻

---

① 伍庄：《美国游记》，旅美三邑总会馆历史编辑委员会编：《旅美三邑总会馆史略》（1850—1974），旅美三邑总会馆 1975 年刊印，第 181 页。

② 参见：Jean Pfaelzer, *Driven Out: The Forgotten War Against Chinese Americans*, Berkeley and Los Angeles: University of California Press, 2007.

美使臣时，提到了出洋粤民所经受的焚、劫、杀、逐等种种迫害，以及他们在美生活之艰辛。如在旧金山，"华民住房则有十苦之诉，洗衣裳馆则有六不近情理之诉，统大小各埠工商人等，则有七难之诉"①。美国的排华运动不但阻碍了华侨入籍美国，而且迫使他们逃亡到附近的唐人街聚居，以便守望相助，这样致使华侨逐渐被孤立于美国的主流社会。

由于华侨居住国的排华行为造成了他们在居住国处于边缘地位，以及他们对家乡的强烈依恋，因此他们关注中国发生的一切，积极维持与家乡的联系，这成为他们侨乡认同的基础。但在清政府严禁民众出洋、敌视华侨的情况下，此时的华侨只知家乡而不知国家。华侨还没有萌生民族意识，更谈不上中国梦，而只有个人的发家致富梦和家乡的富裕祥和梦。

晚清以来，在民族危机意识的刺激下，寻求中国社会变革、救亡图存的各派政治势力都注意到华侨显著的经济实力以及其拥有的特殊资源，先后把目光投向华侨，寻求华侨的支持。首先，洋务派在"求富自强"的活动中，逐步认识到华侨的潜在力量，希望华侨能在自强运动中起作用。在他们的推动下，晚清政府在对待华侨政策上，从 19 世纪 70 年代初开始有了较大的变化，从敌视华侨逐步改变为同情华侨、设领事馆保护华侨，给予华侨在国内一定的政治、经济地位，以此利用华侨的力量。晚清政府的侨务政策和侨务活动主要有：设置领事馆保护与管理侨民，保护华工；动员、劝诱华侨向国内捐赠和投资；发展海外华文教育；筹建海外总商会，促进华侨社会的统一。② 1893 年，清政府正式废除长期以来禁止移民的政策，标志着中国政府与其海外臣民的关系揭开了新的一页。中国人移居境外的权利在历史上第一次得到承认，海外华侨访问及回归故乡受到欢迎。清政府还在归侨聚集的福建厦门和广东广

① 陈翰笙：《华工出国史料汇编》（第一辑）（4），北京：中华书局 1985 年版，第1346～1347 页。

② 庄国土、刘文正：《东亚华人社会的形成和发展：华商网络、移民与一体化趋势》，厦门：厦门大学出版社 2009 年版，第 156～158 页。

州设立保商局，保护归侨利益。清政府官员对华侨态度的改变和对国籍法重要性认识的提高也促使清政府于1909年颁布了中国历史上第一部国籍法，即《大清国籍条例》。该条例明确规定以血统为确定华侨国籍的原则，即凡父亲为中国人或母亲为中国人而父亲无可考或无国籍者，不论出生在中国或外国，都是中国人。晚清政府的各种涉侨举措在一定程度上密切了华侨与祖国的关系，特别是在侨社中发展华文教育的举措，有助于华侨克服因方言而造成的隔阂，有利于侨社从文化上认同于作为整体的中国，而不像以前那样更多认同于家乡。晚清政府颁布的具有血统主义的国籍法是维系中国与海外华侨的一个强有力的纽带，加强了他们的向内之心，有力推动了华侨对中国的认同。

戊戌政变失败后，康有为、梁启超等维新党人逋逃海外，在加拿大、美国等世界各地相继成立保皇总会、分会170多个，他们组织集会演说，宣扬救国救民、保皇保种思想和近代中国民族主义思想。梁启超在1901年撰文强调中国救亡图存的当务之急是建立民族主义国家，并对民族主义作出概念诠释。他认为，民族主义是“各地同种族、同言语、同宗教、同习俗之人，相视如同胞，务独立自治，组织完备之政府，以谋公益而御他族也”。康、梁在逋逃海外期间，继续宣扬维新变法主张，并发展其“民族主义”观，敦促华侨关心国内事务，把中国建设成资本主义民族国家。[①] 康、梁等保皇党人还在海外各华人聚集地创办和利用原有华文报刊，作为保皇组织的舆论阵地，争取华侨对其政治主张的支持。保皇人士先后创办或控制的海外报刊，有檀香山的《新中国报》，加拿大的《日新报》和《世界日报》，美国的《文兴日报》、《世界日报》和《大同日报》，菲律宾的《益世新报》，澳门的《知新报》、《濠镜报》，香港的《华字日报》、《实报》，新加坡的《天南新报》、《南洋总汇报》，槟城的《槟榔新报》，澳大利亚的《东华报》，暹罗的《湄南日报》等数十种，向华侨灌输中国已处亡国亡族危局之

① 庄国土、刘文正：《东亚华人社会的形成和发展：华商网络、移民与一体化趋势》，厦门：厦门大学出版社2009年版，第173页。

意识，宣扬“唯有保皇才能图存，救圣主才能救中国”[①]。他们还呼吁兴办华侨教育，发展华侨智力，以弘扬中华文化，强调国民教育与华侨前途有密切关系，应启发童蒙，栽培健全之国民，以备将来国家成立时尽国民之责任。康、梁等人的保皇救国活动在开启华侨民智、改善华侨风气、推动华侨对祖国的关注和认同、促进华侨民族主义思想的产生和发展等方面起了巨大作用，从而激发了广大华侨的爱国爱乡之心。

19 世纪后期，清政府对外交往逐渐增多，外交经验不断积累，开始认识到华侨对于中国的经济意义，也体悟到西方列强所采取的歧视华侨政策有损于自己的国际声誉，于是着手在华侨集中的地区设置领事馆，保护与管理侨民。但清政府在国际关系局势中的弱势地位决定了它的侨务工作不可能正确而有效——上自朝廷，下至驻外公使、领事，都在洋人面前卑躬屈膝，委曲求全，不敢为华侨利益据理力争。而在居住国排华运动下的华侨，本来迫切希望有一个强有力的本国政府来保护他们，但清政府对此却无能为力。美国保皇会领导人伍宪子就认为：“美国乃多为苛例以排斥华人，不特不公，且亦不智。”问题是，“惜乎我国无良好政府，能据公理，陈利害，以动美国人士之心，坐视华侨在美日陷困难之境”[②]。可见，美国排华的根本原因在于中国多年来的积弱，它助长了美国社会的排华运动。这种情况势必导致华侨难以认同清廷，转而支持孙中山领导的民主革命。

以孙中山先生为首的革命派动员和组织华侨参加民主革命，在华侨中大量传送与散发有关的历史书籍和革命作品，唤起与重组华侨的集体记忆，揭示祖国面临瓜分豆剖的危局、国内外同胞均已沦为奴隶的悲惨境遇，指出只有通过“排满”和“救亡”，才能改变中华民族的共同命运，恢复中国人的利益和尊严，并提出革命的伟大愿景——“振兴中华”，实现民族、民权、民生三大主义，使祖国臻于民主富强，人民享受自由幸福。

---

① 上海市文物保管委员会编：《康有为与保皇会》，上海：上海人民出版社 1982 年版，第 92 页。

② 转引自秦素菡：《康梁保皇派与美国华侨的认同问题》，《丽水学院学报》2012 年第 3 期。

由此可见，华侨华人的中国梦是基于其特定的历史体察和文化积淀而形成的，也是对自己生活的历史和现实的反思而作出的反应。一方面，晚清各派政治势力在华侨中的组织和宣传活动从客观上增强了华侨对祖国的认同，激发了华侨民族主义的兴起，不断构建和加强了海外华人的国家观念和民族观念；另一方面，追寻中国梦是近代华侨对其个人命运和国家地位关系的思考。随着鸦片战争后西方殖民者对中国的侵略日益加深，中国的国际地位一落千丈，海外侨民不但得不到祖国政府的保护，还沦落到任人宰割的地步。如 19 世纪末日本的崛起和东亚国际秩序的变化，使得美国政府敢制定排华法案，却不敢制定排日法案限制日本移民。1907 年，日美达成君子协定，日本不再向前往美国的日本劳工核发证件，作为交换，美国同意日本家庭来美团聚，甚至在旧金山等地废除对日本移民进行隔离的教育制度。因此，同为亚裔的美国华侨深知，他们在美国的境况是与祖国的命运紧密相连的。而在荷属东印度，1905 年日俄战争以日本的胜利告终。对于在荷日侨来讲，“日本从四等国一跃而为世界强国，于是日本人之南洋一带者，地位骤然提高，荷兰殖民政府的一切规章制度，日本人可以任意违反，荷兰人亦不敢过问”①。日侨社会地位的转变，引起了华侨的反思，使他们认识到强大的祖国是侨民的靠山。所以，以建立强国为奋斗目标的辛亥革命吸引了众多华侨。当清朝的腐败无能彻底为华侨社会所认识后，在国家观念和民族观念的激励下，华侨不断参与到近代中国的社会变革中，其中参与规模最大、支持力度最深的当属辛亥革命。实际上，大多

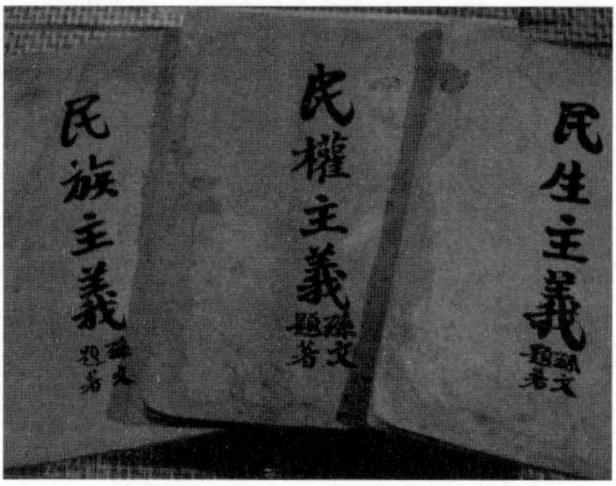

孙中山手书“三民主义”

① 廖嗣兰：《辛亥革命前后荷属东印度华侨情况回忆录》，政协广东文史资料委员会编：《广东辛亥革命史料》，广州：广东人民出版社 1981 年版。

数华侨都是在“振兴中华”这个中国梦的激励下，参与了这场中国历史上最波澜壮阔的革命。可以说，华侨是革命思想的传播者，是革命组织的重要支柱，是革命经费的基本来源，是武装起义的核心骨干。辛亥革命中华侨的丰功伟绩早已名垂史册。华侨参与辛亥革命建立民族国家，并为民国政府所嘉奖、承认的历史成为海内外中华儿女的共同记忆，这是华侨寻求民族国家认同的起点，也是之后华侨不断参与国内各项事业的开端。

二、民国时期华侨中国梦的发展

与国内民众相比，华侨由于更早接触西方资本主义文明，也更深地感受到弱国民众在他乡所遭受的苦难，所以对中华民国抱有更多的期待。他们期望，取代了腐败的清朝统治的民国政府能引导中国走向民主富强之路，使海外华侨有强大的祖国保护。但辛亥革命后，国内局势的发展并未如华侨所期待的那样。在反动军阀的黑暗统治下，北洋政府对外投降卖国，对内实行独裁专治，战争连年，民不聊生。在此情况下，华侨不屈不挠、坚持不懈地追寻中国梦，本着对民主共和理想的追求，继承华侨先烈们的革命精神，积极投身于孙中山领导的护国运动、护法运动，抨击袁世凯的倒行逆施，随后又积极支持和参与到反帝反封建的大革命中。

中华民国建立后，袁世凯玩弄阴谋，窃取革命果实，对外实行卖国借款，对内倒行逆施，妄图实行专制统治。在此情况下，孙中山领导的革命党人以武力奋起抗争，华侨也不甘落后，纷纷投身于“讨袁”斗争。他们通电“讨袁”，坚决主张共和体制，反对封建专制，积极资助孙中山领导的“二次革命”。日本、新加坡、印度尼西亚及泰国曼谷、越南河内等地华侨纷纷成立筹饷局募集经费。旧金山的华侨成立民国维持总会，革命党人林森、冯自由被选为总会正、副会长。据载，民国维持总会筹得讨袁军饷总金额约20万元。这些捐款源源不断汇回国内，资助革命，对于推翻袁世凯反动政府的专制统治起了巨大的作用。华侨不但积极捐款资助孙中山讨袁，而且还尽力阻止外国政府借款给袁世凯。1914 年袁世凯派代表赴美，拟向美国政府借贷 5 000 万美元至 1 亿美元。此事被旧金山国民党支部及当地华侨获悉，他们立即致电美国总统威尔逊，表示强烈反对和抗议。此电一出，全美各地华侨的响应通电达 200 多封，致使袁世凯卖国借款的阴谋流产。1915 年冬，袁世凯派亲信黄远庸到美国进行宣传帝制活动。当他在旧金山都板街上海楼餐馆把酒言欢时，突然闯进两位壮士，拔枪击之，黄远庸应声倒地，当场毙命。刺客很快逃走，无法追查，只知是反对袁世凯帝制的热血华侨而为。从此，袁世凯的爪牙“视美洲为畏途”，不敢贸然前往。

国共合作的北伐战争，是一场反帝反封建，争取国家独立、民族解放的正义战争。在北伐战争中，华侨为了祖国的统一和独立，发扬爱国主义精神，组织各种支援北伐战争的华侨团体，开展各种形式的支援北伐战争的活动。首先，他们积极捐款支援北伐战争。进行规模宏大的北伐战争，不仅需要相当的人力资源，还需要雄厚的财力资源。孙中山在世时，曾准备进行北伐战争，但因财力不足，于是致电海外，要求华侨“踊跃捐输”，支持“移师北指”，“以助成统一”。当时，东南亚和美洲等地的华侨都踊跃捐款，援济北伐。1926 年 7 月 2 日，北伐战争开始的第二天，由 16 个海外华侨团体组成的华侨协会召集各驻粤华侨团体，在广州举行了华侨北伐后援会成立大会。华侨北伐后援会的宗旨是“援助国民革命军出师北伐，以求中国之真正统一”，其重要任务是“筹款援济北伐军饷”。驻穗华侨北伐后援会的成立，开创了华侨支援北伐的先河。此后，海外华侨北伐后援会竞相成立。据统计，截至 1926 年 9 月，各地建立的华侨北伐后援会有 524 个，会员约 100 万人。除此之外，组织捐款活动的还有各种华侨团体，如东南亚和美洲等地的文教卫生界的华侨组织、工商界的华侨团体和以地缘为纽带的华侨同乡会组织等。其次，开展北伐的宣传活动。许多华侨团体和爱国华侨、留学生利用各种场合及多种宣传形式，积极开展论述这场战争的正义性、必要性等方面的宣传活动，使更多的华侨同情、支持和参与北伐战争，并争取国际上的同情与支持。最后，积极参与北伐战争。在北伐战争的战场上，有华侨和留学生留下的脚印，也有他们洒下的热血和抛下的头颅。

据不完全统计，在北伐战争酝酿期间，仅暹罗一地回国参军的华侨就有300多人；在叶挺独立团出师北伐以后，经由广州口岸回国参加革命的华侨也有318人。有些华侨和留学生组织华侨团体，随军北伐。当时参加北伐战争的华侨团体有“华侨炸弹敢死队”、“北伐军海外北伐工作团”和“华侨特别宣传队”。有些则是个人入伍从征，参军参战。

1927年，南京国民政府建立，随后成立侨务委员会，并围绕当时的国家重大战略制定了一系列相应的政策和措施，如在华侨集中地区建立国民党组织；创办侨刊乡讯，对华侨进行宣传教育；动员华侨回国投资兴办事业；肯定华侨爱国捐献行动并予以表彰和奖励；积极维护侨胞利益，动员华侨支援抗日战争。① 而面对“九一八”事变后日本帝国主义的侵略和中国本土民族危机的加深，华侨本着对中华民族、国家和政权的全面认同与深植于华侨内心的宗族、家乡本位观念，以及出于日本在东南亚的经济扩张对华侨整体利益造成极大损害的考虑，纷纷投入抗日救亡运动。他们强烈谴责日本帝国主义的侵略行为，抨击南京国民政府的不抵抗政策。1931年11月，马占山率部在嫩江桥抗战，给进犯的日军以重创。全国各地纷纷捐款援马抗日，海外华侨也不甘落后，纷纷致电给马占山，表明华侨的鲜明态度，并汇款慰劳马部将士。1932年1月，日本制造“一·二八”事变，武装侵略上海。针对日本的进攻，以蔡廷锴将军、蒋光鼐将军为领导的国民革命军第十九路军为保卫上海，不顾蒋介石的不抵抗政策，奋起反抗。十九路军的英勇抗日壮举，得到了海内外广大同胞的支持。美国旧金山侨胞“以抗日救国，匹夫有责，不数日即已筹得美金300余万”，“购机30架”，汇交十九路军，支援抗战。除捐款捐物外，美国华侨还组织了一支250多人的华侨抗日义勇军奔赴

籌捐
馬占山將軍
全部兵士
慰勞費
徵信錄
中華民國廿壹年季春

筹捐马占山将军全部兵士慰劳费征信录

① 吴凤斌等：《东南亚华侨通史》，福州：福建人民出版社1994年版，第678～686页。

淞沪抗日前线。归侨飞行员、军政部航空第六队副队长黄毓荃在淞沪抗战的空战中作战英勇，先后击落日机多架，但在2月5日的空战中，不幸遭数架日机围攻，壮烈牺牲，时年28岁，成为中国空军抵御外侮英勇献身的第一人。华侨对淞沪抗战的各种支持，对于增强十九路军的实力以及鼓舞士气，都具有积极意义。

"七七"事变后，为动员海外侨胞支援中国抗战，国民政府和国民党中央对侨务工作非常重视，正如1939年11月国民党第五届六中全会所提出的，海外侨胞是抗战建国的力量源泉之一，在抗战期间"其重要性尤倍于往日"，此时最重要的侨务工作是"谋保障侨胞之安全及发挥侨胞之物力人力，以用于抗战之事业"。在这样的背景下，南京国民政府对中央和地方侨务机构加以健全与完善，制定了许多相关法规和条例，如《非常时期海外华侨专门技术人才调查表》、《非常时期海外各地救国团体暂时办法》、《救国公债条例》等，通过侨务委员会、外交部及驻外使馆、国民党海外部及驻外使馆等组织机构，对华侨进行了大量的抗日宣传和组织工作，号召侨胞出钱出力，支援抗战。这些法规条例的颁布和实施，以及有关的组织宣传工作，对于调动华侨支援祖国抗战意义重大。

"七七"事变后，面对日本帝国主义的疯狂侵略，以及中华民族历史上遭遇的空前危机，广大华侨与国内人民同仇敌忾，发扬爱国主义传统，在爱国华侨领袖和华侨团体的组织领导下，通过捐款献物、直接投身祖国抗日疆场等多种形式，大力开展抗日救亡运动。如在抗战时期，华侨的捐款、侨汇和购买救国公债成为抗战期间中国财政经济的重要支柱，也是外汇的主要来源。据国民党政府财政部的资料统计，抗战8年，华侨捐款共达13.2亿元；1937—1942年购买救国公债11亿元，其中国民党政府第一期发行救国公债5亿元，海外侨胞认购了半数以上；此外，抗战期间，侨胞汇回祖国的赡家费达95亿元以上。这对于解决抗战时所需物资、平衡外汇收支，起了重大作用。另外，华侨还为战时物资奇缺的祖国捐献了大量军需物资，如医药用品、衣物、飞机、汽车等。华侨为支援祖国抗战，创造了许多灵活多样的筹款形式，如一日

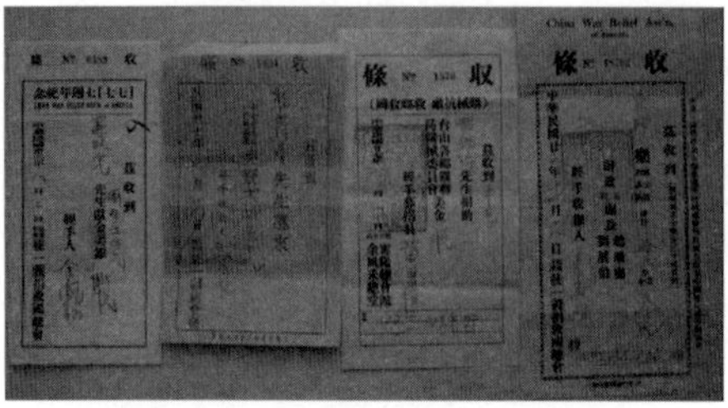

海外华侨华人“七七事变”七周年纪念捐款收据

捐、一月捐、新年捐、“七七”献金、“双十”献金等；此外，还有棉花捐、游艺捐、劳军捐、演戏捐、卖花捐、“一碗饭”捐、劝售纪念章捐、航空献机捐等。参与抗战捐献活动的华侨来自各个阶层，很多侨领不但带头捐赠，还全力组织华侨捐款捐物。华侨中的工人、店员、职员、教师等，虽收入低微，但为了支援祖国抗战，也都节衣缩食，将自己的“血汗钱”捐了出来。据载，一位在旧金山侨居50年的伍姓老华侨，曾是一位洗衣工，年已七旬，儿孙绕膝，生活优裕。为了支援抗战，他毅然回到洗衣馆重操旧业，把所得工资全部献给祖国。一位叶姓华侨寡妇，把自己的全部首饰和多年积攒的3万多美元送到“抗日义捐救国总会”。华侨工人颜广礼，战前每天抽雪茄10多支，抗战开始后戒绝吸烟，八年如一日，把买烟钱悉数捐给祖国救济难民。美国底特律市郊的一名华侨寡妇，人称简夫人，丈夫去世后，她带着两个女儿开一间洗衣店维持生计，尽管不算富有，但在半年之内，她不顾女儿和女婿的劝阻，把自己大半辈子积攒的血汗钱1.5万美元，毫无保留地捐给祖国。

这里值得一提的是美国华侨的航空救国运动。中国人民的抗日战争是在敌我双方军事力量悬殊的情况下进行的，空战更是如此。抗战伊始，中国空军能派上用场的飞机只有320架，而日军仅在东南一隅的飞机就有500多架。尽管如此，中国飞行员仍士气高昂，常常以寡敌众，打赢几场精彩的空战，其中就有美国华侨飞行员的功劳。在美洲地区华侨回国参加抗战的人数中，美国华侨占首位，共有618人。① 其中有医务人员、机电人员、青年学生等，但从人数和影响来看，航空人员所作贡献较大。训练和输送航空人才回国参加抗战，这是美国华侨参与抗战

① 台北侨委会编：《华侨革命史》（上），台北：正中书局1981年版，第639页。

的一大特点，也是美国华侨支持国内革命的有效行动之一。这些华侨飞行员在抗日战争的多次战役中，均表现出以身殉国、英勇杀敌的大无畏精神，建立了卓越功勋。不少人在空战或执行战时任务时，献出了宝贵的生命。美国华侨的航空救国运动，培养了一批飞行技术人才，为中华民族取得抗战的伟大胜利，以及后来中国航空事业的发展作出了巨大贡献，其光辉业绩彪炳千秋，其英雄气概永垂青史。而华侨强烈的民族情感和爱国主义觉悟是他们支持和参加祖国抗战的坚实思想基础。

这一时期，除支持和参加祖国的民族民主革命外，华侨还采取各种方式救国，包括振兴实业，发展民族资本主义经济，以挽救濒临“亡国灭种”的中华民族。在“实业救国”思想的影响下，许多华侨带着他们在国外学到的先进技术和长期勤劳工作积累的资本，回到祖国兴办实业。以美国华侨为例，早在 19 世纪七八十年代，已有一些美国华侨陆续回国创办与民生密切相关的工业企业。例如，1889 年，美国旧金山华侨黄秉常、李荣帮回广州设电厂，雇用外国技师，并安装了两台 100 匹马力的发电机用于发电；两年后，广州市 40 条街道上亮起了 700 多盏电灯，由此成为“不夜城”。作为中国第一家自办的发电厂，它只比英国人创办的上海电光公司晚了七年。辛亥革命前后，旅美华侨回国投资兴办实业的事例屡见不鲜。以广东中山为例，1908 年旅美华侨蔡锦阶创办了“香山机器制砖有限公司”，成为当时香山县第一家近代工业企业；同年，檀香山华侨黄庆洲在石岐镇创办了我国最早的动力碾米公司——“惠生米磨公司”；1912 年美国华侨严迪光，在辛亥革命精神的鼓舞下，回到香山县独资创办了“迪光电灯所”，开中山市电力工业的先河。侨资企业成为当时中山市的重要经济支柱，极大地推动了中山市的近代化建设。尽管清政府也曾奖励华侨回国投资，但因清末政治腐败，华侨创办企业束缚重重，所以应者不多；南京临时政府成立后，海外华侨极为振奋，他们当中有的回国积极参加政治活动，更多的人则是回国投资，参加祖国的经济建设。由于华侨在推翻清政府的过程中作用重大，因此，国内社会对于华侨也多持欢迎态度，这就更加激发了他们的爱国热情，使他们将归国投资、建设国家当成义不容辞的责任。在中国近代史上，铁路的出现无疑是中国现代化过程中的重大事件。据《清史稿》记载，清代有官办铁路 12 条，大多靠借外债修筑；有商办铁路 5 条，其中有 3 条依赖于华侨投资。这 3 条铁路（潮汕铁路、新宁铁路、漳厦铁路）中，1 条（新宁铁路）为美国华侨投资兴建，2 条（潮汕铁路、漳厦铁路）为东南亚华侨投资兴建。

抗日战争期间华侨华人捐款捐物一览表

（1937 年 7 月至 1945 年 8 月）

名目	数额	备注
捐款	13 亿余元国币	国民政府财政部捐款资料累计数
认购公债	11 亿元国币，包括救国公债、国防公债、金公债及节约储蓄券等，占国民政府战时发行公债总额的 1/3 强	数据截至 1942 年。这些公债战后一直没有偿还，与捐款无异
侨汇	95 亿元国币	主要为赡家费，包括捐款
捐献飞机（举例）	缅甸：19 架 菲律宾：50 架 印度：10 余架 （代金，每架以 10 万元国币计）	总数达数百架
捐献汽车（举例）	南侨总会：卡车 200 辆 缅甸：救护车 250 辆 美洲：救护车 200 辆以上	总数上千辆（包括代金）
捐献药品（举例）	荷印：金鸡纳霜（奎宁）1 亿粒以上 瑞士：5 大箱、1 146 包，医疗器械 183 件 美洲：1 600 单位	截至 1940 年。每个“单位”内含 50 余种药品，可供 500 名伤兵 1 个月之用

（续上表）

名目	数额	备注
捐献衣物（举例）	南洋：寒衣700余万件、暑衣30万套、蚊帐8万床，寒衣捐400万元 旧金山：华侨每人认捐棉衣两套以上	截至1940年
其他物资	暹罗、越南、菲律宾：大米无数	主要用于赈济侨乡灾荒

华侨也是侨乡社会经济、文教建设的重要力量，小到置业兴家、盖房建楼，大到修桥筑路、立村建埠、投资办厂、兴办文教事业，都离不开华侨的支持。而每当侨乡遭遇天灾人祸、社会陷于危难之时，如战时的米荒、各种风灾等，华侨都为帮助家乡渡过危机而慷慨解囊。

抗日战争时期，中国共产党高举抗日民族统一战线的大旗，制定和实施了一系列正确的侨务政策，华侨与中国共产党的交往逐渐扩大，越来越多的华侨开始了解并支持中国共产党。有不少华侨来到抗日根据地，有些侨领对国共两党的认识发生了重要转变，认为中国共产党是中国革命取得胜利的希望所在。到了全国解放战争时期，波澜壮阔、艰难曲折的中国革命实践使海外华侨逐渐认识到，中国共产党不但是中国工人阶级的先锋队，而且是中华民族和中国人民的先锋队，代表了中国发展和前进的方向。因而众多华侨最终选择并拥护中国共产党的领导，参与到推翻国民党蒋介石的专制独裁统治与建立新中国的伟大事业中。新中国的建立，是海外华侨从辛亥革命以来支援和参与中国近现代民族民主革命的最终归宿。

三、当代华侨华人中国梦的新趋向

新中国成立以来，特别是改革开放以来，在以海外华人为中心的跨国社会空间中，为了促进经济、政治发展和社会稳定，得到海外华人的认同，中国政府非常积极地适应近代以来全球性移民、流动和跨国主义的发展，并通过制定灵活的公民权政策，利用现代电子媒体技术，参与人口、观念和图像流动的全球化进程等，来影响海外华人的跨国想象和认同。实际上，中国政府近年来不断改进其政策、观念和方法，通过制度化的和非正式的手段，跨越民族空间，重建了与海外华人的联系，维系了新移民对家乡的情感和对中国的认同。

除中国的侨务政策外，中国的崛起及其与海外华人居住国政治、经济、文化、社会的密切联系，海外华人社会结构的变化，如新移民和专业人士的不断增加，有利于海外华人民族主义的复兴；而华文学校和华文传媒在海外的传布则满足了新移民对了解中国的渴求，也有助于构建一种想象的、由一种共享的民族主义所凝聚起来的跨国共同体。当今海外华人民族主义复兴的三个目标是“中国的经济繁荣”、“文化重建”和“民族统一”。他们在文化上、政治上依赖中国并关心中国事务，借助中文报纸、网络和电视节目等媒体，在心里逐渐形成一个没有边界的“大中华”。从中国政府来看，有关海外华人的一系列政策有助于中国与海外华人之间的联系，这样为海外华人民族主义的复兴提供了潜在的基础。

实际上，正是由于抱着中华民族复兴的伟大梦想，近几十年来，海外华人以各种方式参与中国的经济、文化交流和合作，支持中国的经济、社会、文化等方面建设。如在政治方面，华侨华人是中国和平统一事业的独特优势，是遏制海内外“台独”、“藏独”和“疆独”等分裂势力的重要力量。20 世纪 70 年代初，媒体披露了美、日两国就归还冲绳问题进行磋商，美国准备于 1972 年将钓鱼岛与冲绳一并归还日本以及日本加紧在钓鱼岛群岛活动的情况。这激起了海外华人的无比愤慨，他们在世界各地掀起了声势浩大的“保钓运动”。特别在美国，由旅美中国留学生发起的“保钓运动”自 1970 年 11 月起历经酝酿、兴起、发展，逐渐走向高潮，打击了美日侵占中国领土钓鱼岛的图谋，唤起了中国人强烈的民族意识，表现了中国人强烈的爱国精神和斗争精神，是海外学子关心祖国前途、促进祖国和平统一的发端。“保钓运动”和由“保钓运动”发展而来的“中国统一运动”，对祖国和平统一事业产生了积极而深远的影响，至今仍是海内外中华儿女爱国保土、促进中国统一的重要力量。

近十多年来，在台海关系和国际形势的推动下，海外中国和平统一促进会（以下简称“统促会”）的队伍不断发展壮大，组织机构日益健全。1999 年 8 月，欧洲华人张曼新先生发起并成立欧洲统促会，这是第一个洲际“反独促统”组织，开启了“反独促统”和“以侨促统”的新时代。迄今为止，全球五大洲已有 80 多个国家和地区成立了 180 多个统促会。十多年来，统促会通过坚持不懈的努力和行之有效的工作方式，有力地宣传了中国政府“和平统一、一国两制”的方针政策，使“一个中国”原则得到国际社会越来越多的理解与支持；广泛团结了世界各地华人，开展了形式多样、声势浩大的“反独促统”运动，沉重打击了各种分裂势力的嚣张气焰。实践证明，海外统促会已成为中国“反独促统”运动的一支重要力量，为促进中国和平统一作出了不可磨灭的贡献。

在科技方面，新中国成立后，20 世纪 50 年代，先后有 2 500 多位海外华侨科技专家冲破重重阻挠，克服种种困难回到祖国。他们带回了先进的科学技术，许多人成为新中国科学技术事业和经济建设事业的奠基者、领导者。著名科学家钱学森，为发展我国的航天事业作出了巨大贡献，被誉为“中国导弹之父”。还有像陈宗基、钱三强、钱伟长、华罗庚、卢嘉锡、吴桓兴、方宗熙、王运丰等一大批著名归侨科学家，他们都对我国的科学技术事业发展作出不可磨灭的贡献。改革开放以来，华侨华人专业人才在我国社会主义现代化建设中发挥了重要作用。他们积极投身重大科研项目的攻关和重点工程项目建设，积极参与国防尖端技术的开发和关系国计民生的重大课题的应用研究，在高新技术产业化和理论创新、制度创新、科技创新、文化创新等方面，充分施展了聪明才智，贡献了自身力量，他们是中国加快转型升级、建设创新型国家的重要智力资源。实际上，当今中国比以往任何时候更迫切需要强大的科技实力支撑，也比以往任何时候更需要跨区域、跨国界的

“中国导弹之父”钱学森

科技资源配置整合，而富有创新意识与活力，兼具国际化视野与素质，掌握前沿科学技术和管理经验，熟悉国内情况的华侨华人专业人才可以满足中国这样的需求。目前，中国在欧美股市上市的高科技公司，大部分是由留学生创办的，仅在美国纳斯达克股票市场，由中国留学生创办的企业，其市值就达到300亿美元。华侨华人科技人员将国外先进的技术引进国内，推动了中国电子通信、新能源、新材料等战略新兴行业的科学研究进程与产业发展，同时，通过创办企业的形式将先进的管理理念在企业中体现，丰富了国内的产业结构，有助于激活市场竞争，推动创业文化氛围的形成和中国创新型国家的建设。

就海外华人专业协会而言，从近年中国与海外华人专业协会的互动中可以看出，海外华人专业协会是中国对外招才引智的重要平台，是开展海外经济、科技、文化交流合作的有效桥梁，是引进先进技术的重要渠道，还是企业“走出去”与国际化的推动者。众多华侨华人专业社团对于团结华侨华人专业人士，凝聚侨智侨力，促进中外科技、经济和文化交流，以及发挥华侨华人专家的科技特长为中国服务等发挥了越来越重要的作用，同时，也为中国在海外发现和引进人才提供了重要的渠道。

在公共外交方面，近年来，海外华侨华人利用他们的资源优势和社会资本，通过信息传播、文化交流等手段，以华人社团为载体、华文教育为媒介、华文媒体为平台，向居住国的公众和政府介绍中国的历史文化、发展道路、治国理念、内外政策等，拓展中国与世界各国的联系，向外国人展示一个真实的、正面的中国形象。同时，还传播中国的优秀文化，促进中外之间的友好合作，开展危机公关，为中国排难解忧，树立并维护良好的国家形象，提升国家软实力。

第二章
海外华侨华人的中国情

近代以来，华侨华人实现中国梦的努力和实践从未停歇，无论是历史上的重大政治历史事件，还是现实中中国经济的发展，海外华侨华人始终是中华民族伟大复兴的重要推动者和践行者，也是中华文化传播的使者，还是中外文化交流的桥梁。海外华侨华人对中国前途命运的担忧和发展前景的关注，都源于海外华侨华人的爱国心中燃烧着心系祖国的炽热之情。

一、华侨华人的爱国心、民族情

“河山只在我梦萦，祖国已多年未亲近，可是不管怎样也改变不了，我的中国心……”一首《我的中国心》，唱出了多少海外游子的心声。确实如此，无论身在何处，海外华侨华人始终与祖（籍）国同呼吸、共命运，始终与祖（籍）国血脉相连。可以说，近代以来，在广大海外华侨华人的爱国心中始终构筑着一个“强国梦”。

其一，海外华侨华人的爱国心、民族情体现在追求民族独立、促进祖国统一及推动祖国的政治文明建设方面。

在追求民族独立的道路上，海外华侨华人用自身的实际行动，全力以赴地投身到民族复兴的追梦之旅中，谱写了足以永垂史册的彪炳业绩。新中国成立后，祖国的统一一直牵动着海外华侨华人的心，华侨华人殷切盼望中华民族的统一大业能够早日实现。新中国成立60多年来，华侨华人“反独促统”的心不变，拳拳情意溢满世界每个角落。他们利用在海外的独特优势，成为大陆和台湾之间不可或缺的联系纽带与推动统一的重要力量。

如今，海外中国和平统一促进会已经成为广大海外华侨华人致力振兴中华的重要交流平台，承载着海外华侨华人期盼中国强大与早日统一的不懈追求和崇高理想。过去对解决台湾问题、实现中国统一有错误认识的一部分华侨华人，现在多已摆脱“台独”势力的影响，站到“反独促统”的这一边，拥护和支持中国统一已成为主流。

广大海外华侨华人对祖国统一大业的牵挂之心还表现为积极献计献策，如英国侨领率先提出了以法律途径反对“台独”、促进统一的设想。2004 年 5 月 9 日，时任国家总理的温家宝在英国与伦敦华人代表座谈时，英国统促会会长单声先生就建议在“台独”势力猖獗的情况下，制定国家统一法。他的提议得到了中国政府的重视。2005 年 3 月 14 日，《反分裂国家法》正式公布施行，这项对台工作的新思维在于首次明确提出在三种情况下中国大陆可用“非和平手段”处理台湾问题的底线。《反分裂国家法》的出台，体现了广大海外侨胞维护祖国统一的心声，有力地粉碎了“台独”势力分裂祖国的阴谋。

新时期，海外华侨华人还利用自身的优势，为中国的政治改革和政治建设提供重要帮助。加拿大华人联会荣誉执行主席陈丙丁表示，他的团队 10 多年来为国家多个部委和各级政府机构提供中短期培训，涉及司法、高等教育管理、企业管理、政务公开化、公务员制度等方面，今后他将继续帮助国内相关单位学习加拿大的先进经验。

华侨对祖国的政治参与还直接体现在参政议政上。西班牙华侨徐松华在国内有一个特殊的身份，那就是浙江省政协委员。他从 1999 年开始列席浙江省政协会议，然后在 2008 年被选为浙江省政协常委。对此，徐松华说：“当一天的政协委员，我就要干一天的事。通过政协实现参政议政是党和国家给予海外华侨的一项重要权利，同时也是我们为祖国和家乡建设作贡献的重要渠道，我非常珍惜。”现在，徐松华每年都会向浙江省政协递交至少 3 个提案，2008 年他递交的一份关于青田县环境保护的提案还成了浙江省政协重点提案。

据统计，自2001年以来，中国已经连续13年邀请了316位海外侨胞代表列席了代表中国最高政治生活的全国“两会”。在2013年的全国政协会议上，海外组举办了多场座谈会，代表们围绕着海外侨胞身份识别、侨胞二代教育、开展民间公共外交、支持祖国维护侨权、加强海洋权益拓展等话题，积极建言，踊跃献策和献计。其中，日本爱媛县华侨华人联合会林全南会长作为第十二届全国政协代表大会的海外侨胞列席代表，他的提案主要涉及四方面内容：①旅日华侨华人心系中日关系，是推动“国之交在于民相亲”的积极力量。在钓鱼岛问题上，在日侨胞期望中国坚持宣示主权，继续支持民间的往来和交流，支持中日两国政治家站在历史高度慎重处理两国关系。②加强侨团建设，助力和平崛起。侨团是华侨华人在海外的家，“家和万事兴”，侨团发展也是如此。侨团领导班子成员结构要合理，既要办大型活动，也要切实为侨胞服务，融入当地主流社会，做到“爱国爱乡”。③华文教育和华侨二代教育必须引起重视。希望国家教育部门支持为华侨二代开设华文教育机构，更希望侨务部门及有关方面为华侨子女回国留学提供更方便、更优惠的政策和措施，让海外爱国侨团后继有人、发扬光大。④有关华侨身份证问题，盼望实行统一的国民待遇。可以参考大多数发达国家的做法，即护照一人一号，终生一个号码。希望有关部门能够以人为本，关爱侨胞，方便侨胞贡献祖国。他的提案深刻地分析了当今中国与华侨华人的关系，对于中国开展侨务工作也有颇多建设性的意见，获得政协领导的高度赞赏，国家有关部门均表示会积极应对。

应该看到的是，中国愈发重视华侨华人这一支重要的海外力量，故采取更多措施吸引华侨华人参与中国的建设，这在两会的报告中得以充分体现。林全南在接受访问时表示，政协工作报告和政府工作报告非常务实，尤其是两个报告都有很多篇幅和文字提及关于海外侨胞的问题，无疑将极大激发广大侨胞参与建设美丽中国的热情，为共同实现中国梦作出进一步贡献和努力。

其二，海外华侨华人的爱国心、民族情体现在维护国家形象、开展公共外交方面。

走出去的中国人是中国与世界交融的桥梁。无论是胸怀远大抱负的学子，还是去异乡闯荡的商人，抑或是那些随着中国企业走向世界而出现在全球各个角落的中国人，他们给世界带去艰苦奋斗的精神，创造了发展与共赢的机会，也赢得了世界的尊重。华侨华人始终怀抱着对祖（籍）国的忠贞之情，极力维护祖（籍）国形象，承担着公共外交的重任。法国青田同乡会会长孙爱平表示，“海外侨胞是中国的名片，我们要进一步树立好华侨华人的形象，加强自身的修养和行为规范，在保持我们优秀品质的同时加强融入，与住在国人民和平相处，建设一个和谐、包容、进取的华侨华人社会，通过我们自身的行为展示大国侨民的风范”①。

海外华侨华人抵制“藏独”

其三，海外华侨华人的爱国心、民族情体现在积极参与祖（籍）国的经济建设及赈灾活动上。

实现中华民族伟大复兴，是每一位旅居海外的华侨华人的梦想。他们也用实际行动证明，他们是实现中国梦一支不可或缺的力量。新中国的成立，使中国这头东方雄狮摆脱了自鸦片战争以来国家分崩离析和任人宰割的悲惨命运，也使在独立自主的基础上实现中华民族的伟大复兴成为可能。受此鼓舞，许多华侨华人纷纷放弃国外已有的优厚待遇，积

① 《旅法侨胞：做实现中国梦的海外生力军》，http://edu.sina.com.cn/a/2013-03-19/1009226562.shtml。

极参与到新中国的建设中来。

改革开放后的中国驶入了民族复兴和国家富强的快车道，怀抱着对家国的深情，数以千万计的华侨华人在异国他乡为中国梦贡献着自己的力量。改革开放以来，海外华侨华人在中国经济增长中扮演了重要角色。海外华侨华人凭借自己的智慧和辛劳打拼所积累下来的财富，为缺乏资金和经验的中国注入了活力。20 世纪 70 年代末，流入中国的投资大部分来自海外华侨华人。根据世界银行统计，中国收到的海外汇款总额一度高居世界各国前列。据统计，改革开放三十多年来，海外侨胞、港澳台同胞在国内的投资占中国引进外资总额的 70%。

每逢中国遭遇各种自然灾害，灾情就会牵动世界各地华侨华人的心。华侨华人总是第一时间捐钱捐物，通过各种途径表达对灾区人民的关爱。以 2008 年的罕见风雪灾难及汶川大地震为例，灾难牵动了广大华侨华人的心，他们抑悲痛，结同心，与祖（籍）国人民一起展开了一场前所未有的爱心大奉献。海外侨胞的赈灾义举体现了中华民族扶危济困、和衷共济的传统美德。在赈灾过程中，“华侨华人是最热切的捐赠群体”，这个群体为历次赈灾作出了不朽的功绩，深深地埋在灾区人们心间，永久地载入中华民族“圆梦”的光荣史册。

海外华侨华人向汶川大地震死难者致哀

海外华侨华人向四川地震灾区捐款

其四，海外华侨华人的爱国心、民族情体现在努力推进中国梦的实现上。

华侨华人对祖（籍）国的热爱之情是发自肺腑的，而越来越强大的祖（籍）国对华侨华人的保护关爱也让海外华侨华人备受感动。可以说，华侨华人与祖（籍）国的感情并不是单向的，而是双向互动的，两者相辅相依，历久弥坚。华侨华人有力地支持了祖（籍）国的革命、建设和发展，祖（籍）国则以日益壮硕的臂膀，给海外华侨华人提供强有力的保护。

祖（籍）国的国力强弱在很大程度上决定了华侨华人在当地的地位高低。因此，海外华侨华人就更加期待中国早日实现国家富强，记忆中的中国与现实里的祖（籍）国落差越大，中国梦的张力就越大。也正由于华侨华人与祖国命运如此密切相连，他们更加迫切希望祖（籍）国能够繁荣富强。海外华侨华人常常将中国比喻为“娘家”，常年生活在国外的政协委员舒心曾将华侨华人比作嫁出去的女儿，将中国比作娘家。娘家好，华侨华人腰杆儿才硬。在他们看来，只有“娘家”强大了，他们在海外才能获得更多的支持，他们的腰杆才会挺直。中国的强大，中国梦的逐渐实现，提升了海外华侨华人的国际地位。

近年来，随着中国经济的高速发展和国际影响力的不断提高，华侨华人的社会地位也不断提高。中国强盛了，华侨华人的社会地位提高了，赢得的尊重也更多了。正是因为有强大繁荣的祖（籍）国提供可靠支撑，华侨华人才能在异国他乡站稳脚跟。实现中国梦需要每位海外华侨华人共同努力，为中华民族的伟大复兴而奋斗。

俄罗斯中国和平统一促进会副会长原毅表示，追求“美丽中国”，努力实现中华民族伟大复兴的中国梦，一定会成为促进中国平稳较快发展的新动力。中国梦的实现过程，也是向世界展示一个更加文明、更加进步的中国国家形象的过程。国兴侨兴，国强侨强，中国国力增强会给华侨华人带来更多机遇和更加美好的未来。

改革开放以来，中国经济开始腾飞，如今已经发展为世界第二大经济体。伴随着中国综合国力的提升，更多的商业机会也与日俱增。心向祖（籍）国、感恩祖（籍）国、立足祖（籍）国、关注祖（籍）国的海外华侨华人，以全球视野分析祖（籍）国在改革开放中带来的机遇和挑战，更以开阔的眼界和永恒的民族情怀，以及积极的心态、踊跃的行动参与到中华民族伟大复兴中国梦的发展蓝图中来，他们的中华情怀总是散发着让人欢欣鼓舞的励志光芒。

正由于华侨华人对中华民族命运的担忧，对中华民族伟大复兴的热烈期盼，他们无时无刻不关注着祖国的发展。他们用自己的实际行动，为祖国统一、政治文明建设和经济社会发展贡献自己的力量。海外华侨华人充分认识到，强大的祖国不仅是实现其个人梦想的有力保障，也为华侨华人圆梦提供了平台。因此，华侨华人的民族情、爱国心与中国梦的实现是相辅相成的。

二、海外华侨华人的中国梦、中国情

（一）拓展了中国梦的内涵

2012 年 11 月 29 日，在参观“复兴之路”展览时，习近平总书记指出：“实现中华民族伟大复兴，就是中华民族近代以来最伟大的梦想。这个梦想，凝聚了几代中国人的夙愿，体现了中华民族和中国人民的整体利益，是每一个中华儿女的共同期盼。”中国梦不仅仅是亿万中华儿女的梦想，也是5 000 多万海外华侨华人的梦想。没有海外华侨华人的参与，中国梦是不完整的；再者，华侨华人也是实现中国梦的重要力量。

对中国而言，中国梦意味着和平发展、民族复兴；对人民来说，中国梦则是国家富强，生活幸福。通过深入分析海外华侨华人对 中国梦的理解和阐释，我们能够感受到华侨华人对祖（籍）国发展的关心。回顾近年来海外华侨华人对中国政治、经济、文化、公益事业等方面的实际参与便能发现，在实现中华民族伟大复兴的中国梦的道路上，海外华侨华人将对祖（籍）国的热爱之情转化为实际行动，对祖（籍）国的发展倾注了满腔热情。具体到每一个华侨华人，他们心中也有自己的梦想，他们对中国梦的理解不尽相同，无论华侨华人如何理解和诠释中国梦，也都是由于有了华侨华人的参与，中国梦才更完整，其内涵也更为丰富。

今天，当中华民族伟大复兴的中国梦终有机会实现的时候，海外华侨华人对祖（籍）国发展的关切之情愈加热切。对中国梦的实现抱着极大信心的华侨华人，他们心中也有一个中国梦。可以说，海外华侨华人的梦想是中国梦不可或缺的重要组成部分，他们对中国梦的理解和认识，丰富了中国梦的内涵，他们的积极参与对早日实现中国梦有着重要的助推作用。

美国华盛顿地区中国和平统一促进会会长吴惠秋说，他心中的中国梦可从四方面来理解。第一，中国梦必须依赖国家富强。“强”是指综合实力的强大，将中国这个世界上最大的发展中国家建设成为经济发展、政治清明、文化繁荣、社会和谐的东方强国。第二，强国必须与富民紧密联系。一方面，个人应有家国情怀，只有国家真正强大，全体中华儿女才能真正活得有尊严；另一方面，没有人民的富足和幸福，强国之梦就不算真正实现。第三，统一也是中国梦不可或缺的内容，海峡两岸应携手实现中华民族的统一大业。第四，中国梦不仅属于中国，也应对世界有所贡献。互利共赢、和谐相处是符合世界人民需求和期待的理念。强大的中国对世界和平、和谐世界也有积极意义。

在日本学习、工作了23年的日本天津同乡会理事李仲恺认为中国梦就是国家富强、民族振兴和人民幸福，三者缺一不可。现在的中国站在了最为接近这一梦想的历史节点上。海外华侨华人应成为实实在在的参与者，和13亿祖（籍）国人民一起为使百年梦想成真贡献力量。对于文化方面的阐释，由于海外华侨华人长期生活在海外，他们更关注中华文化的传承问题。相对于政治、军事影响力而言，文化软实力的提升更能体现一个国家的影响力。马来西亚星洲日报社采访部主任贺婉蜜表示，虽然自己是第三代华人，但依然认同中华文化。中国梦不仅仅体现在中国经济实力的增长方面，更应该表现为中华文化的全球化，通过文化使中国在世界上的影响力更加深化。新西兰中文先驱报社社长陈蔚荣说，新西兰的华侨华人很关注中国梦，有侨胞提出汉字是中华文化的重要载体，提倡设立“汉字节”，呼吁海内外的华侨华人尊重汉字，从而提升中华文化的凝聚力。

亚洲日报社副社长钱丰在谈到中国梦时表示，中华民族的伟大复兴，意义深刻，内涵丰富，让全世界华人都为之触动，因为这是一个经历了上百年、一代代人不断延续下来的共同梦想。数百年来，海外华人最关心的就是祖（籍）国的前途和命运。神州大地稍有变革，海外中华儿女立即闻风而动、全力以赴，希望和国内同胞共圆中国梦。

由上可见，华侨华人对祖（籍）国的情加深了他们对中国梦的理解和阐释，丰富了中国梦的内涵。华侨华人的参与，为中国梦的实现增添了不可或缺的力量。

（二）建立与祖（籍）国的情感纽带

中国梦感动着千万海外华侨华人，激起了他们心灵深处的强烈共鸣，同时也激发了华侨华人的爱国热情。旅英华人文化学会主席黎丽女士表示，听到习近平总书记“实现中华民族伟大复兴，就是中华民族近代以来最伟大的梦想”这一铿锵宣言，在英侨胞感到心潮奔涌。“实现中华民族伟大复兴是一项光荣而艰巨的事业，需要一代又一代中国人共同为之努力”，黎丽认为，每个身居海外的中国人都有各自的梦想，但实现中华民族伟大复兴的中国梦，已成为海外华侨华人梦想中最高的共同期盼。“我们深信习近平总书记的话，‘国家好，民族好，大家才会好’，我们更坚信，国家好，民族好，华侨华人才会好。”

中国梦使海外华侨华人的归属感和荣誉感比以往更强烈。美国哈佛大学应用科学与工程学院博士张悦在谈到中国梦时表示，心里非常激动，强烈的归属感和自豪感油然而生。中华民族伟大复兴的中国梦，是让所有中华儿女凝聚在一起的壮丽梦想，中国梦让海外华侨华人的归属感和荣誉感比以往任何时候都更强烈。①

墨西哥国立理工大学终身教授汪恩涛离开中国 18 年并已加入墨西哥国籍，但他每天都要了解中国新闻，对近年来中国取得的成就如数家

---

① 《海外华侨华人畅谈中国梦：成就振奋人心　梦想凝聚力量》，http://news.yunnan.cn/html/2013-03/21/content_2663174_2.htm。

珍。他认为中国梦的提出恰是时机，目前中国是世界第二大经济体，国际影响力今非昔比，中国梦的提出不仅增强民族凝聚力、激发爱国情怀，也让海外华侨华人感到骄傲和自豪。

可以说，中国梦是一面旗帜，它起到汇聚侨心、凝聚侨志的作用。为了实现中国梦，华侨华人的爱国心被充分激发出来。而中国梦的提出及逐渐实现，也增强了华侨华人的自豪感和自信心。

（三）使海外华侨华人成为实现中国梦的重要力量

一直以来，华侨华人在追逐中华民族伟大复兴的道路上贡献巨大，党和国家领导人对华侨华人的地位和贡献评价甚高。毛泽东同志号召侨胞们团结起来，拥护祖国的革命，改善自己的地位；邓小平同志强调海外侨胞众多是我国改革开放的独特优势；江泽民同志提出“广大华侨华人是中华民族重要的资源宝库”；胡锦涛同志要求“最大限度地把归侨侨眷和海外侨胞团结起来，把他们的积极性调动起来，把他们的独特优势发挥出来”；习近平同志希望“广大海外侨胞，要弘扬中华民族勤劳善良的优良传统，努力为促进祖国发展、促进中国人民同当地人民的友谊作出贡献”。

诚然，不同身份的华侨华人对中国的情结又有不同。但是，无论是华侨、华人还是华裔，他们身上都流淌着中华儿女的血液，这种血浓于水的情谊、对中国发展的关注不因他们远在海外而有所减弱。尽管第二代、第三代华人已经取得居住国国籍，但每当提起中国，他们还是难掩其关注与热爱之情。华侨华人心中一直坚信：中华复兴匹夫有责，海外儿女自当尽心。

前加拿大麦吉尔大学东亚研究院教授、加中协会主席李光华认为，中国梦让中国人民有一个共同努力的目标，集全国之力，并以最大的爱国热情和智慧去完成这一历史使命。在他看来，海外华侨华人可以在以下四方面发挥作用：①关心祖（籍）国的发展，并尽其所能地提供支持与援助；②团结好海外同胞，以包容的心态消除内耗，发挥华人社区影响力，为华人社区谋求共同福利；③教育好下一代，使他们能够继承中国的民族语言与传统文化，使中华民族在海外后继有人；④争取本地和其他族裔的理解与友谊，成为中外各族人民之间的友好桥梁。①

对于海外华人在中国梦中扮演什么角色的问题，美籍华人管必红说："我们海外华人虽然身在海外，但情系中华。我们有的虽已入了外国籍，但我们认为自己无论在哪个国家，都永远是中华民族大家庭的一员。我们将通过自己的切实行动，时刻关注中国的成长，时刻捍卫祖（籍）国的荣誉、利益和尊严。"

全国人大代表、国家"千人计划"专家丁列明认为应该把中国梦与自己的梦想紧密联系起来，使个人梦想与中国梦相辉映、相结合。"在我心目中，'中国梦'有两层含义：一个是中华民族的伟大复兴；另一个是实现个人价值，并把个人发展与国家发展结合起来。早年，我们出国是奔着'美国梦'去的。现在，很多人都希望回来实现第二个梦。我个人的'中国梦'就是结合中国的需求和自己的专长，实现经济、社会效益的双重收获。"

新（新加坡）中友好协会会长潘国驹表示，实现中国梦需要中国政府和人民下大气力去弘扬中华文化、改革教育体制、倡导科研创新。日本 JCC 新日本研究所副所长庚欣对中国梦有独特的认识，他认为实现中国梦，就要发扬中国特色的四大"魅力"，即中国传统文化的魅力、中国经济发展的魅力、中国文明生活的魅力和中国政治创新的魅力。牙买加中国文化协会主席吕启明认为，中华民族的伟大复兴，不仅要求经济发展，还需要进一步树立大国形象，所以中国梦同时也是"国际形象提升之梦"。

通过上述华侨华人自身的阐释，华侨华人在实现中国梦的过程中，主要在中国国内经济、教育等方面的建设及国家形象建构、侨务公共外交中发挥重要的作用。

首先，华侨华人是实现中国梦的一支重要的经济力量，他们在引进

① 《国强家才能温暖　中国梦凝聚几代中国人夙愿》，《人民日报（海外版）》，2012 年 12 月 4 日。

外资、招才引智过程中起到积极作用。

泰国中华总商会主席刘锦庭表示，习近平总书记提出的中国梦在泰国侨界引起广泛共鸣，在泰华侨华人愿为中华民族伟大复兴贡献力量。刘锦庭表示，泰国中华总商会愿动员泰国数以百万计华侨华人的力量，鼓励侨胞们与祖（籍）国加强经贸往来，回国投资兴业，成为连接中国人民与世界人民的桥梁，为中国梦早日实现添砖加瓦。

欧洲华侨华人青年联合总会会长傅旭海说，近些年来，他积极回国投资办厂，不仅繁荣了当地经济，而且解决了一批人的就业问题，为浙江等地的经济发展作出很大贡献。同时，他多次捐款支援国内贫困地区的发展，亦曾在汶川地震等重大自然灾害发生后奔走募捐。他还在家乡兴学助教，帮助失学青年。“每当看到我的捐款能够帮助同胞、改善他们的生活条件时，我就感到自身的价值在放大，回报国家使我快乐！用我的努力回馈社会，与社会和谐并行，是创业的境界，我把它当作一件很美好的事情去努力践行。”

近 10 年来，侨商通过各类经贸活动与 20 多个省市区政府共签订累计金额超过 5 000 亿元的投资合同，为地方经济发展带来强大助力。另外，随着其群体的不断发展壮大，侨商的投资地域不再局限于东部沿海和中西部的一些大城市，而正在向全国铺开，尤其是向基层地区延伸。

著名侨领林文镜带着数亿元的资金回到故里福建溪头村，此村一度是福建省最穷的村庄之一。他大力改造村里的基础设施，更为可贵的是，硬件建起来后，林文镜又把“造血”的办法带进了溪头村，建立了中国第一个村级工业区——洪宽工业村。为了引来“金凤凰”，林文镜亲自跑到世界各地，当起了“招商大使”。而今，溪头村摘掉“贫困帽”，跻身为中国最具影响力乡村行列，全村共有企业 136 家，年产值上百亿元。这都归功于侨商把“火车头”的带动角色发挥到了极致。

在加拿大华人王勇看来，中加经济互补性强，加拿大华人可以尽自己努力影响当地舆论，促成有利于双边合作的政策。同时，海外华侨华人还可协助中资企业“走出去”，帮助国内在人才培训、加强人才制度建设等方面做一些工作。由王勇担任会长的中加金融协会聚拢了一批当地的华人金融业精英。无论是国内同仁访问加拿大，还是当地侨胞回中国，王勇都尽力向国内同行介绍西方的经验。王勇表示，今后他将通过协会把更多先进理论和管理经验介绍到国内。

海外华侨华人人才是助推经济发展、科技进步的重要力量。新中国成立后，以华罗庚、钱学森等为代表的一批海外华人冲破阻挠，回国效力；改革开放以后，一批留学生远涉重洋，去往欧美发达国家留学，不少留学生留在当地发展，落地生根；如今，无数华侨华人，或携资金，或携技术、知识，“反哺式”地为改革开放之后的中国注入崭新的活力。海外华人报效祖国的热情越来越高涨，形成一波波“海归”热潮。

据统计，目前，81%的中国科学院院士、54%的中国工程院院士都有在海外学习、工作的经历。“千人计划”引进的2 793名海外高层次人才中，95%以上是华侨华人。广大侨胞是中国梦的积极参与者和支持者，凝聚着不可战胜的中国力量。

其次，华侨华人是中外文化交流的使者，是公共外交的重要推手，他们是传播中华文化、改善中国国际形象的重要力量。

智利华侨华人妇女联合会会长陈晓兰说中国梦极大地鼓舞了华侨华人，生活在海外的华侨华人在积极融入住在国主流社会的同时，要更加注重保持民族特性，把民族文化更好地传承下去。唱响中国梦，传颂中华民族团结一心、热爱和平、勤劳勇敢、自强不息的民族精神。

再次，一直以来，华侨华人积极捐资助学，对改善中国教育基础设施作出了积极贡献。

墨西哥西北地区中国和平统一促进会会长刘可伟表示，应新的形势要求，墨西北地区统促会将争取做好中墨文化友好交流的推动者、祖（籍）国经济发展的热心参与者，继续成为中国和平统一的积极推动者、和谐侨社的悉心维护者，这也是海外华侨华人中国梦的重要内容。

法国20个重要侨团侨领联合代表团于2013年6月18日至7月2日，赴祖（籍）国7省市进行为期20天的考察。代表团团长、法国华侨华人会主席池万升说，这是一场海外华侨华人追寻中国梦之旅！本次考察，是为了寻找“华人梦”与中国梦的契合点。他说，中国面临经济的转型发展，旅法侨界也有转变事业类型的需要，这一点，只有与实现中国梦结合起来，才能像水流入海洋一样，保证事业发展永不干涸。据法国华侨华人会执行主席王加清介绍，这是法国侨界首次大规模联合自发组团访问中国。旅法侨界成立的社团历史悠久，有着爱国爱乡的光荣传统，在各个历史时期都发挥了自己独特的作用。旅法华侨华人以侨团为纽带，为中国革命和建设贡献了力量。这次回国考察，在感受祖（籍）国新气象、谋求新发展的同时，也要将华侨华人的声音带回国内，向同胞展现旅法华侨华人的风采。

捐资助学、支持教育让海外华侨华人与家乡亲人心连心。近日，河南省平顶山叶县任店镇乐熙小学校长王德福表示，十分感谢马来西亚侨胞张乐熙女士的无偿捐助。他说，如今乐熙小学面貌大变，家长们都争着把孩子送到这里学习。据平顶山市侨联党组书记励伟英介绍，在乐熙小学之后，海外华侨华人还先后捐款建成了汝州国威中心小学和郏县国威中心小学。另外，马来西亚《星洲日报》捐出爱心助养金21.6万元，救助鲁山、郏县、叶县等地的300名贫困学生。

海外华侨华人时刻关注着祖国教育的发展，把力量用在合适的地方。如今，外来务工人员子女的上学问题也引起了他们的关注。旅居海外七十八载的日籍华人张成梁先生捐资2 000万日元建了一所外来务工人员子女小学——宁波士康学校。学校落成之初，他出资150万日元设立教学奖励基金。之后，他每年出资用于奖励学校在教书育人、管理育人、服务育人中有突出成绩的教职员工。近日，他再次带来善款5万日元，用于奖励或帮助困难的外来务工人员子女。①

2000年，中国侨联提出了以组织捐建百所侨心学校、资助千个科教项目、帮助万名优秀贫困学生为主要内容的“侨心工程”。如今，“侨心工程”已经花开各地，硕果累累。

马来西亚星洲日报社在“5·12”汶川大地震后就曾发动马来西亚

① 张红、李佳佳：《心系故土情系教育　华侨华人捐资助学暖桑梓》，http://news.china.com.cn/rollnews/2010-04/27/content_1824460.htm。

华侨华人及爱心人士捐款捐物，为地震灾区捐建了 15 所侨（爱）心学校。之后，又与四川省侨联合作，在部分市州开展“爱心助学计划”，资助了四川省 8 个市（州）23 个县（区）的 1 700 多名品学兼优的贫困学生，每年资助金额计 120 多万元。

四川省广汉市荷兰新丰侨爱学校是由荷兰华侨华人赈济四川大地震委员会在 2008 年捐款 100 万元重建的。该社团自学校竣工后一直积极支持学校建设，每年资助贫困学生 43 名，每人每年1 000 元；每年奖励优秀教师 10 名，每人每年 2 000 元，连续 3 年。并向学校捐赠 600 套学生桌椅、12 套讲桌、18 套教师办公桌等用于改善学校办学条件。

不管是以何种方式，海外华侨华人总是情系故乡教育，捐资助学，用爱心和亲情浇灌下一代，助力于祖（籍）国教育事业的发展。

第一编

内外相承：海外华侨华人中国梦的建构

第三章
海外华文传媒与中国梦的传播

中国梦为海外华人描绘了一幅中华民族复兴梦，在海外引起强烈反响。5 000 多万海外侨胞对此既寄托了期望，又充满了矛盾。如何设身处地站在海外华人的视角解读和传播中国梦，除了国内对外传播部门要采取技巧性手段外，还要充分利用海外华文传媒这一特殊的渠道，以开拓中国梦的海外传播空间。作为“华社三宝”之一，海外华文传媒拥有国内传媒不可替代的特点，但背景非常复杂。我国对外传播部门在努力向世界传播中国梦的时候，既要充分发挥海外华文媒体的独特作用，也要理性看待其构成的复杂性，以动态的视角和实事求是的态度制定对策，实现中国梦在海外的有效传播。

一、海外华文传媒独特的角色

海外华文传媒独特的角色主要体现在以下两方面：一是它们在海外运作，主要面向海外华人和部分主流人士传播；二是它们是当地的少数族群传媒，在特定时期能够形成特殊的政治话语语境。从民族学的角度来说，传媒、社团、教育是华人维系族群认同的重要手段和工具，其中传媒起着尤其关键的作用。它们不仅传播族群信息，也传播当地主流社会信息，促进不同族群的文化交流，是促进华人融入主流社会的重要渠道。由于把华文作为传播媒介，在创造华人的共同想象与历史记忆方面，海外华文传媒起着当地主流传媒和跨国传媒不可替代的作用，在传播中国梦的过程中也起着其他方式不可替代的作用。

（一）海外传播，面向华人

海外华人是当今世界影响较大、人数最多的移民群体。除了新加坡外，海外华人在其所在国几乎都是以一个少数族群的生存状况而为人所知。这就使面向海外华人传播的华文传媒具有与所在国主流传媒迥异的独特文化特征，也更加关注华社的发展。

1. 关注华社安全

迈入21世纪以来，大量华人移民世界各国，通过自身的勤劳与努力在所在国作出了自己的贡献。但由于文化背景差异，再加上当地人的民族情绪，华人经常成为其他族群甚至政府针对的对象。如2013年3月2日，法国巴黎一个华人遭遇劫匪抢劫，劫匪在抢劫成功后竟嫌其身上现金少而对其进行殴打。而在此之前，法国华人也经常成为当地恶势力针对的对象。2011年6月初，巴黎华人聚居的美丽城发生一起治安案件，一名华人餐饮业者因为试图用手机拍下一起袭击华人事件而被打成重伤，很长一段时间内躺在医院昏迷不醒。以华人为对象的暴力行为不断增加，华人不得不呼吁法国政府改善社会治安。为抗议当地败坏的社会治安，华文传媒对此事进行广泛报道，促使华人自发组织集会游行，抗议暴力活动。2011年6月19日，数千名旅法华侨华人在巴黎举行游行活动，参与集会的华人用法语高呼“和平相处，安全生活”、“停止暴力”等口号，并打出法文标语，呼吁法国政府加强社会治安，制止抢劫、殴打等暴力事件，保护华人的生命财产安全。参与游行的华人，有中年人、老人、妇女甚至儿童，更多的是华人青少年，他们或在法国出生，或从小在法国长大。当地华人如此不满巴黎的社会治安，主要是因为在美丽城等华人聚居的地区时常有当地其他族裔人群对华人进行恐吓和威胁，使他们感受到严重的威胁，因此希望通过集会游行让法国社会更加重视华人的安全问题。许多主流人士非常同情华人的遭遇，也参与游行，向法国政府强调社会治安的重要性，以此支持当局要善听法国亚裔社区的声音。

华人除了经常受到恶势力的侵犯外，还受到当地政府的“反黑”调查。当地主流媒体多数对华人进行负面报道，严重损害了华人形象。由于当地政府拥有强大的公权力，针对华人涉黑的调查使华社损失惨重。2012 年 10 月 16 日，西班牙警方展开“帝王行动”，导致华社风声鹤唳，许多商铺关门结业，华人经济一落千丈。除了华人商铺的货品销量大幅下跌近 70% 以外，当地还出现了对华人的不信任氛围，特别是在学校里，华人小孩遭到排外性侮辱。这激起了华商群体的情绪反弹，华文传媒奋起反击西班牙政府，认为政府的这一行为严重损害了华人的利益。他们纷纷批评说，这是西班牙政府为转移国内经济压力而采取的赤裸裸的掠夺。近百名华人被捕后的几天里，先后有两拨西班牙警察因为随意没收华人的现金和敲诈华人而被捕。

在日益复杂的国际安全形势下，2012 年中国加紧构建海外公民生命财产安全“保护网”。针对海外华人安全屡遭侵害的现状，华文传媒除了呼吁华人遵守当地法律外，还要加强与当地政府的沟通，并要求中国政府强化领事保护工作、推动领事保护立法，并建立境外中国人和海外华侨华人联络机制，形成中央、地方、驻外使领馆和企业“四位一体”的境外安全保护工作联动机制。这些做法既维护了华人的生命财产安全，使他们没有后顾之忧，能全身心地投入到财富的创造中，又增强了中国与华人的感情联结，无疑有助于华人对华文传媒的拥护与对中华文化的认同。

2. 主动与主流社会进行思想文化交流

海外华文传媒继承了中华文明 5 000 多年的文化历史与传统，拥有厚实的文化积淀，形成了很强的文化和族群认同，因此在与其他文明交流当中，不但没有在文化上显示出自卑，反而随着中国国力的日益增强，而在某种程度上呈现出文化优越性。这样一种既具有文化独特性，又与文化母国具有密切联系的传媒，展现出强大的文化传播能力。2013 年，中国政府提出实现中国梦，对海外华人产生了重大影响。围绕中国梦，华文传媒对中国梦的报道与评论所形成的舆情出现了许多新情况、新问题。与以往华人忽视与当地主流社会的交流、淡漠政治选举、只关注自身的生命财产安全等情况不同，华文传媒除了重视当地社会的治安外，更加重视与所在国主流社会的思想文化交流，报道和关注中国梦的内涵与实现渠道，并保持对文化母国的高度关注。这些新动态，以及华社所面对的新问题，不仅体现了华文传媒对华人自身发展的愿望，而且促进了不同文化间的交流。

越来越多的中国人移民到世界各地，由于要购买房子、投资经商等，不可避免地与当地主流社会产生许多矛盾。例如，在2011—2012年，在经济危机的大背景下，西班牙许多中小型企业倒闭，华商反而增加了1.5万人，年上升率为74%；在西班牙失业率高达24%的时候，华人的失业率却只有5%，这自然引起了西班牙人的猜疑和妒忌。又如新加坡政府为保持经济活力、维护种族人口比重，接受了许多中国移民，引起当地居民的强烈反感。勤奋刻苦的中国人不论移民到哪一个国家，都很快能够在当地站稳脚跟，而文化传统使海外华人很自然地生活在一起，或多或少地忽视了与当地主流社会的交流。

从语言和文化背景来看，中国移民与居住国当地社会显现出较大的差异。随着中国经济发展，较为有钱的新移民一般有非常稳定的生活基础，而缺乏融入新社会的意愿。改革开放以后盛行的极度功利主义和拜金主义，使新移民形成了与老移民截然不同的心态。新移民，特别是近年来移居海外的中国人基于极度实际的考虑，如为了更好的生活环境、子女的教育等因素移民海外，这就使移民国主流社会产生怀疑和不满。再加上许多国家为吸引资金丰厚的中国移民推出移民优惠政策，更加深了当地社会对华人的猜忌，双方的隔阂感不断加强。

面对新移民与当地社会产生的矛盾，华文传媒在近几年加强了与当地社会的文化交流。除了一年一度的春节联欢，举办华人传统的庆祝活动，如彩妆游行、表演、庙会和邀请当地政府官员参加的团拜活动外，还通过多种形式加强华人与当地主流社会的交流。如在印度尼西亚，由于华人在经济领域表现杰出，也继承了悠久的中华历史文化，华文传媒就利用自身的文化优势，大力发展中国文化软实力，向当地社会弘扬华人优良传统，推动各种族共同发展，既让华裔子弟能够继承和发扬华族文化，也让其他部族学子有机会学习华族优良传统和文化，加深对华社的了解，构建种族和谐的环境。

上文所提及的2012年10月16日的“帝王行动”后，华文传媒和华社领袖主动找政府官员会谈，以便政府机构了解真实情况，并采取各种有效措施改善华人形象，促使当地政府加强对华人人身和财产安全的保护。加强与主流社会的沟通与交流，既是自救，也是主动融入主流社会，争取当地社会理解的有效渠道。这一方面华人在近几年有了长足的进步。

3. 积极参政争取华人权益

2012年是华人参政的“大选年”。亮丽的选举成绩不断刷新华人参政的历史，凸显了华人政治意识的觉醒，反映了他们通过选举来改变华人命运、维护族群权益的思想。

2012年竞选美国国会席位的亚裔人数达30位，创下历史新高；11月6日进行的美国大选，两名华裔女性以绝对优势闯入国会众议院，再加上原有的一位华人女性议员，共有3名华裔女众议员，创美国历史先河。华人在政治上取得的成绩，不仅令华人欢呼雀跃，也令所在国主流社会刮目相看。

在其他国家，华人参政也不断取得好成绩。在澳大利亚的悉尼，12名新一届市议员中华人独占3席。在印度尼西亚首都雅加达的省长选举中，有华人血统的佐科在第二轮投票中脱颖而出，以53%得票率击败时任省长法乌兹。选举的另一个瞩目焦点是，佐科的华裔副手候选人钟万学也同时当选副省长。印度尼西亚华文媒体对两人的胜选解读为“印尼华裔终于摆脱‘边缘人’的身份进入了社会主流”。

相比先前政坛华人胜选凤毛麟角的现象，2012年华人的参政意愿空前提高，华人政治家在多国政界开始崭露头角，初现锋芒，在国际上的政治地位与政坛影响力明显得到提升，令当地主流社会瞩目。面对自身生命财产安全受到威胁，以及各种权益面临侵犯却得不到有效维护的困境，海外华人逐渐意识到，参政是华人融入主流社会的必经阶段，也是维护华人合法权益、表达华人诉求的重要方式，因此纷纷拿起选票作为武器，来改善自己的境况，建立维护自身权益的渠道。在这方面华文传媒的作用尤其明显，如 2012 年的美国总统大选日，华文传媒从业者纷纷走上街头，报道华人投票盛况，鼓励华人用实际行动来表达政治诉求。在美国总统大选中，华人的投票率总体较往年有明显增长，部分投票站的华人投票人数为历史最高。纽约皇后区法拉盛投票站的工作人员在接受华文传媒采访时表示：“纽约华人的投票目标主要集中在总统候选人和亚裔候选人，华裔与韩裔以及其他族裔之间在暗中较劲。从投票的实际情况看，华人投票踊跃程度胜过韩裔。这有赖于华人的政治觉醒及华文传媒的宣传作用。”[①]这反映出华文传媒在增强华人参政意识，改变自身地位方面的显著作用。

约有 150 万华侨华人散居在欧洲各国，其中逾 40 万华人在法国，仅巴黎一地就有近百个华人社团。对于近年来法国华人积极参政的情况，法国舆论称，“这样庞大的群体如何争取自己的合法利益，是这几年在法华人奋斗的方向之一，华人开始意识到参加选举的重要，明白利用选票可以有效争取到自身权益。法国华裔族群和传媒进行广泛动员，并积极参与总统候选人的竞选造势活动，参政热情空前，投票率创新高。其中很多平时不太注重政治的华裔青年都积极参与投票活动”。在英国，华人也积极参与地方选举投票。在伦敦市长及大伦敦市议会选举后，“华人参政计划”调查机构对全英华人进行了随机抽样调查，其中 54% 的被访者表示参加了投票；伦敦地区的华人投票率更达到 63%，比英国 32% 的整体投票率高出近一倍。

华人积极参政，有两个因素起着关键作用：一是在世界各国，特别是欧美各国少数族群当选总统、议员的触动与激励下，华人参政意识大幅增强，纷纷行动起来，履行政治和公民义务，以此争取更多的社会权利；二是很多华文传媒、华人协会、华商进行了相关的动员工作。华人社团不仅组织选民登记，举办各种竞选活动，为支持的候选人站台，鼓励华人用手中选票表达诉求，而且积极将选民团结起来，成为支持华人

① 周佳：《选后“回头看”：美国华人参政“大提速”》，上海侨报网，2012 年 11 月 14 日。

参政、鼓励华人表达诉求的大平台和重要力量。数量可观的华人选票日益受到重视，再加上海外华人参政意识的日趋觉醒，以及华人在各国政治选举中的活跃度处于攀升态势，从而受到主流社会的青睐。政治候选人鉴于华人的积极性和手中的“关键票”，纷纷到华人聚集的区域进行拉票活动，并当场许下各种承诺。美国华人全国委员会主席薛海培表示，“2012 年的大选或许开启了美国亚裔政治觉醒的新时代”。

华文传媒从业者由于接受过更好的教育，因此更加自信、从容、开放，也比他们的父辈更了解、更融入当地环境。华文传媒近年来注重华人参政权利，鼓励华人利用选票影响选情，并已获得更多改善华人生存环境的筹码，无疑令人振奋。

4. 自发保钓维权

自 2012 年 9 月日本强行“购买”钓鱼岛以来，不仅中国政府提出反制策略，海外华社也与中国呼应，通过各种方式自发组织起来，保钓维权。过去，世界各国华人社团各自举办活动，维护中国对钓鱼岛的主权，没有形成声势浩大的全球性保钓活动；如今，海外华文传媒纷纷联结起来，提出更加广泛的保钓维权目的，为中国政府维护钓鱼岛的主权出谋划策，以实际行动展现海外华人维护中国领土和主权的精神，由此形成了全球性的保钓组织。

针对日本对钓鱼岛的侵占行动，各地的华文传媒自发行动起来，表达保钓的愿望，报道各地华人保钓活动。如希腊、意大利、德国、泰国、菲律宾、澳大利亚、尼日利亚、坦桑尼亚等国的华侨华人起来抗议，发表声明，举行示威游行，纷纷表达了捍卫中国领土完整的决心。泰国最大的侨社泰国中华总商会于 2012 年 9 月 12 日在华文报纸上刊登保钓广告，并在其刊发的“严正声明”中，郑重呼吁全世界华侨华人立刻行动起来，共同声讨日本政府窃取中国领土的罪恶行径，携手为维护中国的领土主权和中华民族尊严而竭诚奉献自己的一份力量。

海外华文传媒在海外不断举办针对日本“购”岛行径的抗议活动，显示出海外华人坚决维护中国领土完整和主权的决心。自 2012 年 9 月 15 日开始，一场名为“勿忘九一八，保卫钓鱼岛”的北美华人“保钓护土”大型示威游行活动在美国东海岸的纽约、费城、华盛顿、芝加哥，南部的休斯敦、达拉斯和西海岸的西雅图、波特兰、洛杉矶、圣地亚哥，以及加拿大温哥华、多伦多等十余个主要城市相继举行，把海外华侨华人强烈抗议日本侵犯中国钓鱼岛主权的示威活动推向高潮，显示出华侨华人保钓的决心。在海外华人保钓斗争中，涌现出许多专业的团体，他们在华文传媒的推动下，保钓热忱更加凝聚，组织活动也更为高效。

5. 共同推动实现中国梦

海外华人对中国梦表现出前所未有的关注。在党的十八大召开之前，华文传媒就予以高度重视，纷纷表示要借此凝聚侨心、汇聚侨力，期盼中国更加繁荣昌盛，期盼中国明天更加美好。十八大是中国新一届领导班子接手治理国家的起点，海外华社普遍表达了对中国政权交接顺利、社会发展平稳的希望，并祝愿新一届领导班子创建一个成功的、有活力的发展模式，构建和谐社会，使民主、法治、文明建设稳步向前，社会管理日益开放，照顾不同利益群体的诉求。

作为反映华人声音的重要渠道，海外华文传媒纷纷开辟专版，刊登读者来信，在某种程度上呈现了海外华人对十八大的高度关注。众多华文传媒均认为十八大是中国社会发展承前启后的一次盛会，对中国和今后一个时期内国际社会的发展都将产生重要而积极的影响。如 2012 年 11 月 8 日《欧洲华人报》在第 802 期开辟两个正版的“十八大专版”，刊登旅意华人的呼声和感受，表达他们的愿望与诉求。除了传统媒体大量报道十八大，华人网络和移动媒体也迅速传播十八大消息，有关十八大的发帖铺天盖地，谈论十八大、关注十八大成为旅意华人生活中不可或缺的一件大事。在东南亚，马来西亚的《星洲日报》与新加坡的《联合早报》也开辟多个专版对十八大进行深度报道。

中国是海外华侨华人的“母亲”，也是华侨华人的坚强后盾。随着中国国力日益强大，各国政府对华侨华人越来越尊重，海外华侨华人的腰杆挺得更直，也能在各方面受益。中国的发展离不开海外华侨华人，而华侨华人在海外的生存与发展也有赖于中国日益提高的国际地位。法国《欧洲时报》对十八大发表评论，认为“十八大将为中国未来五至十年的发展描绘蓝图，使中国经济、社会的发展模式更科学、更健康，这将对全球经济、政治产生重大影响，也会给海外华侨华人带来新的机遇，海外华侨华人都对此寄予很大希望。华侨华人将以多种方式参与中国的现代化建设，关心中国的改革开放，在支持中国发展中壮大自己的事业；在此过程中，也必将继续努力推进中外文化交流，弘扬中华文化，让世界了解中国，向中国介绍世界的优秀文明成果，增进中国人民同世界人民之间的友谊，加快中国向世界文明强国迈进的步伐”①。在某个角度上，海外华侨华人与中国的利益已经绑在一起了。

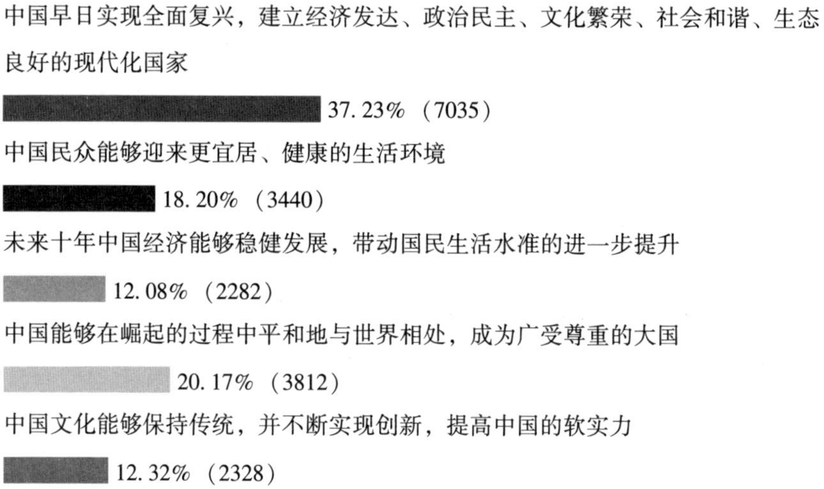

投票总数：18 897　截至2013年3月5日。

“两会”期间联合早报网与中国中央电视台国际频道联合调查结果

对于海外华侨华人对新一届中国政府的期盼，多个海外华文传媒为此进行了调查。如联合早报网与中国中央电视台国际频道共同开展“两会”期间联合调查，提出“2013年中国‘两会’召开，将产生新一届

① 姚志胜：《十八大继往开来　将开创又一个“黄金十年”》，《欧洲时报》，2012年10月22日。

政府，中国民众对未来会有什么样的期待？会有什么样的‘中国梦’？”等问题。调查发现，华侨华人对“中国早日实现全面复兴，建立经济发达、政治民主、文化繁荣、社会和谐、生态良好的现代化国家”这个议题最为期待。

现代化国家是实现中国梦的重要基础，广受尊重的大国则是中国梦实现之后的必然反映，而文化软实力是否增强与人民生活是否富足是体现中国梦是否实现的重要指标。从上图的统计数据不难发现，海外华人对实现中国梦寄予了厚望。他们对中国经济转型和政治改革给予较高的期待，希望中国进入一个深化经济改革、稳健政治改革、加强反腐倡廉、加强民生建设和创新科技和创优文化的新阶段，达到在2020年实现小康社会，城乡人民收入比现在翻一番的目标。

海外华文传媒是历史见证者，也是记载历史的重要载体。具有将近200年历史的华文传媒是中国从落后走向繁荣的目击者，它们既目睹了中国落后挨打的悲惨历史，也见证了当前中国的崛起，既看到中国的强大，也看到中国当前在国内外所面对的严峻挑战和危机，因此，它们对新领导人的走马上任充满期待，希望他们走廉政革新道路，全力整顿腐败风气，致力缩小贫富差距，把改善民生放在施政首位，解决人民大众有关房改、医改、教育和食品安全等基本问题，卓有成效地解决中国的社会不满和各种矛盾，逐步实现中国梦，实现更完美的社会公平正义，使中国走向全面强盛、文明的道路。

虽然身居海外，但关心中国发展仍是海外华侨华人的重要议题。许多华侨华人也希望利用自己的专业知识与能力，推进中国梦的实施进程，在中国的全球化过程中发挥作用。瑞典华人总会会长叶克清在接受《北欧时报》记者采访时说：“希望两会期间代表们能够真正履行自己职责，把人们关心的问题真正讨论并找到多方满意的解决办法。”瑞京华人协会的柳少惠认为：“‘瑞典模式’与‘浙江模式’是完全可以相互借鉴、相互学习的，我们作为华侨，有责任把北欧优势产业带到中国，也把中国优秀产业和文化渗透进瑞典。”在中国贫穷落后的沧桑岁月中，海外华侨华人心系故乡，为中国作出了巨大贡献，如今在中国迅速崛起的辉煌时代，海外华侨华人仍然心系母国，想方设法为之服务，在中外之间搭起政治、经济与文化的桥梁，充分显示了他们的拳拳游子之心。

（二）数量众多，历史悠久

当前，各种华文传媒加在一起有800多个。一些传媒历史悠久，生存能力强。如马来西亚《光华日报》创办于1910年，早期致力于推翻清政府的革命宣传，现在转变成为华人服务的主要刊物，迄今已有100多年历史；美国《世界日报》、《星岛日报》在亚裔群体中号召力很强，受到美国政界的重视。华文传媒之所以能够长期存在，主要因为其是华族认同的文化承载媒介，是维系华族共同想象的重要工具。

1．海外华文传媒拥有悠久的历史

华文传媒历史悠久，不仅是华族族群了解中国状况的渠道，也是展现华人精神面貌的重要平台和塑造华人形象的重要力量。

东南亚华文传媒的历史迄今已将近200年。从1815—1837年的22年间，马六甲、巴达维亚及新加坡三地先后出现了四份宗教性的华文杂志，即马六甲的《察世俗每月统记传》及《天下新闻》，巴达维亚的《特选撮要每月统记传》以及新加坡的《东西洋考每月统记传》。

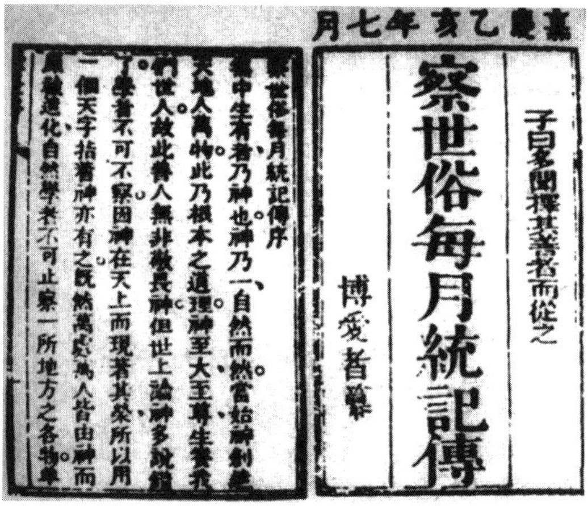
嘉慶乙亥年七月
子曰多聞擇其善者而從之
察世俗每月統記傳
博愛者纂
察世俗每月統記傳序
蓋中生有者乃神也。神乃一、自然而然。當始神創造
天地人萬物。此乃根本之道理。神至大、至尊、生養保
佑世人。故此善人無非敬畏神。但世上論神多說錯
了。學者不可不察。因神在天上而現著其榮、所以用
一個天字、指著神亦有之。既然萬處萬人皆由神而
原。從造化自然學者不可止察一所地方之各物。單

《察世俗每月统记传》书影

1815年8月5日，马来西亚第一份华文刊物《察世俗每月统记传》在马六甲创刊。创刊者是英国传教士马礼逊（Robert Morrison）和米怜（William Milne），然而除了数期为马礼逊和麦都思（Walter Henry Medhurst）、梁发三人合编外，其余都

出自米怜之手。米怜编印《察世俗每月统记传》的目的非常明显，就是希望通过这份杂志辅助传教工作的进行，所以，基督教教义的阐述和介绍是《察世俗每月统记传》的基本内容和主要目标。不过，鉴于中国科学的落后及民智的闭塞，米怜也将科学知识（如天文地理等）的介绍作为《察世俗每月统记传》的部分内容，很少有一般性新闻。此刊的问世，为《天下新闻》、《特选撮要每月统记传》以及《东西洋考每月统记传》先后在东南亚一带的出现埋下伏笔。

随后，由两名西方商人出资与布道会教士联合发刊，由纪德（Samual Kidd）主编的《天下新闻》于1828年在马六甲创刊。其内容包括中国及外国新闻，以及有关科学、历史、宗教等方面的报道。《天下新闻》采用活版排印，同时采用白报纸印刷，这些在当时都是创举，可惜只出版了一年就停刊了。

1829年，马六甲的布道会又来了一位普鲁士籍的教士郭实猎（Karl Friedrich August Gutzlaff），负责主持会务。郭实猎的出现与新加坡的《东西洋考每月统记传》的刊行有密切关系。1833年8月1日，即道光十三年，郭实猎以个人名义在广州主编和发刊《东西洋考每月统记传》，它成为中国境内出版的第一份现代华文报刊。该刊在1835年8月停刊，又于1837年2月在新加坡复刊，成为新加坡第一份华文杂志。《东西洋考每月统记传》在新加坡出版20期后，于1839年10月（鸦片战争前一年）因中英关系恶化而停刊。

事实上，早期面向华人传播的华文刊物都是教会报刊。如中国香港地区的《遐迩贯珍》（*Chinese Serial*）、中国台湾地区的《府城教会报》，以及美国的《金山日新录》，均是宗教色彩极浓的报纸。由于封建势力太过强大，民族资本主义在中国力量薄弱，封建统治阶级为了维护封建制度出台禁止报纸出版的律例，这些原因均导致了早期华文报刊只能在清朝政府无法管辖或管辖力量相对薄弱的地方出现，而且成为西方宗教人士传经布道的工具。

教会报刊停刊几十年后，东南亚一些面向华人、弘扬中华文化、推广华文教育的华文报刊开始问世。《叻报》正是在这种特殊的环境中诞生的，于1881年12月10日在新加坡创刊，是一家真正具有新闻性的日报，人称“南洋第一报”。它一直出版到1932年，维持了51年，因此在华文报业史上有重要的地位。它重视经营管理、注重广告设计与制作的理念现在仍值得报业借鉴。《叻报》之后，又有许多报纸创刊，如《天南新报》、《图南日报》、《日新报》、《总汇日报》、《星洲晨报》、《中兴日报》等。

20世纪20年代以后，新马地区开始出现商业性的华文报纸，如在新加坡出现了《南洋商报》（1923年9月6日）、《星报》（1927年6月25日）、《星洲日报》（1929年1月29日）、《民国日报》（1930年）和《星中日报》（1935年9月11日）等。这时期的东南亚华文报纸逐步朝商业化与企业化的方向发展，其中以陈嘉庚1923年创办的《南洋商报》与胡文虎1929年创办的《星洲日报》为代表。自始，海外华文传媒走上了一条自我发展、传承中华文化、维系族群认同的道路，并在华人社会当中发挥了重要作用。

步入21世纪之后，海外华文传媒的集团化趋势明显加快，其中最令人注目的是马来西亚星洲媒体集团与南洋报业集团、香港明报集团于2008年4月合并，成为中国本土之外最大的华文媒体集团，足迹遍及全世界。南洋报业集团、星洲媒体集团、明报集团每日报纸总发行量逾100万份，共有员工5 000人。合并后，该集团成为拥有五大报纸（《星洲日报》、《光明日报》、《南洋商报》、《中国报》、《明报》）、超过30份杂志，每年收入逾10亿美元的大型华文出版集团。其他国家的华文传媒也走上了联合和集团化的道路，受到华人媒体和当地主流媒体的关注。

当前，海外华文传媒的发展态势出现了新现象、新趋势，特别是随着新媒体的迅速发展，华文传媒呈现出传播全球化的趋势，如许多华文媒体与新浪网、腾讯网合作，实现微博、微信信息双向传递，使信息交流更加频繁，全球化网络传播的态势更加明显。伴随国际政治形势的变化，华文传媒在立足本土的情况下，与中国以及其他国家的华文媒体密切互动与合作，从而形成了跨越世界的全球性传播网络，为海外华人提供了获取信息的快捷渠道。

此外，华文传媒与华人社区的关系越来越密切。目前在华人社区内发挥重大影响的华文媒体，都形成了一种华人社区制度机制，它是华人社区思想文化制度的创新形式。华文媒体本身作为社区制度机制（或制度安排）的组织系统，由其带出的一系列规范、角色规则、价值观、办事程序则构成了社区制度的规则系统。在这种形势下，华文传媒更加充分参与“和谐侨社”的建设，打好华文传媒可持续发展的基础。华文媒体的生存和发展离不开华人社会和社区的和谐，而维护华人社会的和谐，才可能为华文媒体争取长久生存和更好的发展空间。

随着中国经济的发展，学习汉语的人越来越多，华文传媒在华文教育方面起到重要作用，前景非常好。因此，华文传媒应加强与当地华社、中国媒体的全方位、深层次合作，除了信息交流外，还应建立某种形式的媒体联盟，甚至与它们组成传媒集团，共同开拓受众市场，实现两地全方位的信息交流。这一方面可以扩大中国在当地的影响力，另一方面可以把中华文化传播出去，维系华族认同，帮助华文传媒增强实力，更加深入当地华社，促进中国与当地的联系，帮助中国企业走出去，同时实现华人社会的升级换代，推动华人社会朝着更加包容、开放、繁荣的方向发展。

2. 海外华文传媒的数量、种类繁多

有海水的地方就有华人，有陆地的地方就有华人足迹，有华人就会有华文报刊。据统计，目前世界华侨华人已有5 000多万，他们分布在140多个国家和地区，其中东南亚华人占了80%。这些远离中国的华侨华人，已经形成了一个庞大的群体。他们既有中华民族的血缘，又传承着中华文化，同时，他们融入当地社会，甚至被当地民族所同化。如第三代、第四代的华裔，经过民族、种族间的通婚和生活，许多都与当地人没有太大的差异。唯一不同的是，他们身上还有华人的血统。这些华人为当地社会的发展作出了巨大贡献。

从20世纪90年代开始到21世纪，海外华文传媒随着移居海外华侨人数日渐增加亦越办越多，越办越蓬勃。可以说凡是有华侨华人的地方，几乎都有华文传媒，包括电视台、电台及报刊等。在众多传媒中，报纸的历史最为悠久，而电子传媒在现今科技的带领下，亦在这10年内以极快速度发展。其中电视传媒，随着卫星技术、数码通信技术的推动，无形中把国与国之间的距离缩短，无论身处何方，都可以在瞬间知道地球任何一个角落发生的事情。新传媒的创新与不断发展，也对海外华文传媒的生存与发展提出了新的挑战。据王士谷在《华人华侨百科全书·新闻卷》一书中的统计，1815—1996年海外共有52个国家和地区出版过华文报刊，累计总数为3 976种（其中日报657种，周报975种，期刊1 783种，会刊535种，类别不详者26种），这仍是一个不完全统计。累计总数中，1897年以前创刊的只有33种，占0.83%。绝大部分华文报刊都是在1898年以后陆续发展起来的。东南亚地区虽然有的国家出现过华文报刊由盛到衰的变化，但该地区一直是海外华文报刊的中心。在累计总数中，亚洲国家的华文报刊最多，有2 672种，占总数的67.2%。其次是美洲，有979种，占总数的24.6%。分国别看，新加坡的华文报刊最多，累计达1 027种；其次为美国，有753种；再次为马来西亚，有440种。以上三个国家华文报刊累计数之和，超过累计总数的一半。20世纪70年代以后，由于新移民大量涌入，在西方国家出版的华文报刊有突飞猛进的发展。在北美洲、欧洲、大洋洲，1970—1996年间新创刊的华文报刊共有827种，为1969年之前154年间创刊的报刊总数361种的2.3倍。1995年内（有些国家为1996年内）存在的海外华文报刊总数（不包括会刊）为496种，其中日报78种。

2005年笔者经过大致统计，华文传媒数量大约有683种，比1995年增长了37.7%。其中衡量报业发展程度的日报数量有120种，增长66.7%。在这10年中，华文报业的发展是相当快的。2013年，笔者通过对华文报纸数量的再次统计，发现形形色色、大大小小的报纸加起来突破了700份，范围大大拓展，不仅在东南亚继续发行，而且在原来是华文传媒“沙漠”的北非和西非也出现了华文报刊，大有一种向全世界蔓延的趋势。

21世纪之后，随着留学生和移民大量增加，海外华文传媒得到了进一步的发展。当前华文传媒在海外发展迅速，除了得益于每年大量中国移民在海外定居，还得益于大量华人经常使用华文媒体。如在美国，"有 40% 英文流利的或英文不大流利的移民经常或者间接使用华文媒体"①。大量的电子传媒如雨后春笋般涌现，仅在美国一地，华文广播和电视就达到了 40 多家。在泰国、印度尼西亚、越南也都有新的华文广播和电视出现。一大批新的华文传媒不断创办，不但为华侨华人、留学生提供了了解中国的最新信息平台，而且推动了海外华文传媒的发展，进一步丰富了海外华文传媒的发展历史。一些国家的广播电视也创办了华文频道和华语广播，如土耳其之声广播电台，其中就设置了华语广播，既为土耳其人了解中华文化提供机会，也向外传播土耳其在政治、社会、文化、经济、科技、教育、卫生领域取得的成就，架起中国与土耳其的沟通桥梁。

（三）文化传承，不遗余力

华文传媒不仅是一个传播信息的载体，而且是文化传播的重要渠道和工具。当前中国经济迅速发展，国际地位日益提升，处于民族复兴的关键时刻，华文传媒可以通过文化传播的形式，与世界其他民族文化进行对话，展现中华文化博大、宽容的文化性格，塑造海外华人的新形象，从而减少对中华民族复兴的负面声音。华文传媒也可借此担当文化使者的角色，承担起实现文化融合和种族和解的使命，与其他民族共同缔造多种文化共处、多元思想共存的和谐社会。

1. 致力于文化传承

华文传媒历史悠久，可以追溯至唐朝的《邸报》，但在新闻界真正公认的近现代报业的开始则是 1815 年于荷属马六甲创刊的《察世俗每月统记传》。它冲破清朝的言禁，打开言论自由的大门，带给中国新的思想和风气，有力地促进了中国的思想进步，在海外也开启了中华文化

---

① 周敏、蔡国萱：《美国华文媒体的发展及其对华人社区的影响》，《社会学研究》2002 年第 5 期。

传播的重要窗口。

随后两份颇负盛名的报纸——《南洋商报》和《星洲日报》也在文化传播方面不甘人后。如五四运动期间，新文化运动直接影响《南洋商报》的风格，其副刊《新生活》全部采用白话文，为海外华文报纸的版面和文风带来一股清新风气。1929 年 1 月 15 日在新加坡创刊的《星洲日报》，办报目的除了促销商品外，也是为了在海外倡导文化传播。创始人胡文虎在创办该报的宣言中阐述使命："求民族、政治、经济的平等地位；力倡华侨投资祖国，藉定国基；提供各种教育，沟通中西文化，以增进华侨地位。"为了提高报纸的文化水平，胡文虎还请了当时在文学界相当有名气的作家——郁达夫做副刊编辑，促进了《星洲日报》文学副刊的发展。可以说，几乎所有的海外华文传媒都把文化传播作为己任，在海外传播中华文化和对异族文化的介绍等方面作出了巨大贡献。

几乎所有的华文报纸都开辟副刊，不但介绍中华文化，而且刊登翻译过来的异族文学作品，不但为华人提供丰富的精神食粮，而且为他们提供了解异族文化的窗口和渠道，充分体现华文传媒文化传播、联结和融合的功能，担当重要的文化使者的角色。它们在传播中华文化的同时，也塑造了华人刻苦、勤奋、节俭、善良的形象。

2. 提升华人形象

除了文化传播和新闻报道外，华文传媒还努力提升华人在当地主流社会的整体形象。当前主流社会对海外华人的评价整体是正面的，中华文化"温、良、恭、俭、让"的美德在海外华人身上得到充分体现，主流社会也对华人的这些美德给予了充分肯定。比如说，马来西亚前总理马哈蒂尔就充分肯定华人的品格，鼓励马来人向华人学习。数千年传承下来的美德和传统，使得华人在任何一个地方都能与主流社会和平共处，并通过勤劳致富。

当前许多国家都对中国的崛起存在相当多的疑虑。这是因为中国经过长达 30 多年的改革开放后，经济得到长足发展，国际地位得到空前提升，许多国家在恐惧中国强大的同时，也对国内的华人产生不信任感。由于华人勤奋、刻苦、节俭和拥有灵活的经商头脑，很容易在与异族的竞争中占得上风，这使得当地政府为压制华人的发展，出台了许多歧视性的政治、文化、经济、教育政策。这种对华人的恐惧，实质上来自于对中华文化的恐惧。在这种政治文化背景下，一些别有用心的政客便利用当地原住民对中华文化的恐惧，出台和渲染了“中国威胁论”、“黄祸论”等，不但丑化了中国，也丑化了海外华人。

要改善和提升华人形象，除了中国政府要努力改善国际形象、妥善解决华人问题外，华文传媒也应努力塑造更加开放的华人形象，在改善当地主流社会对华人的印象方面有所作为。如通过文化传播，实现彼此间文化的沟通和互动，让当地主流社会能够有机会了解华人。

海外华文传媒是华人宝贵而独特的资源，在传播中华文化、开展民间外交、宣传介绍华人社会、支持与解释华人政策和行为、展示和塑造海外华侨华人形象等方面均可以发挥不可替代的作用。华文传媒虽然主要面向华人传播，但是如果注重报道内容的再编码和再传播过程，注重信息的再增殖，减少向主流社会传播华人信息时的障碍，在关键时刻，及时把一些重要、敏感的内容翻译成当地语言向主流社会传播，那么就可以避免主流媒体误读现象的发生，帮助塑造华人形象。

文化传播作为一种软性传播力量，在塑造华人形象方面作用非常明显。作为在海外进行文化传播的重要力量，华文传媒在这一方面有广阔的空间。中国应重视并借助这股文化力量，通过文化传播的软性诉说，以达到塑造华人良好形象的目的。

3. 肩负文化交流的使命

传播中华文化，是华文传媒必须履行的重要使命。对当前大多数的华文传媒来说，追求商业利益与传承中华文化是其两大任务。实际上，它们之间并不会产生矛盾和冲突，相反却可以相互依赖，相互促进，共同发展。商业化是华文传媒赖以生存的基础，而文化传播则是华文传媒凝聚华人力量、维系族群认同感的重要手段。它们两者是相互影响的。比如说，《星洲日报》一直秉持文化办报的理念，创办了“世界华文文学奖”和“花踪文学奖”等推动华文文学的活动，在世界华人当中影响很大，不仅传播了文化，推动了文化发展，同时也拉近了与华人读者的距离，提高了销量。

一直以来，华文传媒在传承华文方面不遗余力，但文化使命随着形势的改变而有所变化。比如说，海外华文传媒在传承中华文化过程中就经历了两个阶段，这两个阶段最主要的区别在于政治的认同感。所以华文传媒的创办宗旨就有了一些差别，但是这种差别没有从根本上改变华文传媒作为文化使者的角色。

媒介的文化救赎、价值观的维护和塑造功能在维系族群方面发挥了重大作用。它们的文化救赎和传播，在很大程度上能够激励华人勤奋创业，继续传承优秀和根深蒂固的民族文化。媒介内在的文化宣传和教育功能，实现了海外华文传媒继续传承和传播中华文化的愿望。它们所发挥的文化使者的作用，正指引着海外华人延伸中华文化之旅。然而，这种只专注于本族文化的传播还是不够的，它们还应承担了解和传播异族文化的责任，因为只有这样，我们才能更加了解异族，才能放下民族间的歧见，展现中华文化宽容恭让的品格。

文化交流是和华人走向世界、走向未来、树立良好形象紧密联系在一起的。文化交流看起来好像是办几个展览，演几场戏，开几个讲座，但通过这些文化活动可以告诉异族和世界，华人在想什么、做什么，华人对世界未来的期望是什么，华人有无承担社会责任。同样，华人也应通过华文传媒这个渠道，把异族的优秀文化引进来，也了解其他种族在想什么、做什么。基于这样的互相了解，才能够建立一种信任，消除敌对和歧见，逐渐改善和提升国家形象，既为华人赢得更大的发展空间，也为中国的发展创造一个良好的国际环境。

当前，中国经济、社会迅速发展，海外华人在当地的地位和重要性随之得到提升，在努力实现中国梦的特定和关键历史时期下，在民族和解、文化融合存在种种困难的情况下，应看到形势对华人发展呈现有利的一面，更应以全球化传播的视野、博大的胸怀、前瞻性的眼光认识到通过文化传播营造和谐种族社会的重要性和必要性。华文传媒应抓住当前世界人民追求和平和稳定的普遍性追求，在种族文化间架起桥梁，加强文化交流。文化之旅是心灵的沟通，也是消除种族隔阂、改变华人形象的破冰之旅，更是种族相互谅解的重要途径。作为面向大众传播的华文媒体，更应当承担“让世界了解华人，让华人了解世界”的责任，建构文化交流的平台，消除社会不和谐的声音，发挥社会缓和剂与黏合剂的作用，体现文化使者的角色，展现华人与人为善、与主流社会共同发展的美德和愿望，实现和谐社会的愿景，从而提升华人包容、博大、承担社会责任的整体形象，使中国梦的核心思想在海外得到有效传播。

二、海外华文传媒影响社会舆论的独特作用

作为反映华人诉求、传承中华文化的主要载体，华文传媒从早期缓解华人的故土情怀，发展到现在积极报道政治选举，成为当地社会生活一股不可忽视的力量，在政坛产生越来越大的影响，从而在复杂的国际政治关系和全球化的背景下，重构了华人与当地人之间敏感和复杂的种族关系，也促进了中国与所在国政治关系的发展。

（一）在文化传播和凝聚华人力量方面拥有独特优势

定居海外的新移民发现自己处于文化转型的关节点，需要一个合适的媒体帮助自己了解所在国的文化、政治、经济与法律，但是由于语言和文化上的隔阂被锁定在华人相对狭隘的社交圈子里，因此需要“一些有效的制度机制帮助他们解决现实的、由于语言文化隔阂所带来的困难，尽快适应新家园的生活，而主流社会又缺少这类制度机制，因而华文媒体应运而生，作为一种新的、具有华人特点的制度机制，它向新移民提供了一个重要的帮助工具，使他们能在陌生的土地上尽快开始新生活，进而立足生根”①。

除了在文化上缓解华人的思乡愁绪外，华文传媒还因为特殊的“民族聚集区经济”而承担着主流媒体所无法发挥的商业功能。如今华人企

① 周敏、蔡国萱：《美国华文媒体的发展及其对华人社区的影响》，《社会学研究》2002年第5期。

业在海外的发展越来越快，以及中资企业不断进军世界各国，迫切需要华文传媒帮助它们打开华人市场，增强民族企业的凝聚力与认同度。因此，作为面向华人传播、与华人密切联结的华文传媒，在特殊的族群经济环境中拥有主流媒体无法具备的优势。比如说，华人餐饮业、运输业、超市百货等均在华文传媒上刊登广告，而华人也往往更倾向于在华文传媒中寻找相关信息。由于华人企业的本土化、国际化和全球化，以及华人稳定和强大的购买力，也吸引许多著名的跨国公司在华文传媒刊登广告。在华文媒体的广告中，华人很容易获得自己需要的信息，解决日常生活中所遇到的问题，华文传媒的生存与发展由此得到了财力支持。

海外华文传媒拥有国内传媒无法企及的独特作用。它们对所在国的语言与文化更加熟悉，更懂得用当地主流社会能够接受的方式去传播中华文化。长期以来，我国传媒被打上“官方媒体”的标签，因此其在海外的公信力受到极大的影响。而海外华文传媒作为在当地注册和运作的传媒，因为更能贴近海外华人而受到主流社会的关注，推动了海外华人对中国梦的认知与理解，因此能更有效地在海外传播中国梦，反映主流社会对华人以及中国的观感。

华文传媒是联系海外华人的重要桥梁和纽带，是他们重要的精神食粮，是增强华人族群认同的重要手段，是促进中华文化在海外传播的重要渠道，也是促进中华文化的建设和凝聚海外华人的强大力量。华文媒体是海外少数族群传媒的典型代表。站在少数族群媒体的视角便可发现，其作为传承华族文化和推动华文教育的动力，为维护华族族群认同和文化认同作出了重要贡献。

老一代的海外华人，从中国移居到其他国家，即使长时间居住在那里，生活逐渐本土化，但他们仍然怀念祖籍国，思念故乡，仍然喜欢阅读华文报纸。华文报纸也帮助他们了解华人社会和所在国主流社会，从而成为他们不可或缺的了解外界信息的工具。故此，正是建立在对族群公共利益的维护和传播族群新闻的基础上，包括海外华文报纸在内的少数族群传媒经历沧桑后仍然能够生存下来，并继续担负族群文化传承和认同的使命，同时还增进了移民国主流社会对华人和中国的认知。从这个角度来说，海外华文传媒所创造的文化认同不仅促进了华族的自我认同，而且有助于团结世界华人，打造一个整体的华人形象。

（二）帮助华人了解和融入当地社会

少数族群传媒究竟对所在国产生何种作用，美国著名社会学家罗伯特·帕克（Robert Ezra Park）以美国为例，通过对移民报刊的研究，认为“移民报刊的角色有助于维护种族文化，并使读者通过族群语言而接触到社会生活，了解当地主流社会，缓解新移民的思乡情绪，淡化边缘人的色彩，从而顺利地融入美国社会中”①。“即便是最冷僻的外语报纸如意第绪语、波兰语等报刊，其作用主要是帮助新近来的移民懂得如何在北美生存下来。很少有报刊鼓励对于原先祖国的忠诚，而是通过传播确立美国文化的标准、价值观念和习俗帮助它们的移民读者同化于美国文化，从而加速了移民与主流社会的融合。”② 帕克还认为，移民报刊将移民过去的经历与美国城市生活联系起来，“外语（外来移民语言）新闻保存了过去的记忆，同时它成为新经历的通路”，而且正因如此，“外来移民语言的报刊不自觉地成为美国化中最经常的因素”③。

就华文传媒来说，其在帮助新移民融入主流社会时，确实有助于华人逐渐走出“边缘人”的身份认同困境，逐步融入主流社会。为了生存，华文媒体立足本地化，重视制作本土节目，不断增加对当地新闻的报道，关注当地社区的发展，“作为移民社区的重要信息媒介的功能越来越明显，既保留了移民不同文化背景的特点，又有效并及时地向移民传送所在国主流社会的有关信息，进而有效地帮助华人移民在陌生的、多元化的社会环境中生存和发展”④。华文传媒已经成为族群制度机制

①③ R. Park, The Significance of Social Research in Social Service, *Journal of Applied Sociology*, 1924.

② 胡锦山：《罗伯特·帕克与美国城市移民同化问题研究》，《求是学刊》2008年第1期。

④ 周敏、蔡国萱：《美国华文媒体的发展及其对华人社区的影响》，《社会学研究》2002年第5期。

中的重要环节，能够有效地把华人和主流社会联结起来。“移民即使不通当地语言，亦可从中知道发生在他们周围的事情，大至国家大事，小至社会名流花边新闻。”①

华文媒体向华人新移民提供了一条进入所在国主流社会的捷径，使他们很快能够自由地生活于这片文化背景迥异的土地上。它们的存在，在某种程度上承担了沟通政府、主流社会与华人的任务，在帮助华人融入主流社会、接受所在国的价值观等方面起到积极作用，并在日常的政治、文化和经济生活中日益呈现出它们的影响力和社会参与积极性，对所在国对华关系产生了重大影响。

（三）在政治选举中有重要的舆论动员作用

华文传媒虽然是少数族群传媒，但是在许多社会公共议题方面有强大的影响力。2009 年 7 月 8 日，寻求第三次连任的纽约市长彭博主动访问《侨报》和美国中文电视台，并接受两家媒体记者的联合采访。彭博担任纽约市长 8 年以来，很少亲自走访媒体或公司，访问华文媒体总部更是首次。这也显示彭博为取得竞选成功，获得华裔选票，表现出对华裔及纽约华文传媒的重视。从美国纽约市长亲自访问华文传媒的例子中可以看到，在全球化的趋势下，华文传媒在复杂的政治、经济、文化、全球化传播等多种因素的综合作用下，它们的影响力和话语权有时反而得到增强。如果善用这些因素，华文传媒有

前纽约市长彭博（左）
与美国中文电视台董事长岑工（右）合影

① 周敏、蔡国萱：《美国华文媒体的发展及其对华人社区的影响》，《社会学研究》2002 年第 5 期。

时可能产生比当地主流传媒更大的舆论影响力，从而达到维护华人权益的目的，有效传播中华文化。

由于站在海外的视角看中国问题，以及站在华人的立场分析所在国涉华问题，海外华文传媒的新闻报道与评论往往因具有独特的观点而为世人所关注，引起较大反响，维护了华人形象，更有效地传播中国梦，强化华人对中国梦的认知，促进所在国主流社会对中国梦的理解。

由于华人众多，再加上华人比较注重传承文化传统，华文传媒因此拥有大量受众，是海外华人宝贵而独特的资源，在传播中华文化、开展民间外交、宣传介绍华人社会、支持和解释华人政策与行为、展示和塑造海外华人形象等方面均可以发挥不可替代的作用。当前，媒体融合已经促成了一个全球化的传播网络，华文传媒利用传播全球化、立体化和网络化的机遇，适当对一些有关华人的社会公共议题进行设置，不仅使一个相对敏感的种族问题能够上升到全球层面，引起全世界华人的关注，而且影响到中国与所在国关系的发展。如 2008 年希拉里·克林顿参加民主党总统候选人竞选时，其竞选班子在加州拒绝亚裔报刊《世界日报》的采访，受到《世界日报》的抗议，第二天她就特地抽出一天时间接受包括《世界日报》在内的亚裔传媒的采访，以挽回亚裔的支持。事实上，随着网络的快速发展，在移民国的华语电视和华文报纸，通过在网络提供视频、文字和照片信息，不仅向华人传播信息，而且为中国人提供有关移民国华人的信息，从而构筑了传播跨国化信息的传输网络，使得移民国政府正视国内外华人的民意诉求。与此同时，面对中国迅速提高的经济实力和国际地位，移民国需要从各个渠道对中国加强了解，而华文传媒在这方面拥有诸多优势，可以成为联结双边关系的重要桥梁，在国际关系中发挥更大的作用，实现增强传播力、提升话语权的目的。

华文传媒是弘扬中华优秀文化、推动中华文化走向世界的积极传播者，是拓展民间外交、发展中国人民与世界各国人民友好交往的积极推动者，也是推动华人参政议政的重要动员者。其要充分利用中国崛起的有利因素，发挥华文媒体的“文化摇摆人”的独特功能，在推动双边关系发展的过程中实现传播力与政治影响力的提升。华文传媒要走出只传播华人信息的狭窄视野，把视野投向更广阔的空间，担当世界和平和人类文明的创造者、繁荣者与推进者的角色，从广度和深度两方面发挥政治动员作用，唤醒华人的政治意识，促使其以高度的社会责任感去参政议政，表达政治诉求，推动华人与其他族群的共通，促进社会的进步，获得主流社会更高的认受性。

三、海外华文传媒有效传播中国梦

华文传媒历史悠久，数量众多，伴随着中国迅速崛起而发展壮大，在促进中国与所在国的政治、文化和经济交流方面拥有其他媒体所不具备的优势。其面向华人传播，既报道当地社区新闻，又传播中国消息，是海外扩散中国各方面声音的重要渠道和平台。在媒体融合的时代背景中，华文传媒形成了网络化、全球化、跨媒体化的新现象，不仅为其立足华人社区、构建全球传播网络和信息联盟、充分利用新媒体传播的优势、加强对传媒传播方式和内容的变革与创新、扩大文化传播的影响力、有效传播中国梦的核心内容与思想等提供了良好的契机，也增强了其文化传承的能力以及信息传播的能力。

（一）构建传播中国梦的平台

也许在海外主流社会和主流媒体，甚至中国国内传媒看来，海外华文传媒只关注华人内部事务，不具有高度影响力。然而，传播的全球化，“不仅能够重构由非领土扩张所形成的文化意义和认同感，而且能够重构全球文化政治的相关形式”①。在政治、经济、文化的全球化趋势下，处于被边缘化、非主流化状态的少数族群传媒，虽然面对日益被主流媒体和跨国媒体压挤的现实，却在特定的空间与时间中得益于政治选举的民主制度以及多元主义的盛行，成为一个牵动社会神经的信息传

① ［英］约翰·汤姆林森著，郭英剑译：《全球化与文化》，南京：南京大学出版社2002年版，第41页。

播和族群文化传承的敏感信息载体。它们有实力传播中国梦，也能影响华人和主流社会对中国梦的看法。

作为一种信息传播工具，华文传媒是以华人社会的形成及其规模的扩大为基础的。作为少数族群传媒的典型代表，华文传媒在媒体融合的背景下，利用少数族群传媒的独特区位和角色作用、敏感的族群议题、颇具特色的族群文化以及文化全球化等有利条件，担当了华人的“喉舌”和文化传播机构，增强了华文传媒在主流社会的话语权，承担了族际文化交流的责任，实现了维系族群认同、塑造良好的华人形象、维护中国国家形象等目的。当美国的导弹炸毁中国驻南联盟大使馆时，海外华人义愤填膺；当“藏独”分子破坏中国奥运火炬传递时，华人们挺身而出。无论是奥运会在中国召开这样的百年喜讯，还是中国发生洪灾、地震那样令人揪心的噩耗，海外华人都没有忘记与中国人民同喜同悲并慷慨解囊。

借助全球化、数字化的传播网络，华文传媒构建了一个横跨全球、传播迅捷的华人消息传播平台，关注中国，报道全球华人社会的消息，推动了中国梦在全球的广泛传播。如中国国家主席习近平在 2013 年 3 月第十八届全国人大会议闭幕式上发表了重要演讲，重点提出实现中国梦的理想，在海外引起强烈反响，不仅西方主流媒体对此进行了大量报道，海外华文媒体也进行了广泛的传播，以促进华人之间相互交流。2013 年 3 月 17 日美国《侨报》开辟了两个正版的“中国两会专版”，刊登美国华人对中国梦的看法与内心的激动，表达他们对实现中国梦的意愿。马来西亚《星洲日报》则与香港《明报》联动，派出多路人马赴京采访，开辟了两个版面专门报道中国梦的相关情况。新加坡《联合早报》则利用设在北京的新闻记者站，发表了 6 篇独家新闻，并连续十多天报道第十八届全国人民代表大会盛况，此外，还开辟了一个整版刊登关于中国梦的新闻与评论。华文传媒对中国梦的报道，为在海外有效传播中国梦搭建了平台，开辟了渠道。这种通过海外华文传媒所反映的舆情动态，使我们看到中国梦不仅在中国具有活力，在海外也让华人充满期待。

（二）正面传播中国梦

海外华文传媒是历史见证者，也是记载历史的重要载体。海外华文传媒在近 200 年的历史中，既目睹了中国落后挨打的悲惨历史，也见证了当前中国的崛起，既看到中国的强大，也看到它当前在国内外所面对的严峻挑战和危机，因此感同身受，对中国梦充满期待，自觉自发地努力传播和实现中国梦，希望早日促成一个文明、繁荣的中华民族。对于中国梦的传播，绝大多数海外华文传媒除了大量报道外，反应也是比较正面的。

中国梦是中国领导人对中国发展方向的新定位，不仅为中国描绘了美好的发展蓝图，而且也符合人类文明的发展方向，自然在海内外引起了强烈反响，也得到长期生活在海外的华人的高度关注。在数百年的历史当中，海外华人承受了被排挤、歧视等许多苦难，亲身感受到落后、贫穷的中国无助于海外华人生存与发展的痛苦，甚至在所在国被贴上低人一等的标签。如今这样一个更加符合人类文明发展、实现民族复兴的梦想，不仅让中国人活得更有尊严，而且让身在海外的华人看到了发展愿景，是数百年来几代华人谋求中华盛世、走出近代耻辱的“共同语言”，是民族共同的夙愿，是两岸三地、全球华人的永恒信仰。

十八大之后，中国未来十年的格局已经确定下来。以中国梦为理想的发展方向，为我国健康发展谋划了新蓝图，创造了新局面，提升了海外华人对中国政府科学施政的认同，让世界华人对中国梦充满了憧憬。中国政府在未来实现中国梦的一个重要趋势，就是要更加重视形象建设与管理方式的改进，不仅要让中国人享受改革开放的成果，引导公众积极参与实现中国梦的社会创造，而且也要重视数千万华人在构建中国梦和实现中国梦过程中的积极作用。

随着中国国力日益强大，各国政府对华侨华人越来越尊重，海外华侨华人的腰杆挺得更直，也因此在各个领域受益匪浅。中国的发展离不开海外华侨华人。在近现代历史中，华侨华人为中国的民族解放和国家富强作出了卓越的贡献。同时，华侨华人在海外的生存与发展也有赖于中国日益提高的国际地位。中国梦描绘了中国未来五年至十年的发展蓝图，使中国经济、社会的发展模式更科学、更健康，更有助于人类的共同发展。这将对全球政治、经济、文化产生重大影响，也会给海外华侨华人带来新的机遇。海外华侨华人以多种方式参与中国的现代化建设，关心中国的改革开放，在支持文化母国发展中壮大自己的事业。在构建和实现中国梦的过程中，海外华侨华人积极、主动承担为中国发展应尽的义务，充分利用各国为华人提供的合法权利发展民生，以提高华人地位，塑造良好形象。在实现中国梦的过程中，海外华侨华人与中国的发展已经绑在一起。

海外华侨华人是历史的见证者，在数百年的移民史中，他们是中国从落后走向繁荣的目击者，因此对实现中国梦有更多的希望，希望实现更完美的社会公平正义，使中国走向全面强盛和文明，全球华人共享民族尊严。海外华人长期生活在国外，在构建和实现中国梦的过程中会产生在我们意料之外的看法，甚至对中国梦的内核也会提出意见，但是我们认为，只要有利于中国发展，有利于华人的生存与发展，并朝着共同的利益前进，在大方向不变的前提下，我们都可以对中国梦的具体内容进行探索。中国梦是全球华人共同的梦想，华人在构建与实现中国梦上拥有许多我们所不具备的条件。他们可以利用自身的各种有利条件和渠道，推进中外文化交流，弘扬中华文化，让世界了解中国梦，同时也向中国介绍世界的优秀文明成果，增进中国人民同世界人民之间的友谊，加快中国向世界文明强国迈进的步伐，早日实现全球华人的中国梦。

（三）贴近华人，影响主流社会

海外华文传媒能够反映华社动态，贴近普通华人，比国内传媒更好地掌握海外华人的脉搏。它们在传播中国梦时所呈现的角色与作用，有着浓郁的海外华人色彩，因此能够更加准确地反映华人的心声。它们不仅是各所在国华人与主流社会的沟通渠道，也是中国与世界各国政治、经济与文化交流的桥梁。从海外华文传媒对中国梦的传播情况来看，它们确实有力量在海外解读和传播中国梦。比如加拿大华文传媒，政府不仅设有专职对其相关事宜进行处理，还根据传媒所反映的问题及时跟进；在澳大利亚，每逢大选，华文传媒都是政党候选人拜访的对象；即使在与中国有领土争端的菲律宾，华文报纸的庆祝活动都有政府要员参加，显示华文传媒有较强的社会影响力。

许多华人参政议政，在所在国发挥重要的政治作用。以菲律宾为例，前内政部长林炳智、总统府发言人陈显达、前国家经济发展署署长帕德兰加等都具有华人血统。近年来，菲律宾华人在获得丰厚经济利益的同时也注重回馈社会，如在全国尤其是贫困地区推动捐建农村校舍、组织义诊队为贫苦菲律宾人治病送药、筹资建设华人志愿者消防队帮助平民灭火等公益活动，受到菲律宾主流社会和普通民众的赞赏。华文传媒虽然面向华人传播，但是在推动公益事业的活动时也不遗余力，经常刊登鼓励华人参与公益事业的新闻与活动。如 2013 年 9 月 26 日菲律宾《联合日报》刊登文章《百余名华商建言社会慈善：不以金钱为衡量标准》，强调社会慈善需要人人参与，捐多捐少均是参与活动的表现，呼吁华人积极投身于社会慈善活动中。

菲律宾华人主要以福建后裔居多，马尼拉主要街道的商品房店铺，90% 都是福建籍华人开的，在店里打工的多是菲律宾本土人。菲律宾华人是发展中菲关系的重要纽带，有力量抵制菲律宾主流媒体对中国的负面甚至极端报道。然而遗憾的是，这股力量目前还没有被充分利用来改变我国相对被动的舆论局面。菲律宾华人在各个领域均有较好的实力，大多又与中国政府保持良好关系，特别是华文传媒在当中具有较强的舆论动员能力，因此要充分利用这些力量，发挥菲律宾华人的作用，通过他们来影响菲律宾的对华政策。

众所周知，媒体可以形成拟态环境。人们往往相信媒体通过报道所形成的社会表象，特别是主流媒体所创造的拟态环境。主流媒体因为拥有较强的公信力，在形成拟态环境的过程中作用更大，影响更为明显，更能引起公众的共鸣。海外华人是我国重要的侨力与智力，在遇到重要的国际纠纷时，可以利用他们的力量来改善国家之间的矛盾与冲突。许多菲律宾主流媒体均由华人或具有华人血统的人士掌控，如《菲律宾星报》的控股者就具有华人血统。这些华人或具有华人血统的人士大部分对华友善，这就为通过主流媒体发表有利于中国的言论提供便利，使中菲纠纷不至于表面化、激烈化。由此可见，华文传媒在引导菲律宾的舆论上有着不可忽视的优势。

四、海外华文传媒传播中国梦的策略

海外华人具有多样化的特点，海外华文传媒的背景也很复杂。华文传媒在传播中国梦时呈现出不同解读的现象，反映了华人的差异性，因此要实事求是地看待他们传播中国梦的角色与作用，以更加包容的胸怀团结源流不一的华人，以文化的纽带联结他们，使中国梦在海外传播的效果最大化。

（一）理性看待海外华人的意识形态差异

要客观认识到，许多华人生活在海外，入籍所在国，他们更多维护的是所在国的利益，新生代的华人更是如此，如骆家辉。我们要以更加客观、理性的态度，看待华人的角色、背景，以及他们在实现中国梦过程中所起的作用。因此，在传播和实现中国梦的过程中，海外华文传媒不宜传播具有浓郁意识形态的思想，而是应该缩小政治方面存在的分歧和淡化意识形态色彩，求同存异。在努力传播中国梦的过程中，要更注重传媒的客观性和专业性，更强调以公正、无偏见的原则，准确解读中国梦，推动中国与其他各国的共同发展。

与此同时，我国对外传播部门也要客观认识华文传媒的背景，不应把其当作国内传媒的延伸，以官方行政方式指令其无条件传播中国梦，而是要采用柔性手段，理性地面对海外华人存在的意识形态差异，善用传媒力量，团结更多的人。在两岸三地的文化传播中，我们也不应以意识形态进行分类，而应对彼此之间的文化传播予以支持，不以区域或意识形态来区分华文传媒。

（二）致力于增强舆论影响力

实现中国梦的关键，在于是否有力量传播和解释中国梦的核心内容。在一个全球化传播的时代中，海外华文传媒作为面向华人的传播工具，承担了传播少数族群文化的功能，其向移民国主流社会展现出多姿多彩的中华文化，以一种柔性的表达方式传递历史悠久的文化内涵，吸引了许多外籍人士仰慕与学习中华文化，在文化的影响力方面有时比国内传媒更强大。

作为海外文化传播的主阵地，海外华文传媒能够承担传播中国梦这一历史任务，然而，我们也要看到，在所有华文传媒当中，对所在国的舆论具有强大影响力的并不多，如新加坡的《联合早报》，马来西亚的《星洲日报》，美国的《世界日报》、《星岛日报》和中文电视台，加拿大的《明报》、《星岛日报》等。要有效传播中国梦，让更多的华人和所在国的主流社会接触到更加真实的信息，华文传媒的首要任务就是增强话语权，打造一个全球性的传播网络，组建一个拥有多语种的传媒集团。最有效的办法就是创办所在国语言的电视频道或报纸，直接向主流社会传播华社信息。这一点美国的犹太人传媒就很值得借鉴，如创刊于1897年4月22日的《前进报》（*The Forward*），其不仅发行希伯来文版，还发行英文版，把犹太人的信息直接传播给主流社会，帮助主流社会了解犹太人和以色列的历史与文化，创造主流社会同情犹太人遭遇的舆论氛围，直接或间接对美国政治产生影响。由于在犹太人社区拥有较高的威望，该报直至今天仍然在发行，而且被视为犹太文化在美国的象征符号之一。

（三）重视文化传播与现代国际公关的结合

要塑造华人的良好形象，更好地传播中国梦，可以利用海外华文传媒作为中间角色，实现对外传播与现代公共关系相结合。借助“第三方”的传播力量，如国际主流媒体、各种非政府论坛、行业协会和其他社会团体、学术研究机构的专家学者、企业和专业公共关系公司等，细分对外传播的受众，做好“草尖”（舆论领袖）和“草根”（一般公众）的工作，加强民间外交。

传媒作为一种重要的公关工具，其作用与功能是其他交流手段与渠道所无法取代的，特别是海外华文传媒扎根于海外，熟晓当地的政治文化，更有能力和意识开展多种文化交流活动，去影响当地主流社会对华人与中国的态度，培养他们对中华文化的亲善感。比如说，在纽约每年一度的文化巡演，当地华人与华文传媒通力合作，设计了多种文化传播形式与内容，既有反映中国传统文化的节目，也有融合西方文化的内容，一方面改变了主流社会和其他少数族群对华人社会“文化孤岛”、“文化自我隔离主义”的印象，另一方面也有助于文化的自我生成与发展，实现中华文化与西方文化的相互融合。在现代公关理念中，民间交往是淡化价值观差异的最好方式之一。我国相关部门在海外举办一些活动时，应改变全程参与的做法，放手让民间组织主办，以减少官方色彩，使文化活动更有民间性，更能减少当地主流社会的警惕与排斥心理。中国政府在举办一些文化活动时，可通过社会招标，让国内外民间文化组织通过公平公正的方式获得主办权，政府只是承担监管的角色，甚至可以联合海外华文传媒，全权委托它们举办。

华文传媒是海外华侨华人宝贵而独特的资源，在传播中华文化，开展民间外交，宣传介绍华人社会，支持与解释华人政策和行为，展示和塑造海外华侨华人形象等方面均展现了不可替代的力量。华文传媒在所在国拥有广泛的人脉关系，可以充分把文化传播这一柔性传播力量应用于现代国际公关，帮助中国向世界传播中国梦。

第四章
海外华人社团与中国梦的构建

海外华人社团对我国实现中国梦具有重要的积极意义。作为“华社三宝”之一，海外华人社团在组织动员海外华侨华人支持中国和平统一大业，以及维护中国在海外的政治权利、政治形象等方面发挥了重要作用，为中国梦的实现积极营造有利的国际环境。海外华人社团传承发扬中华传统文化，有利于中国软实力的传播和发展，为中国梦的实现在文化领域奠定了一个很重要的基础。海外华人社团充当民间外交使节的角色，与我国政府开展日益密切的联系交流，有助于我国建构民主文明的政治理念，在海外开展积极有效的公共外交，进而为中国梦的实现创造良好的国际环境。伴随华社内部的发展进步，以及华人社团的国际化发展趋势，华人社团在促进海外华人社会的团结和谐方面也将会发挥更加重要的作用。而团结和谐的海外华人社会也是实现中国梦的一个重要因素。

一、海外华人社团促进中国和平统一大业：以统促会为例

海外华人社团架起了联系中国和所在国的桥梁。海外华侨华人长期在所在国生活、工作，从属于居住地社会，他们对所在国的各方面情况比较熟悉、了解；而且，许多华人事业有成，融入了当地主流社会，有一定的社会地位和影响力。海外华侨华人可以利用自身的有利条件，对所在国政府、社会宣传中国民主政治进程的状况，以及与海外的“台独”、“藏独”以及“疆独”势力展开有力的斗争，捍卫中国的和平统

一，维护中国在海外的政治权益。

构建稳定安宁的“和谐边疆”，是建设“和谐社会”的重要组成部分，也是早日实现中国梦的坚实基础。我们要努力实现中国梦，构建“和谐边疆”既是要素之一，也是基础和条件。当前，我国边疆地区的形势总体上还是比较稳定的，尤其在北方，包括内蒙古、黑龙江、吉林和辽宁等地的边疆地区。而在西部的新疆和西藏等地区，目前仍然存在一定程度的不稳定因素，民族分离主义、国际恐怖主义以及宗教极端主义等有时会严重影响该地区的稳定和安宁。而这些不稳定因素，又与西部地区的少数民族华侨华人问题密切相关。因此，分析探讨西部地区少数民族华侨华人与民族分离主义、国际恐怖主义以及宗教极端主义等的关系，进而提出解决影响西部边疆地区稳定的相关问题的对策，做好与西部少数民族华侨华人密切相关的侨务工作，构建“和谐边疆”，对我国的西部大开发战略的全面实施，对我国西部边疆的安全与稳定，对处理好少数民族事务，以及对中国梦的实现等都具有重大的现实意义。

1988 年，为发展海峡两岸关系，打破两岸长期隔绝的僵局，在邓小平同志的倡议下，由各民主党派有关人士、团体及无党派代表人士共同发起，成立了中国和平统一促进会（简称统促会）。该组织的宗旨是：高举爱国主义旗帜，团结一切拥护中国和平统一的海内外同胞，推动台湾海峡两岸的民间交流与往来，反对制造“台湾独立”、“两个中国”、“一中一台”等分裂中国的活动，促进早日实现中国和平统一。

自 1991 年起，全球华侨华人自发组建中国和平统一促进会及类似组织。目前，由海外华侨华人成立的中国和平统一促进会组织已有 180 多个，分布在世界 80 多个国家和地区，致力于维护中国领土主权完整，实现中国统一。第一次全球大会于 2000 年在德国柏林召开，此后相继在华盛顿、东京、悉尼、莫斯科、曼谷、维也纳、中国澳门地区召开。这些“反独促统”组织集聚了广大爱好和平、拥护中国统一的华侨华人，把“反独促统”的力量延伸到世界的各个角落，还团结了大批对推进两岸和平统一事业有重要影响力的人士，如：澳大利亚统促会就聘请了多位澳大利亚著名政界人士担任荣誉职务，在其监护人中有 3 位是澳大利亚前总理，民意顾问中也有数名联邦议员、州议员。海外华人社会庞大的“反独促统”组织，织成了一个强大的网络。各个“反独促统”组织之间相互联系、精诚合作，如德国统促会章程第五条就明确表示：“本会愿与欧洲各地同类组织取得联系，共同维护和平，推动中国统一大业。”

海外华侨华人以民间人士、群众的身份组成社团，参与推动祖国和平统一事业，政治色彩比较淡薄，政治上的顾虑和禁忌较少，因而他们建立的联系面更加广泛、深入，其活动方式也更加灵活、多样。如：2001 年李登辉赴美期间，打算访问康奈尔大学，中国留学生及华侨华人闻讯后立即组织起来，聚集在康奈尔大学门口进行示威游行，强烈抗议。在遭到反对后，李登辉不得不绕道而去。① 海外华侨华人社团开展的一系列颇具声色的“反独促统”活动，向国际社会显示了他们对中国和平统一的强烈愿望，宣传了中国政府的方针政策，增进了台湾地区民众的凝聚力，促进了国际社会对中国海峡两岸和平统一问题的理解和支持。

不仅在反对“台独”，在反对“藏独”、“疆独”等分裂势力的阵线中，海外华侨华人社团也是一支积极活跃的重要力量。2009 年 7 月，“疆独”分裂分子在乌鲁木齐制造暴力事件，广大海外华侨华人非常愤慨，他们纷纷谴责“疆独”势力的分裂和破坏活动，呼吁国际社会共同抵制和打击“世维会”等恐怖组织。随后，“2009 年全球华侨华人促进中国和平统一大会”在美国洛杉矶举行，此次会议除了反对“台独”、促进两岸和平统一的传统议题外，还顺应形势发展，将反对“疆独”议题列入会议议程。世界各地的华侨华人社团和个人纷纷促请中国政府坚决打击“疆独”分裂势力，维护国家的社会稳定和民族团结；他们还希望居住国政府打击当地的分裂中国势力。海外华文媒体也对新疆的暴力事件进行了客观报道。

海外华侨华人发挥了他们独特的优势和作用，推动着中国的和平统一，维护着中国在海外的政治权利、政治形象，促进着中国在国外政治

---

① 《李登辉访康大遭两岸华人示威抗议》，华声龙脉网，2001 年 6 月 29 日。

环境的安全稳定，进而为中国梦的实现奠定良好稳固的政治基础。

二、海外华人社团促进中国文化软实力的传播发展

许许多多的海外华人社团既是中华传统文化的承载者，也是传承发扬中华传统文化的积极推动者。

（一）精武体育会：马来西亚最具代表性的华人文化体育社团

早在“二战”前，海外华人社会中就建立了很多文化社团，以保护、发展中华文化。以华人社团发展较为典型的马来西亚为例，当地较有影响力的文化社团包括新加坡精武体育会、金宝中国精武体育会、雪兰莪联胜国术团、太平华人精武体育会、马六甲晨钟励志社等。

“二战”后，随着海外华人社会的进一步发展，更多的文化社团组织相继成立。以马来西亚为例，马来西亚精武体育会总会、马来西亚佛教总会、吉隆坡剧艺研究会、雪州华人象棋公会、南马文艺研究会、吉隆坡商庐俱乐部、柔佛州象棋总会、雪州及联邦直辖区狮团总会、马来西亚华人文化协会、黄氏太极学会文冬分会、太平华人文化协会、马大华文学会、马来西亚易经学会、槟城陈氏太极拳协会等涉及多层面中华文化的社团组织纷纷创立。

华人文化社团的创立，一般是为了保护和发扬中华传统文化，同时促进各族间的文化交流。从以下华人文化社团的宗旨便可略窥一斑：马来西亚华人文化协会的成立宗旨是：为马来西亚华人文化以及本国其他民族文化交流提供一项媒介；设立一个中心，研究及提倡马来西亚华人文化，使之成为马来西亚国家文化的一个重要部分。太平华人文化协会的成立宗旨是：研究与发扬华人文化，使之成为马来西亚国家主流文化重要的一环；联络各民族文化团体，互相交换研究心得与意见；学习与推动本地的文化艺术及国家舞蹈。槟城陈氏太极拳协会的宗旨是：发扬中华武术文化；大力推动陈氏太极拳运动；组织与安排各种武术活动；促进马来西亚各族之间体育与文化的交流与发展。

创办于马来西亚各地的精武体育会，最早起源于由著名爱国武术家

霍元甲于1909年创办的“上海精武体操学校”。1910年3月3日，陈公哲、卢炜昌、姚蟾伯、罗啸璈等人将其改组为“上海精武体育会”。精武体育会是最早有组织、有目的地向海外传授中华传统武术的体育文化社团。目前，包括美国、英国、瑞士、荷兰、俄罗斯、捷克、澳大利亚、新西兰、日本、马来西亚、新加坡等在内的全世界50多个国家、地区都建立了精武体育会。

雪隆精武体育会创会92周年纪念庆典

马来西亚各地的精武体育会不仅从事体育、文化、艺术活动，它们也关注福利公益活动，更关注马来西亚主流社会和华人社会的总体发展。马来西亚精武体育会总会每年都会举办嘉年华会。嘉年华会期间，武术是必不可少的节目；同时，还要举办乒乓球、绘画、象棋、武狮等多种形式的文娱活动。雪隆精武体育会是很活跃的一家体育组织，附设有合唱团、国术团，还有游泳池对外开放。从其布告栏贴出的会务报告来看，该会开展活动比较丰富活跃，在当地华社也颇有影响。怡保精武体育会是马来西亚精武体育会总会的重要成员之一，它曾多次承办嘉年华会。怡保精武体育会除设有武术、田径小组外，还设有龙狮、舞蹈、话剧、图书等多个小组。其中，话剧组于1975年成立以来，先后编演过《林冲夜奔》、《精忠岳传》、《孙悟空三打白骨精》、《聊斋志异》、《武松与潘金莲》等中国传统剧目。基本服务团亦是怡保精武体育会的主要机构，其宗旨在于以母会基本目标为基础，积极服务社会、乡间及人群，救济贫病者。

作为马来西亚华人社团重要组成部分的精武体育会，是超越了宗派的社团组织，“它容纳了所有华裔公民，不分宗亲、血缘、宗教信仰”，代表了整个马来西亚华人社会的基本机构。在马来西亚华人社会文化发展面临巨大外来冲击时，精武体育会也曾发挥了华人文化的堡垒作用。可以说，精武精神在其实践过程中，明显体现着华人的民族思想、社会观念、行为哲学。①

（二）从马来西亚华人文化社团看中国传统文化的传承发扬

从全世界各国各地区的华人社会来看，马来西亚华人社团的数量最为庞大，也是在政治、教育、文化等领域最为积极活跃的海外华人社团。在海外，马来西亚的中华传统文化保留最为完整，这归功于当地华人社团的积极努力和争取。因此，我们有必要较为深入系统地了解马来西亚华人社团积极传承发扬中国传统文化的举措、活动等。

在马来西亚，早期中华传统文化的延续和发展，华人社团在其中一直起到非常重要的作用。马来西亚独立后，面对新的政策环境，华人社团积极采取各种措施，通过各种途径和方式，保护和发展中华传统文化。

1977 年，马华公会发起成立了马来西亚华人文化协会，其成立宗旨为：①为马来西亚华人文化以及其他马来西亚民族文化交流提供一项媒介；②设立一个中心，提倡马来西亚华人文化，使之成为马来西亚国家文化的一个重要部分。② 自成立以来，马来西亚华人文化协会共举办了 100 多项推广华人文化的活动，主要有：成立之初，率先举办全国挥春比赛、书法讲座，举办书画及邮票展览、书报展，开设华文书法班等；举办文学奖以及华族文化与社会问题讨论会；出版《文道》月刊，举办系列文学与文化问题讲座等；举办儒家思想研讨会，开展加强中马

① 《精武会发展史略》，《怡保中国精武体育会 60 周年钻禧纪念特刊》，怡保中国精武体育会，1984 年，第 240 页。

② 《马来西亚华人文化协会》，《马来西亚华团简史》，马来西亚中华大会堂总会，1999 年，第 76 页。

两国文化艺术交流的活动，等等。

1980 年 6 月，在霹雳州太平，热心华人文化事业的马燕图、叶秋华、王昌波等人联名致函太平地区各华人社团，发起筹组太平华人文化协会的活动。1983 年 5 月，该会获得注册批准，同年 7 月，正式成立。太平华人文化协会成立的宗旨是：研究与发扬华人文化，使其成为马来西亚一种重要的国家主流文化；联络各民族文化团体，互相交换研究心得与意见；学习与推动本地的文化艺术及国家舞蹈。[①] 自成立后，太平华人文化协会开展了各种文化活动，宣传和发展华人文化。

在各地成立文化协会的同时，马来西亚华人社团还采取其他举措，保护、发展自身文化，如成立全国华团文化工作委员会。1983 年 3 月 27 日，马来西亚全国华人社团领导机构在槟州华人大会堂（简称“槟华堂”）召开华人文化大会。此次大会上，与会成员一致决定筹组全国华团文化工作委员会。同年底，全国华团文化工作委员会正式成立，工作重点在于设立华社资料中心。1985 年 1 月，马来西亚华社资料中心正式成立。后来，该中心在马来西亚华校教师总会、华校董事会联合会和马来西亚中华大会堂总会（简称“华总”）共同组成的管理委员会的领导下，实行中心主任负责制管理模式。

马来西亚华社资料中心是一个非营利性的文化团体，它的工作重点主要包括：网罗各领域专才，成立各研究组，开展研究工作；广泛搜集剪报、图书、杂志、政府和私人机构出版物，供社会人士使用；举办各类学术研讨会、专题演讲及座谈会；出版学术论著和提供咨询等。由于华社资料中心的正常运转需要庞大的经费支持，它成立之初主要依靠华人社团和华人社区的资助。后来逐渐改为以提供有偿服务解决部分经费，即设立专门的营业部，提供有偿资讯服务，开办各类收费的职业培训班，并出售中心编印的各类出版物等等。[②]

---

① 《太平华人文化协会》，《马来西亚华团简史》，马来西亚中华大会堂总会，1999 年，第 153 页。

② 《太平华人文化协会》，《马来西亚华团简史》，马来西亚中华大会堂总会，1999 年，第 236～237 页。

马来西亚华人社团保护、发展华人文化的另一重要举措是举办“全国华人文化节”。从 1984 年开始，华人社团每年都会举行“全国华团文化节”（1993 年改名为“全国华人文化节”）。表 4 – 1 反映了历届文化节简况：

表 4 – 1　马来西亚“全国华人文化节”简况

届次	时间	地点	承办社团	主题
第 1 届	1984 年 4 月	吉隆坡	雪兰莪中华大会堂	丰富国家文化
第 2 届	1985 年 4 月	槟城	槟州华人大会堂	
第 3 届	1986 年 9 月	怡保	霹雳中华大会堂	
第 4 届	1987 年 8 月	哥打巴鲁	吉兰丹中华大会堂	
第 5 届	1988 年 7 月	巴株巴辖	柔佛中华总会	
第 6 届	1989 年 7 月	马六甲	马六甲中华大会堂	
第 7 届	1990 年 9 月	芙蓉	森美兰中华大会堂	
第 8 届	1991 年 9 月	瓜拉丁加奴	丁加奴中华大会堂	
第 9 届	1992 年 8 月	关丹	彭亨华人社团联合会	继往开来，承先启后
第 10 届	1993 年 10 月	亚罗士打	吉打华人大会堂	直的传承，横的交流
第 11 届	1994 年 9 月	吉隆坡	雪兰莪中华大会堂	丰富国家文化，迈向 21 世纪
第 12 届	1995 年 11 月	亚庇	沙巴中华大会堂	提高华人文化内涵，面对 2020 挑战
第 13 届	1996 年 12 月	美里	沙捞越华团联合总会	
第 14 届	1997 年 9 月	槟城	槟州华人大会堂	传承发扬，谅解融洽
第 15 届	1998 年 11 月	怡保	霹雳中华大会堂	
第 16 届	1999 年 9 月	关丹	彭亨华人社团联合会	跨越世纪末，携手再传承
第 17 届	2000 年 9 月	巴株巴辖	柔佛中华总会	回归历史，再造辉煌
第 18 届	2001 年 8 月	诗巫	沙捞越华团联合总会	根植文化，面对全球
第 19 届	2002 年 8 月	马六甲	马六甲中华大会堂	
第 20 届	2003 年 5 月	芙蓉	森美兰中华大会堂	探源植根，放眼世界
第 21 届	2004 年 8 月	加央	玻璃市华人大会堂	薪振族群，华范民风
第 22 届	2005 年 8 月	吉隆坡	雪兰莪中华大会堂	推展多元文化，迈向公民社会

（续上表）

届次	时间	地点	承办社团	主题
第 23 届	2006 年 8 月	瓜拉登嘉楼	登嘉楼中华大会堂	根源留存，文化传承
第 24 届	2007 年 8 月	槟城	槟城华人大会堂	发掘文化精华，丰富多元内涵
第 25 届	2008 年 8 月	亚罗士打	吉打华人大会堂	
第 26 届	2009 年 8 月	诗巫	砂拉越华人联合会	
第 27 届	2010 年 8 月	新山	新山中华公会	一个大马，万种风华
第 28 届	2011 年 8 月	亚庇	沙巴中华大会堂	一个大马，千娇百媚
第 29 届	2012 年 8 月	马六甲	马六甲中华大会堂	山河传薪火，璀璨耀古今
第 30 届	2013 年 9 月	怡保	霹雳中华大会堂	百花绽放，千载留根

早在 1984 年，首届文化节大会主席、雪华堂会长邱祥炽曾感言："全国华团文化节逐年在各州轮流举办，不但将会使已燃起的文化火炬长期传承下去，更可通过它达到提高文化活动水平、促进文化交流、丰富国家文化和为全国华团提供互通声气的机会，以加强华团的团结力量等多元效果与目的。"①

第 29 届马来西亚"全国华人文化节"

① 《太平华人文化协会》，《马来西亚华团简史》，马来西亚中华大会堂总会，1999 年，第 26 页。

“全国华人文化节”对华人文化在马来西亚的传承和发展有着积极作用，促进了华族与国内其他民族的文化交流；同时，为马来西亚国家文化的整体发展作出了一定贡献，因而获得社会和政府的认可。

一些历史悠久、组织规模较大、实力雄厚的华人会馆也意识到了保护华人文化的重要性。吉隆坡潮州八邑会馆率先设立“学术文艺出版基金”，每年拨出4 000元作为奖金，奖励有志于文化艺术的人发展华人文化。福建会馆联合会、雪兰莪福建公会也组织建立了专门的评审委员会，奖励优秀的创作者，为他们出版书籍提供资金与帮助。

以2005年华人农历新年为例，马来西亚各地一些重要的华人社团纷纷组织团拜活动，既庆祝华人自己的节日，也继承、发扬了华人传统文化。表4－2是各主要华人社团的新年团拜活动简况：

表4－2　2005年华团举办新春团拜活动简况

日期	华团	日期	华团
2月8日—3月6日	马来西亚佛光山	2月9日	雪兰莪中华大会堂
2月12日	森美兰中华大会堂	2月13日	马来西亚南洋大学校友会
2月13日	凤凰友好联谊会	2月19日	马来西亚肖蛇联谊总会
2月20日	马来西亚留台联合总会	2月20日	马来西亚罗氏公会
2月20日	文化、艺术及文物部	2月20日	马来西亚高氏公会
2月20日	马来西亚留台淡江校友会	2月20日	瓜拉冷岳五大华团
2月25日	雪华堂妇女组	2月26日	隆雪客家18个团体
2月26日	马来西亚广肇联合总会	2月27日	马来西亚南安社团联合会
2月27日	马来西亚华人行业社团总会		

资料来源：《南洋商报》，2005年2月7日。

注：日期为公历时间，2月9日为农历大年初一。

一些华团则通过设立相关研究机构来传承、发扬本民族文化。例如，2005年4月底，马来西亚客家公会联合会（简称“马客联会”）正式成立“马来西亚客家学研究会”，以研究马来西亚乃至整个东南亚地区的客家人。马客联会同时成立了客家学研究会理事会及学术委员会，学术委员会聘请香港中文大学的郑赤琰为主席，其成员还包括来自中国大陆和台湾地区以及加拿大、韩国、马来西亚各大学的学者。2005 年 6 月 26 日，马来西亚陈氏宗亲总会正式成立“舜帝学术研究组”。成立该研究组的目的是研究舜帝的学术思想，以及延续四千多年的舜帝文化。[①]

此外，许多华人社团中还专门设立“文化组”、“文化科”、“文化部”、“文教组”、“文教委员会”等组织机构，以更有力地保护和发扬华人文化。如雪兰莪中华大会堂设有文教委员会，诗巫福州公会设立文化组，雪兰莪福建会馆设立文化科，等等。

（三）其他国家、地区华人社团积极传承发扬中华传统文化

海外华文文学社团是在文学领域传播发扬中华传统文化的重要力量。从 1960 年开始，海外华文文学社团纷纷成立。

在各大洲先后成立华文作家协会的基础上，1992 年 11 月，首届世界华文作家大会举行，也宣告了世界华文作家协会的成立。世界华文作家协会是全球华文作家的国际性联谊社团，宗旨是“凝聚全世界华文作家的智慧，借文学创作及文艺活动的推展，使华文文学能融合于全世界华文的生活之中，并鼓励创作风气，奖掖优秀文学作品，培养华文作家，整理华文文学史料，以使华文文学在全球华文作家的共同努力耕耘下，在世界文坛上，收获丰硕的果实，绽放出灿烂的光芒”。

1995 年 12 月，第 2 届世界华文作家大会在新加坡举行，来自 38 个国家和地区的 130 多人与会。融会各国社会的人文特色，将中华文化崇尚和平、尊重、包容、仁爱的精神表现于文学创作中，以推展华文文学，发扬中华文化为该届大会主题。创会 30 余年以来，世界华文作家协会的分会及约4 000 名会员遍布世界 132 个国家和地区。

女作家是海外华文文学创作中的一支重要力量。作为海外华文女作家的世界性联谊组织，海外华文女作家协会成为世界华文文学阵营中的积极活跃分子。1987 年 9 月，海外华文女作家协会首先由美国华文女

① 《南洋商报》，2005 年 6 月 26 日。

作家陈若曦和於梨华等发起筹备，当时邀请了中国大陆、台湾、香港地区及其他各国华文女作家参加，经一年多联络和筹组，响应的女作家达80多人。1989年7月1日至2日，在美国加州伯克利召开首届海外华文女作家联谊会成立大会，主题是“我作为海外华文女作家的体会”。海外华文女作家协会每两年召开一次年会，其宗旨是：团结各国华文女作家，联络感情，交换写作经验，促进文学交流与发展。首任正、副会长为陈若曦、於梨华。

海外华文女作家协会第十二届年会在湖北举办

东欧各国华人社团一般都会在中国传统节日举办庆祝活动。2013年2月22日晚，旅匈华侨华人举办的“2013年迎新春元宵节中匈联欢晚会”在布达佩斯举行。嘉宾们与华侨华人和小朋友们一起滚元宵、剪窗花，并欣赏了舞狮、武术、乐器演奏和中匈两国歌舞等精彩演出。此次活动系匈牙利青田同乡会主办，罗兰大学孔子学院、匈中双语学校、国际禅武联盟、华人妇女联合总会、瑞安同乡会、温州商会、《新导报》协办。①

同一天，捷克布拉格的华侨华人热情参加了由中国国务院侨办和中国海外交流协会主办、中国驻捷克使馆和旅捷华人社团协办的“文化中

① 《肖千大使出席旅匈华侨华人元宵节联欢晚会》，http://www.fmprc.gov.cn/ce/cehu/chn/xwdt/t1015931.htm。

国·四海同春”迎春文艺晚会。为做好本次巡演，活动组织方上海市政府侨办从上海歌舞团、上海民乐团、上海杂技团、海虹影魔幻艺术团、总政歌舞团等许多单位选拔优秀演员，组成“四海同春”艺术团。而为了迎接“四海同春”艺术团首次来捷慰问演出，13 个旅捷侨团进行了为期数月的精心准备，他们带领广大侨胞齐心协力，周密筹划，细致分工，热情服务，并提供一切必要的支持和帮助，使艺术团领导及演职员们感受到旅捷侨胞对祖国的一片深情。①

捷克布拉格 2013 年“文化中国·四海同春”迎春文艺晚会

2013 年 11 月 9 日，第三届“中国武术之夜”晚会在斯洛伐克首都布拉迪斯拉发文化宫举行。来自斯洛伐克中国武术协会、捷克翟华武院的华侨华人武术家及中外弟子 30 余人和来自嵩山少林寺的武僧同台献艺。中国武术已成为中国的一个文化符号，同时也成为中外文化交流及民间交往的重要载体。

2013 年 10 月 12 日，由匈牙利中医药学会主办、匈牙利东方国药集团承办的世界中医药学会联合会成立 10 周年暨首届匈牙利中医药文化节在匈牙利青田同乡会文化中心成功举行。当天，由 15 名中医专家组成的义诊团为在匈华侨华人开展了全科义诊咨询活动。侨胞不仅可以免

① 《“欢乐春节——文化中国·四海同春”文艺演出在布拉格受到热烈欢迎》，http://www.chinaembassy.cz/chn/zjgx/whjl/t1016005.htm。

费咨询、看病，还旁听了“中医养生秘籍和智慧”中医保健讲座。活动吸引了华侨华人共百余人参与。此次匈牙利中医药文化节的主要内容还包括：禅武联盟向来宾传授太极拳、八段锦等养生功法；旅匈华人书法家进行现场书法教学；茶道养生；药膳保健。[①] 中医药文化节不仅可以帮助解决当地华侨华人的健康问题，也为传播中华文化作出了积极贡献。

毛里求斯中国文化中心

毛里求斯中国文化中心是中国文化部在海外建立的第一个中国文化中心，1988 年 7 月 1 日在路易港成立，它以传播中华文化为宗旨。成立以来，该中心接待了包括毛里求斯历任总统、总理及多位部长在内的毛里求斯贵宾和各族民众，在当地可谓家喻户晓，享有盛誉。20 多年来，中国文化中心的汉语教学逐渐走上正轨，并成为当地汉语教学的一面旗帜。截至 2010 年，该中心汉语教学班有 5 个，分 2 个入门班、1 个初级班、1 个中级班、1 个高级班，共有学员 130 人左右。[②] 中心还设有图书馆、阅览室、录像放映室和电影厅等，阅览室藏书一万多册，中外杂志数十种，中外报纸十多种，可供读者外借。

毛里求斯中国文化中心常年开设汉语班、舞蹈班、太极班和武术班，由来自中国富有教学和实践经验的专职教师任教，教授汉语、舞蹈、太极和武术。此外，文化中心还举办短期培训班，如二胡、笛子、剪纸、中国画、声乐等。中心经常举办丰富多彩的文艺活动，如艺术展览、文艺演出、文化讲座、电影欣赏会和座谈会等。“欢乐春节”系列

① 《匈牙利将举办首届中医药文化节　为华人义诊》，（匈牙利）《新导报》，2013 年 10 月 9 日；《首届匈牙利中医药文化节圆满落幕》，http://www.xindb.com/news/huabuxiaoxi/2013/1015/10368.htm。

② 张鑫：《毛里求斯汉语教学调查》，《世界教育信息》2010 年第 9 期。

文化活动是文化中心每年庆祝新春佳节的主题活动。①

毛里求斯华商总会建立于1908年12月8日，是海外第二家华侨商会组织。它最初名为“华商公所”，后改称“华商总会”，会址设在路易港，下辖东区、西区等区分会。华商总会的会员目前有100多位，为团体会员，以个人作为其代表。从2005年开始，华商总会每年都会主办唐人街美食文化节活动。2012年4月28日，华商总会在路易港唐人街隆重举办“第八届唐人街美食文化节”。当时，来自中国福建、宁夏两地的20多名艺术家为毛里求斯人民献上了精彩的文艺节目、手工艺表演及中国地方风味小吃，中国文化中心的学员们也为观众表演了歌舞及武术，吸引了众多当地民众和外国游客的观看。在2013年5月的“第九届唐人街美食文化节”上，主办方邀请了内蒙古艺术团演出精彩的蒙古族音乐舞蹈等，华人舞龙舞狮队也进行了精彩表演。毛里求斯华商总会在当地为传播发扬中华传统文化方面作出了积极贡献。

2013年大年初一（2月10日），由中国文化部、中国驻毛里求斯大使馆、毛里求斯文化和艺术部、毛里求斯华人社团联合会主办，毛里求斯中国文化中心和毛里求斯华人庆祝春节委员会承办的2013年“欢乐春节”重点项目——“毛里求斯癸巳蛇年春节联欢晚会”拉开帷幕。中国文化部组派的天津艺术团与毛里求斯中国文化中心舞蹈队、武术太极队共计100余名演员联袂为毛岛民众献上了一台持续2小时的精彩纷呈的文艺晚会。毛里求斯广播公司电视台对晚会进行了现场直播。包括毛里求斯总统普里亚格夫妇、首席大法官杨钦俊夫妇、前总统贾格纳特夫妇、前总统霍夫曼等当地政要在内的约2 000人观看了演出。②

在非洲的另一个国家——尼日利亚，2013年11月，尼日利亚中国文化中心正式揭牌，这是中国在海外设立的第14个中国文化中心。

2013年中秋时节（9月中旬），在德国柏林世界公园内，柏林中国文化中心和世界公园联合举办了“中秋节庆典活动”。浙江民乐团带来

---

① 中国文化中心毛里求斯分部，http://mauritius.cccweb.org/cn/whzxjs/zxzrzc/18495.shtml。

② 《毛里求斯总统出席蛇年春节联欢晚会》，http://www.ambchine.mu/chn/xwdt/t1013376.htm。

了露天专场演出，将庆典活动推向了高潮。该文化中心还与德国普鲁士协会联合举办“庆中秋文艺晚会”。在德国主流社会，如此大型的中国文化活动还是第一次。柏林中国文化中心自2005年成立至今，更注重针对性、专业性，这也是海外中国文化中心发展的一个缩影。

从2012年9月18日开始，马德里中国文化中心举办了“中国书画作品展”和“中国当代丝绸艺术展”等多场展览，为展示中国当代艺术提供了平台和空间。在莫斯科中国文化中心，“影动梦想——中国当代动漫艺术展”于2013年9月24日开幕。展览以“影动梦想”为主题，通过影像、图片、文字、实物、交互体验等多种形式，向俄罗斯观众展现中国当代动漫艺术与动漫产业的发展成就和崭新形象。作为中国在欧洲设立的第一个文化中心，巴黎中国文化中心积累了较为丰富的经验，由中心举办的法国中国电影节、巴黎中国戏曲节、巴黎中国曲艺节，已经形成了品牌效应。中心自2003年起每两年举办一次巴黎中国戏曲节。

从1988年毛里求斯中国文化中心成立至今，中国文化中心在海外发展已有20多年，它们向世界传播了魅力无限的中国文化，促进了中国与所在国之间的关系，推动了中国和平发展的历史进程。海外中国文化中心为助推中国文化走出去，不断细化措施、创新方式，目前已形成文化活动、信息传播和教学培训三种主要形式：举办报告会、研讨会、讲座、演出、音乐会、影片放映和展览等文化活动；为当地人查阅有关中国的图书、刊物、光盘、磁带等各种形式的资料提供了可能和方便；以汉语教学为主线，面向社会公众开设中文、书法等多方面的课程及研修班。近几年，海外中国文化中心更注重内容的选择和策划，展示了中国在文化、艺术和教育领域的发展状况与成就，尤其突出了当代中国的文化。① 随着中国经济的进一步发展，对外文化交流显得更为重要和迫切。在这个过程中，海外中国文化中心将发挥更加积极的推动作用。可

① 王珏、任姗姗：《14个国家设立中国海外文化中心：在这里，世界读懂中国》，http://news.xinhuanet.com/edu/2013－11/07/c_125662735.htm。

以说,海外中国文化中心是当前我国日益活跃的对外文化交流的一个缩影。

今天的文化交流,已经不仅停留在文艺表演、美术展览等方面,而更侧重在思想的交流、心灵的沟通。通过高端论坛和文明对话,中西文化在更深层次得到碰撞、激荡和升华,让不同国家的人民从心灵深处阅知了彼此、增进了了解、加深了友谊。在这样坚实的思想、情感和民意的基础之上,推动实现中国梦也就有了更广阔的国际空间和更为有利的文化环境。①

（四）新兴教派组织与中华传统文化的传播

在海外华人社会中，那些富含中国文化传统的宗教信仰深入华人的灵魂深处，它们在华人社会中具有极强的凝聚力和生命力。因而，相关的宗教信仰组织在传承发扬中华传统文化方面也发挥了举足轻重的作用。而近些年在海外华人社会中新兴起来的一些教派组织，如佛光山、慈济功德会等，它们在传承发扬中华传统文化方面的作用更令人关注。

1. 佛光山

1967 年，星云大师在台湾高雄大树乡麻竹园创建佛光山。1972 年，星云大师制定佛光山宗务委员会组织章程，自此，佛光山成为有制度、有组织的现代教团。佛光山遵循四大宗旨：以文化弘扬佛法，以教育培养人才，以慈善福利社会，以共修净化人心。数十年来，佛光山创立了大学、佛教学院、图书馆、出版社、翻译中心、艺文中心、茶馆，同时也创办了育幼院、老人之家、高级中学、报纸以及电视台等。

创建后不久，佛光山即开始向海外拓展。截至 2006 年，国际佛光会（1991 年由星云大师开创的佛教组织）的协会有 170 多个，分会有千余个，遍布 170 多个国家和地区，全球会员人数超过 200 万。② 佛光

① 王珏、任姗姗：《14 个国家设立中国海外文化中心：在这里，世界读懂中国》，http://news.xinhuanet.com/edu/2013－11/07/c_125662735.htm。

② 符芝瑛：《云水日月——星云大师传》，北京：北京十月文艺出版社 2006 年版，第 14 页。

山已成长、发展为颇具世界性影响力的佛教宗派组织。

1989年，星云大师应邀为美国加州州议会主持“新年度开议洒净祈福法会”，开创佛教仪式在西方议事会堂举行的先河。2004年，佛光山梵呗赞颂团与中国佛教协会所属三大语系、五大丛林的两岸百余位僧众共同组成“中华佛教音乐展演团”，星云大师担任团长。展演团分别于美国洛杉矶、旧金山，加拿大温哥华等地巡回演出，扩大佛教影响。星云大师还应邀到巴西圣保罗大学举行“佛法与教育”佛学讲座，并主持葡文著作《佛法概论》新书发表会，该书被当地佛教界公认为巴西佛教史上第一部教科书。

随着佛光山逐渐向海外发展，它所举办的世界性的活动也与日俱增，内容涉及弘扬佛法、慈善公益、与其他宗教交流、倡导世界和平，这些活动不断增强了其在全球的影响力。更令人关注的是，2003年，“国际佛光会世界总会”加入联合国非政府组织（NGO），成为极少数由华人组成的国际性NGO组织之一，并成为联合国组织中唯一的中国佛教民间团体。

已经发展为颇具世界影响力的佛教宗派的佛光山，仍然非常重视促进不同宗派、教派的交流、理解，它积极充当“民间外交大使”，以宗教信仰为纽带，加强各国间的了解和信任，促进国与国之间的关系，在当代国际关系中以“民间角色”发挥着积极作用。星云大师热忱于中华传统文化的传播，佛光山也一直积极促进中华传统文化在海外的传承发展。因此，佛光山在海外的传播，也促进了中国文化软实力在海外的影响。

2. 慈济功德会

1966年4月14日，证严上人正式成立“佛教克难慈济功德会”（以下简称“慈济功德会”），开始从事济贫救苦的工作。“慈济”二字的含义为“慈悲为怀，济世救人”。慈济功德会是具有宗教性质的慈善救济团体，致力于慈善、医疗、教育、人文四大志业的推动，积极从事骨髓捐赠、环境保护、小区志工、国际赈灾，即所谓“四大志业八大法印”，统称为“一步八脚印”。慈济功德会的经费全来自于民间，其志工也是各项服务方案的主要执行者，使来自社会各界的善款的使用得到最佳监督，获得海内外社会大众的信任与支持。

慈济功德会成立40多年来，四大志业已环环相扣，各志业也时常互相影响，例如，可在慈善、医疗、教育中看到明显的人文因素。证严法师曾说："慈善是人类希望，医疗是生命希望，教育是社会希望，人文是心灵希望。"慈济功德会的历史也是由四大志业相互交错穿插而逐渐形成的。慈济功德会的慈善志业遍及海外。对于受灾国家，除了提供粮食、衣被、药品的紧急援助外，还援建房屋、协助开发水源、提供义诊；关怀项目尽管有别，"尊重生命"的理念却是始终如一。随着经验累积，慈济建立的"长期济助"、"急难济助"、"房屋修缮"、"冬令发放"、"大型赈灾"五大基本模式至今依旧是最主要的慈善工作形态。在2011年时，慈济功德会的慈善关怀志业涉及全球72个国家、地区。①

截至2007年，慈济组织遍布世界五大洲，在全球44个国家成立了超过320个分支会或联络处。慈济功德会在海外发展，影响力最大的是在美国的分会。美国佛教慈济基金会是慈济在海外的第一个据点，后来设有美国慈济人文学校、美国慈济义诊中心。1991年孟加拉国水患，慈济功德会美国分会发起"一人一美元"的劝募活动，将所募款项通过红十字会间接援助该国，开启国际赈灾之先例。2001年，美国纽约"9·11"恐怖袭击事件震惊全世界，上人法师急起呼吁"惊世的灾难，要有警世的觉悟"，发起全球"爱洒人间植福田——一人一善远离灾难"募心运动，透过街头倡导、发送祝福卡，希望凝聚祥和的善念，减少天灾人祸。10月13日，第一场烛光祈福晚会在关渡园区举行，邀请天主教、基督教、伊斯兰教、佛教等宗教及企业代表，共同祈求世界有爱与和平。晚会透过大爱电视台进行现场实况转播，全球会众同步祈愿祝福。

在亚洲，慈济较早在华人人口众多且佛教信仰在华社普遍流行的马

① 参见《历年慈济全球慈善关怀国家地区一览表》，洪淑芬主编：《从竹筒岁月到国际NGO：慈济宗门大藏》，台湾经典杂志、财团法人慈济传播人文志业基金会，2011年，第330页。

来西亚传播，它在马来西亚设有文化出版中心、静思书轩、慈济洗胃中心暨心莲居家疗护等。目前，全马 13 个州中建立了超过 30 个慈济据点。[①] 马来西亚是慈济功德会在海外尤其是在亚洲地区传播发展的一个重镇。

2012 年 4 月 26 日，“南非人道救援网络”在约翰内斯堡举办年会，南非慈济志工应邀参加会议。会议期间，慈济人以影片介绍慈济基金会在南非与邻近国家的慈善救助工作。慈济基金会是该网络中唯一的华人团体。[②]

2011 年 4 月，证严上人由于其巨大的社会贡献，获选为美国《时代杂志》“2011 年度全球 100 位最具影响力的人物”中的精神领袖，更被誉为“东方特蕾莎”。2011 年 10 月 9 日，为表彰证严上人及其慈济人迅速、无远弗届治病救苦的慈悲精神与行动，美国罗斯福基金会董事长安娜·艾黎娜·罗斯福（美国前总统罗斯福的孙女）亲自到台湾花莲颁赠“杰出公共服务奖”给证严法师。这是罗斯福基金会首次到美国以外的地区颁奖，也是第一次颁赠给美国境外人士。

慈济志业能够积极推动各种族、各宗教的理解及和平共处，积极促进国与国之间的交流合作。以“人间佛教”思想为主导的慈济功德会，对在全球传承发扬中华传统文化的重要作用同样让人们关注。

海外华人社团传承发扬中华传统文化，有利于中国软实力的传播发展，为中国梦的实现在文化领域也奠定了一个很重要的基础。

三、海外华人社团促进中外民间交流合作

“二战”之后，海外华人逐渐开始涉足所在国的政治舞台。1970 年代以后，越来越多的华人参与所在国的政治选举，乃至担当重要政治职务。以东南亚为例，在泰国，华人享有诸多平等权利，融入当地的程度很高。1980 年代以后，多名华人担任政府要职，甚至总理，曾经担任

① http://chn.tzuchi.my/index.php? option=com_content&view=article&id=4153&Itemid=462.

② 徐梅玉：《慈济参加南非人援年会》，慈济全球资讯网，2012 年 4 月 26 日。

总理的华人就有差猜·春哈旺、川·立派和他信·西那瓦等。在马来西亚，华人的参政活动也十分活跃，当地的华人政党主要有马华公会、民政党（人民运动党）和民主行动党等。马华公会由华人组成，是马国长期的执政党之一。马华公会在2000年6月时拥有86万名党员，群众基础雄厚。1995年大选中它取得了30个国会议席、70个州议席，获得华人选票的60%，其党员在内阁中担任6个部的正、副部长职务。在1999年的大选中，它获得28个国会议席，继续拥有多个正、副部长的职位。[①] 其他国家也有华人建立政党的实例。2007年6月，一个由加拿大华人筹组及主导的政党"民族联盟党"正式宣告成立。它是加拿大第一个由华人组建的党团，因此在当地华社引起了轰动。[②]

以华人为主体的政党都强调要努力提高华人的参政意识，促进华人融入当地社会。在主要的华人聚居国，华人社团组织也是推动华人参政的重要力量。1990年成立的"美国华裔百人委员会"（简称"百人会"）是非常有影响力的一个华人团体，旨在代表华人意愿，反映华人呼声，与主流社会沟通对话，提高华人的社会地位。百人会的工作，获得了很大的成功。百人会曾多次组团访问中国，与我国最高层领导人会晤。百人会在中美两国决策者与领导人的心目中均有举足轻重的地位。百人会在中美交往中所发挥的桥梁作用也得到中方的积极肯定，2001年百人会访华期间，当时的国务院总理朱镕基表示，百人会长期以来关心和支持中国的发展，为促进中美两国的交流与合作作出了积极的贡献。百人会成立以来，在维护在美华人权益，消除美国主流社会对华人的误解，提高华人社会地位，促进中美之间的了解和交流等方面做了许多工作。[③]

改革开放以来，我国党和政府一直非常重视加强与海外华人政党以

---

① 黄昆章：《论印尼华裔政党与参政》，《东南亚纵横》2004年第5期，第49~52页。

② 和静钧：《用政治自由享受政治民主——加拿大华人组党启示录》，《南风窗》2007年第16期，第76~77页。

③ 《中国全国政协台港澳侨委员会与美国百人会举行座谈会》，（美国）《侨报》，1997年7月9日。

及华人社团组织的交流。2009 年 1 月，中共中央政治局常委、全国政协主席贾庆林在人民大会堂会见了马来西亚华人公会总会长、运输部长翁诗杰率领的马华公会代表团。双方会面时，贾庆林强调，党际关系对加深两国人民之间的友谊具有积极意义，中国共产党愿在党际交往四项原则的基础上，继续加强与马华公会的友好交流，共同推动中马战略性合作关系深入发展。翁诗杰表示希望进一步加强双方在经济、教育等领域的全面合作。①

可见，随着我国与海外华人社会关系的积极良性发展，海外华人社团和中国的关系呈现出日益密切的发展态势。

巴西广东同乡总会由 100 多名粤籍巴西华人发起，于 1993 年 3 月成立，旨在加强乡亲们的联系，增进乡谊，建立文化教育、康乐福利等公益事业，造福同乡及后代。广东同乡总会成立至今，在历任会长和理监事们的努力下，会务日益增多。广东同乡总会成功接待了多位中国领导人来访，促进了中巴文化和经贸交流，积极开展各项侨社公益活动，大力推动中国和平统一，热情支持威廉巫等华人竞选参政，成为圣保罗最有影响力和活力的爱国侨团之一。②

2004 年 10 月 7 日，美国德州广东总会热烈欢迎中国广东广州市侨联代表团及广州市艺术代表团到访。为了促进德州与广东地区友好交流，帮助和推动两地经商，德州广东总会与广州市侨联缔结为友好社团并互设联络处。广州市侨联艺术团还应美国德州广东总会和中国洪门民治党驻加拿大总部邀请，赴美国洛杉矶、休斯敦、华盛顿、费城、纽约及加拿大多伦多、温哥华等城市进行民间文化艺术交流和友好访问演出。③

2011 年 8 月 23 日，广东省侨办副主任郑建民代表广东省侨办向巴拿马广东同乡联谊总会赠送了 3 套舞狮、1 个大鼓和一批民族舞蹈服

① 《贾庆林会见马来西亚华人公会代表团》，央视网，2009 年 1 月 20 日。

② 《巴西广东同乡总会庆祝成立 15 周年暨第八届理事就职》，中国侨网，http://www.chinaqw.com/hqhr/stzx-nmz/200805/20/117542.shtml，2008 年 5 月 20 日。

③ 《德州广东总会热烈欢迎粤侨联代表团》，（美国）《美南新闻》，2004 年 10 月 10 日。

装，总价值超过1万元，以支持该会传承和发扬中华文化。①

2012年8月14日，捷克华商联合会在华商会馆欢迎来访的天津市侨务代表团。捷克华商联合会是2008年由旅捷华商发起、经捷克内务部批准成立的华商社团，商会宗旨是整合捷克华商资源，提升华商整体水平和社会影响力，维护会员合法权益，促进中捷经贸关系的发展和企业间的交流，推动在捷华商事业的发展。近几年来，捷克华商会与天津市侨办保持着密切的联系，努力促成天津"捷克啤酒节"项目，为中捷的文化经贸交流做一些实际的工作。2011年，捷克华商联合会在大使馆的领导下，与上海侨办和上海《解放日报》共同在布拉格主办了"中国文化论坛"活动。作为一个品牌性的活动，天津市侨办每年都举办华侨华人创业洽谈会，每届洽谈会期间，捷克华商联合会都组织捷克华商参加盛会，考察商机，积极寻找投资机会。在文化领域，捷克的华文报纸《布拉格时报》和天津的《今晚报》也一直保持着紧密的合作关系。《布拉格时报》每期都无偿地刊登天津专版，介绍宣传天津，扩大天津的影响。

2012年11月6日，第七届国际潮青联谊年会在澳门隆重开幕，来自海内外的潮汕青年及嘉宾和代表1 500多人参加了这两年一度的盛会。年会的宗旨是：联系全球潮籍青年，继承优良传统，传递乡情乡谊，发展各地经济，弘扬潮汕文化。澳门特别行政区长官崔世安，中国人民政治协商会议全国委员会副主席何厚铧等出席开幕式。出席开幕式的重要嘉宾还有国际潮青联合会会长陈幼南、国际潮青联合会理事长陈文雄、第七届国际潮青联谊年会大会主席蔡明威等。此次大会上，来自世界各地的代表汇聚一堂，充分展示了潮汕文化的强大凝聚力，也体现了潮汕青年对年会活动的认同与支持。②

马来西亚邦咯岛广东会馆于2011年5月扩建完成，为了让会员和新一代华裔青少年有个舒适的阅读空间，会馆积极筹备增设小型图书

① 《广东侨办向巴拿马广东同乡联谊总会赠送文化用品》，中国新闻网，2011年8月25日。

② 《第七届国际潮青联谊年会在澳门隆重召开》，潮人在线，2012年11月8日。

馆。筹备期间，会长陈文福及外协兼青年团团长陈文旺联系佛山市外事侨务局商讨捐书事宜。在郭长勇局长的积极推动下，佛山市外事侨务局发动全局人员及禅城区图书馆捐书，得到了大家的踊跃支持，共捐了一千多本书籍，包括中小学读本、词典、中国历史及地理书刊等。2013年1月，图书馆正式对外开放，得到了当地华裔人士的一致好评，为当地华裔青少年学习中文，了解祖籍地，了解中华文化开启了方便之门。①

2013年7月，由马来西亚柔佛州潮州八邑会馆会长陈联顺带领的访问团一行20人对潮州、汕头、揭阳三市进行了为期6天的文化访问。访问团首先抵达潮州，受到潮州市侨联的热情接待。近年来，潮州市侨联根据海外侨情的发展，通过“文化”这个平台，切实加强与海外潮人社团的文化交流，促进潮州文化在海外的传承，收到良好的社会效应。马来西亚柔佛州新山市是潮州市侨联开展对外文化交流活动的一面镜子。自2007年以来，在潮州市侨联等有关单位的努力下，潮州电视台马来西亚探亲行、潮州市青年摄影家协会、小天使潮剧团、韩山师范学院文化交流团等接踵走进新山，新山潮人社团和个人也多次到潮州开展文化交流和寻根活动，“潮来潮往”已经成为潮州与新山两地乡亲的口头禅。以点带面，通过新山这个点，促进了潮州与马来西亚各州和新加坡、泰国等东南亚国家潮人社团特别是潮裔新生代的联谊，增进了乡情乡谊。②

海外华人普遍有一种浓厚的“中国情结”、“中华文化情结”。近些年，在中国与世界各国发展友好合作关系这一大背景的推动下，海外华人社团与中国建立起了日益密切的关系。这既是由于海外华人社会需要与中国发展良好的经贸关系，也是因为广大海外华人力图通过加强与中国的密切联系来更好地保护和发扬中华文化，以利于更持久地保持自己华族族群的特性。当然，与海外华人社团在经济、文化等多领域的联

① 佛山市外事侨务局：《佛山外侨局捐书千本　邦咯岛广东会馆图书馆开放》，http://www.gdoverseaschn.com.cn/dfqw2010/fs/201307/t20130718_401994.htm。

② 《马来西亚柔佛潮州八邑会馆组团回潮汕三市访问》，中国新闻网，2013年7月5日。

系，也有利于我国在经济领域的发展，在文化领域的交流纳新。总之，海外华人社团与中国的良好关系对华人社会和中国社会而言都是积极的因素，双方日益密切的联系加强了当地华人社会与中国乃至所在国与中国的良好关系。海外华人社团是促进海外华人社会与中国间关系良好发展的纽带和桥梁。

友好、稳定的中外关系，符合海外华侨华人的根本利益。海外华侨华人充分发挥自身优势，通过不同方式和途径，向住在国政府和当地主流社会积极传递中国和平发展的政治理念，以及中国和平崛起、社会稳定就是对世界安全的积极贡献的信息，从而增进中国与住在国之间的政治互信。海外华侨华人为我国营造和平稳定的政治环境发挥了积极作用。

华侨华人长期在海外生存发展，很多人已经深深融入住在国的主流社会。特别是那些生活在浓厚的民主政治氛围的华侨华人，他们本身对民主政治有着深切的体会和感受。通过与海外华侨华人政党和社团组织的积极交流，有助于我国党和政府了解和建构民主政治的良好理念，从而更好地建设我国的社会主义民主政治，进而推动“和谐政治”的建设步伐。

海外华侨华人是中华民族大家庭的组成部分，是中华民族走向世界的开拓者。他们虽然身居海外，还有许多人加入了所在国的国籍，但他们关心着中国的发展和各项建设事业。他们既了解中国，更了解世界。重视和吸纳他们的意见，对于我们进一步解放思想，吸收世界文明的先进成果，加快政治领域实现民主进步的中国梦是十分有益的。

总之，海外华侨华人是我们更好地开展海外侨务工作、推动民间外交的一项潜力巨大的资源。随着海外华侨华人数量的日益增多，以及跨文化交流技能的进一步提高，海外华人社团将在我国推动公共外交的领域发挥更大的积极作用，也必将在维护我国国家利益、塑造国家形象以及实现中国梦的进程中发挥更为积极重要的作用。

第五章
海外华文教育与中国梦的继承

一、华文教育概述

凡有井水处，就能看到华人辛勤奋斗的身影；凡有华人处，就能听到学童诵读华语的琅琅书声，感受到华文教育历经艰难坎坷仍薪火相传、生生不息的动人场景。华文教育，是几个世纪海外中华儿女心系中国的真实写照，也是其祖祖辈辈为留存中华民族之根、传承中华语言文化之魂、实现华族在海外繁荣发展梦想的一个缩影。目前有 5 000 多万华侨华人，其聚居区几乎遍及全球各大洲的各个国家。随着中国综合国力的不断增强和国际地位的不断提升，华文教育的生源数量和范围逐年扩增；师资队伍正朝年轻化、学历化、专职化、本土化方向发展；华文教材编写方式更加灵活，教材内容设计更具针对性、科学性、系统性；华文学校的管理更加科学。作为交叉学科的华文教育学的研究成果不断涌现，日益焕发出勃勃生机。

（一）华文教育的界定

关于华文教育的概念，先辈时贤从办学历史、办学主体、教育内容、社会功能等不同视角进行了界定。林蒲田将“华文教育”界定为华人在入籍国对华侨华人子女以及其他要求学习中文的人士施以中华民族语言文化的教育，也包括中国国内开办的面向海外的华文教育。其在美、欧、大洋洲也被称为中文教育。周聿峨认为，华文教育是华侨教育和华人教育的重要组成部分，既包括以华文华语为媒介的教育，也包括以其他语言为媒介的教育。贾益民指出，华文教育是以母语或第一语言非汉语的海外华侨华人为主要教学对象（也包括少数非华裔学生）开展的中国语言文化教育，在有的国家或地区（主要是欧美）又称中文教育。丘进认为，海外华文教育可以从办学主体、教育对象、教学内容、强调教育的社会功能（即通过学习华文来继承和发扬中华传统文化）等四个方面进行界定，并将华文教育的根本任务概括为塑造华侨华裔青少年的民族文化素质、维系华侨华人与祖（籍）国情谊的纽带作用等方面。此外，黄昆章在论述印度尼西亚华文教育史时区分了广义和狭义的"华文教育"。郭熙比较了"华文教学"和"华文教育"的异同，指出从语言教育的角度看，华文教学是华文教育的一个方面；而从语言教学的功能来看，华文教育在很大程度上又要通过华文教学来实现。

从时间的纵轴来看，华文教育可以划分为"二战"前的华侨教育和"二战"后的华文教育，"二战"前的华侨教育是由华侨创办或为华侨而办的、接受中国政府管理的侨民教育；而"二战"后的华文教育是已经加入当地国籍的华人以及一部分旅居国外的华侨所进行的中华语言文化教育。而从地域的横轴来看，"二战"后至今的华文教育既包括海外华文教育，也包括在大陆和台湾地区所开展的国内华文教育。海外华文教育是由海外华侨华人在所在国开展的、主要针对海外华侨华人子女的母语（也包括母方言）及文化教育，属于所在国的民族教育，有的已经纳入国民教育系统；国内的华文教育主要是在中国大陆及台湾地区的、主要面向海外华侨华人开展的华文教育和华文师资培训，是中国教育系统的一部分。

如果从不同层面来观察华文教育，可以看到内涵更为立体、定位及功能更为多元化的华文教育。从国家层面来看，华文教育是祖（籍）国帮助海外华侨华人传承中华语言文化的一项事业，是国家侨务部门的重要任务和工作；从民族层面来看，华文教育是海外华人族群即华族保持族裔特征、维系族群关系、传承民族语言和文化的重要手段和工具；

从学科定位层面来看，华文教育是一门独立的交叉学科，有特定的研究对象、研究任务、理论基础、发展规律；从学术研究层面来看，华文教育不仅是一门学科，也是海外华侨华人研究的一项重要内容，是考察汉语区域变体多样性及中华文化与其他文化交流互动的重要研究视角，是汉语国际传播及相关研究的必要组成部分。

（二）华文教育的特点

华文教育在学习者的学习动机、族裔构成、学习内容、学科特点和任务等方面，具有以下六个重要特点：

第一，“学龄阶段的华语作为第二语言的教学，这在华文教学中占有相当大的比例”①。从学习者的年龄和来源看，在华文教育领域，学习者大多为海外华侨华人的子女，属于正处于学龄阶段的青少年。近年来随着“汉语热”的兴起，在菲律宾、美国、荷兰等国家，许多当地非华裔青少年也加入了华语学习的行列。

第二，从学习者的学习动机和特点来看，海外华裔青少年学习者在学习汉语时不仅仅是出于工具性动机，也具备一定的融入性动机。即他们不是单纯将汉语作为谋生或交际的工具，其学习汉语的动机来自于祖辈和父辈的期望、对华族语言文化的认同感、传承华族语言文化的责任感以及对祖籍国及其语言文化的向往和热爱。

第三，从学习者的学习内容即华文教育的教学内容来看，学习汉语、了解中华文化是最重要的两项内容，这两项内容是互相联系、相辅相成的。一方面，语言是传承和传播文化的工具，如汉语中的成语、寓言故事反映了中华传统文化中的辩证思想、天人合一的思想与尊老爱幼、谦逊有礼等优良传统和观念。另一方面，由于年龄和认知水平的限制，华裔青少年在习得中华文化时更倾向于接受一些具象的文化载体和表现形式，如参观中国文物和建筑，了解中国民俗、文学，观摩学习中国功夫、戏剧、书画、舞蹈，品尝中国美食等。部分中华文化被海外华

① 郭熙：《华文教学概论》，北京：商务印书馆2007年版，第10页。

华裔青少年表演中国功夫

族传承，并与所在国的文化相互影响和融合，形成了独特的华族文化。这些内容对于华裔青少年来说是容易理解和接受的。而另外一部分远离其生活环境、超出其认知理解范围的文化内容则需要华文教师精心安排讲解的内容和方法。

第四，从教学性质来看，华文教育属于母语教学，这是其与对外汉语教学最大的不同。李宇明指出，“母语”是民族领域的概念，反映的是个人或民族成员对民族语言和民族文化的认同，或者说是民族忠诚。母语既是个人的，也是民族的。母语权利不可剥夺。由此可见，海外华族有传承母语——华语——的权利。从语言习得顺序来看，华文教育有的属于第一语言（文）教学，有的属于第二语言（文）教学。

第五，从华文教育所要达到的目标来看，由于实施目的和利益指向不同，华文教育所要达到的目标可以分为国家层面的目标、民族层面的目标、个体层面的目标和学科层面的目标。

第六，从学科属性和特点来看，华文教育作为一门新兴的交叉学科，与语言学、文化学、教育学、史学、第二语言习得与教学等学科密切相关，具有教育性质多样、教育形式多样、教育功能多样的特点。随着华文教育影响力的不断增大，其受众也开始由华裔扩展至非华裔学习者，教学对象日益复杂多样。

二、星火燎原的开创梦

华文教育的首批火种被华侨华人带至气候湿润、土壤肥沃的东南亚地区。在印度尼西亚、马来西亚、新加坡等具有悠久华文教育历史的国家，华文教育开始以星星之火之势，缓慢却步履坚定地向前迈进。东南亚的华侨华人占世界华侨华人总数的近 80%，其中绝大多数为华人，即已加入当地国籍，成为居住国公民。东南亚的华校占世界华校总数的

80%以上，形式多样、层次齐全，可以说是海外华文教育发展的一个“具体而微”的缩影。

（一）辛亥革命前的萌芽和初创期

总体来看，“二战”前的海外华文教育属于侨民教育，是由旅居海外的华侨兴办、面向其子女的中华语言和文化教育。当时旅居海外的华侨克服了经费不足、办学场地紧张等困难，使得华文教育的优良传统在一代又一代华侨华人之中薪火相传，发扬光大。从办学形式来看，侨民教育大致经历了萌芽期、旧式学校延办期、新式学校兴办期三个时期。1690年在荷属印度尼西亚巴达维亚创办的“明诚书院”被学界视为有史料记载以来最早的海外华文旧式学校。而实际上华侨于海外设立私人性质的私塾，时间要早得多。表5－1列出了部分史料记载的海外早期兴办华文学校的基本情况。

巴达维亚“明诚书院”

表5－1　辛亥革命前海外华校兴办情况简表

国别、地区	华文教育萌芽和初创期
印度尼西亚	1690年福建籍华侨在荷属印度尼西亚巴达维亚创办了“明诚书院”，不久即停办。之后又开办了南江书院、明德书院等私塾，用闽南方言教授“四书五经”。截至1900年，全印尼共有439所私塾和义学，学生7 835人。

（续上表）

国别、地区	华文教育萌芽和初创期
马来西亚	目前可考的最早的华校是1819年由马来西亚华侨在槟城创办的五福书院。1888年创办于槟城的南华义学是当时有较大影响力的私塾。1904年，槟城中华学堂的创办为马来西亚近代华文学校的开端。
新加坡	闽商陈金声于1849年兴建了新加坡第一所华文学堂——崇文阁。1854年，萃英书院创办，延办长达103年。19世纪中后期，华文私塾教育比较兴盛。20世纪初开始出现新式学堂。
泰国	18世纪中叶，泰国出现华侨创办的私塾学堂。1852年，美国传教士江国新在吞武里府开办了泰国的第一所华文学校。
菲律宾	1899年，菲律宾华侨在马尼拉创办第一所华侨学校——小吕宋大清中西学堂（今菲律宾中西学院）。
越南	1908年，福建华侨谢妈延、林联庆等人在堤岸创办了第一所越南华校——闽漳学校。同年，谢妈延与法籍商人合办了以法文课为主、中文课为辅的中法学校。
缅甸	1872年，仰光广东观音庙开设了以读经为主的私塾。1904年，闽侨富商在仰光创建了第一所新式华校——中华义学。1909年，华侨学校出现了女子学校——福建女校。同时，华侨基督教会、天主教会也分别创办了英华学校和挽华学校。
中南美洲	19世纪末，古巴哈瓦那和秘鲁利马首先开办中西学堂，供华侨子弟学习中文和西文。
北美洲	1884年，美国旧金山中华会馆开办大清书院，这是美国华侨最早开办的学校，1908年大清书院改名大清侨民小学，向新式学校过渡。
大洋洲	澳大利亚的华侨华人是大洋洲华文教育的先行者。1909年11月，澳大利亚华侨伍洪南、刘月池及黄右公等人在墨尔本创办了华文夜校，这是澳大利亚华文学校的鼻祖。 此外，新西兰、塔希提、巴布亚新几内亚、斐济及萨摩亚等国也进行了不同形式及层次的华文教育，总体上都具有较强的业余补习性质和特点。
非洲	毛里求斯华侨办学最早，1912年在路易港创办新华学校。

资料来源：林蒲田：《华侨教育与华文教育概论》，厦门：厦门大学出版社1995年版；周聿峨：《东南亚华文教育》，广州：暨南大学出版社1995年版；陈荣岚：《全球化与本土化：东南亚华文教育发展策略研究》，厦门：厦门大学出版社2007年版。

（二）辛亥革命后的初步发展期

清朝统治期间，政府长期以来打压、排斥、歧视海外华侨，对华文教育不闻不问。19 世纪中叶以后，清廷组织过几次海外劝学和督学，但均多言寡行，未见其出资助学。

表 5－2　辛亥革命至“二战”前夕海外华校发展情况简表

国别、地区	华文教育初步发展期
新加坡	从 1912 年开始后的三个 10 年间，新加坡华人社团的创校率以年均近 40% 的速度递增。从 1912 年的 25 所增至第一个 10 年的 86 所，再增至第二个 10 年的 132 所和第三个 10 年的 370 所。
马来西亚	从 1912 年开始后的三个 10 年中，马来半岛的华文学校从第一个 10 年增加 20 多所，到第二个 10 年增加三四十所，再到第三个 10 年增加 60 多所。
泰国	据泰国教育部统计，1915 年有华文学校 12 所，1920 年增至 30 所，1925 年增至 39 所，1930 年增至 102 所，1932 年增至 117 所。华校数量呈迅猛增长之势。
菲律宾	截至 1924 年，全菲共有华校 32 所，包含一所中学——华侨中学（今侨中学院）。1926 年之后，华侨学校快速发展。到 1935 年菲律宾自治政府成立时，全菲侨校已经发展到 80 所，在校学生 1 万人。
印度尼西亚	1914 年、1919 年、1926 年印尼华校分别有 148 所、215 所、313 所；学生数分别为 10 844 人、15 948 人、31 441 人。1919 年中国五四运动的兴起，使得“爪哇各埠华侨学校的开办如雨后春笋，教师来自曾受中等教育的新青年”。
越南	截至 1930 年，越南全国共有华侨学校 35 所，学生 5 000 余人。这一时期新式学校和旧式私塾并存，还出现了重视女性教育的女校。
缅甸	截至 1912 年，仰光和曼德勒共有华侨学校 10 多所。1915 年，全缅甸各地共有华侨学校 100 多所。1930 年，华校总数增加到 208 所，到“二战”前夕进一步增加到了 250 多所。

（续上表）

国别、地区	华文教育初步发展期
柬埔寨	1914 年，潮州华侨在首府金边创立了第一所华文学校——端华学校，其前身是创立于 1907 年的潮州帮私塾。该校现属潮州会馆，学生数量达 1.2 万人，是东南亚最大的华校。 1928 年，柬埔寨共有华侨学校 95 所，学生 4 057 人。 20 世纪 30 年代初期，潮州、广肇、福建、海南、客家五籍华侨（简称“金边五帮”）都创立了华侨学校，如福建华侨创办的民生学校，广肇华侨创办的广肇惠学校，海南华侨创办的集成学校，客家华侨创办的崇正学校等。
老挝	1929 年，巴色客属华侨首先创办了崇正学校。1931 年还创办了上寮华侨小学和下寮复兴学校。1932 年，川圹华侨学校创办。1933 年，巴色潮州华侨创办了崇德学校。1936 年，永珍（万象）潮州华侨陈柳芳创办初级小学，次年定名为寮都公学。 老挝华侨华人数量少，因而华校数量较少，创办时间较东南亚其他国家晚得多。
文莱	1918 年在斯里巴加湾市创办了婆罗乃中华中学，1922 年改名为育才学校。1931 年创办了马来奕中华中学。1937 年和 1938 年又分别建立了都东中华学校和诗里亚中正中学。
欧洲	直到 20 世纪初，欧洲华侨华人的数量都较少，因而华文教育开始得也较晚。 1919 年，荷兰华人社团——“中华会”在莱顿开办了“中文班”。1930 年，以广东人为主的“中华会馆”在鹿特丹开办了“华侨子弟识字班”。
中南美洲	20 世纪 30 年代，中南美洲共有华校 12 所，其中秘鲁 5 所，巴西、英属西印度群岛各 2 所，巴拿马、墨西哥和古巴各 1 所。
北美洲	20 世纪 30 年代，美国（包括檀香山）已有华文中学 6 所、小学 60 多所，均为中西兼学，中文教育属补习性质。 1914 年，加拿大中华基督教长老会开办了多伦多华侨学校。1916 年，教会在卡尔加里创办了华侨学校。
非洲	1927 年，留尼汪创立了第一所华文学校。 1938 年，马达加斯加第一所华侨兴文学校在塔马堤夫兴办。

资料来源：周聿峨：《东南亚华文教育》，广州：暨南大学出版社 1995 年版；郑良树：《马来西亚华文教育简史》，北京：外语教学与研究出版社 2007 年版；黄昆章：《印度尼西亚华文教育发展史》，北京：外语教学与研究出版社 2007 年版。

1911 年的辛亥革命及次年中华民国的成立，尤其是 1919 年发生的五四运动，极大地鼓舞了海外华侨的办学热情。受民主思潮的影响和革命党人的宣传倡导，海外华侨掀起了华文教育的第一次办学热潮。加上当时华侨所在国的殖民政府大多对华文教育持放任态度，客观环境较为有利，因此直至“二战”前期，华文教育获得了较好的发展。表 5－2 列出了辛亥革命至“二战”前夕海外华校的发展情况。由此可见，辛亥革命、中华民国成立、五四运动等民族民主运动使海外华校在数量上有了较快增长，更值得一提的是，华文教育在多个方面都有了质的提升：在办学理念及课程设置方面，由传统的读经改为培养学生德、智、体方面的全面发展，女性也享有了受教育的权利，还开设了方便在职华侨青年就读的夜校等。下文列举了部分国家华文教育在这一时期发展的具体情况。

在马来西亚，从 1913 年起，在新成立的“华侨学务总会”的倡导下，华侨兴办华文学校蔚然成风。不论城市、农村都有华校，且较为重视女子教育和师范教育，教学内容也逐步由文言文转为白话文，教学媒介语也由普通话取代了方言。

在泰国，1908 年，孙中山在泰国曼谷组织同盟会分会。1909 年，由同盟会会员发起创办了泰国的第一所华文学校——华益学堂。该学堂创办不久，改良派就在曼谷创办了中华学堂。此外，泰国华侨也开始创办华文学校。1908 年，潮州、客家、广肇、福建及海南各帮联合创办了新民学堂，由曾受西方教育的侨领萧佛成主持。1913 年，客家华侨在曼谷创办了进德学校。1914 年，广肇华侨在曼谷创办了明德学校。1915 年，福建华侨在曼谷创办了培元学校。1917 年，广肇人士在曼谷创办了坤德女校，这是泰国的第一所华文女校，之后华文女校不断出现。从 20 世纪 20 年代起，曼谷还出现了一些华侨工人夜校，如琼侨通俗夜学校、华侨工人夜学校、华侨机械工人夜学校、湄南夜学校等。

在菲律宾，1914 年，菲华教育会成立，该协会对各地华侨社区的华校发展起到了较大的推动作用。从 1925 年开始，菲律宾华文教育进入了快速发展期。为了纪念同年去世的孙中山先生，马尼拉、怡朗、加里、岷埠等地相继建立了中山中学和中山小学。抗战初期，中国内地的一些学者、文人逃至菲律宾避难，为华文教育的发展注入了生机。中等教育的发展是这一时期的一大特色，共增设初、高中18所，其中以创办于1923年的马尼拉华侨中学和创立于1939年的中正中学（当时全菲规模最大）最为有名。

在印度尼西亚，出现了一些专门解决贫困华侨子女上学问题的平民学校。平民学校还为华侨职业青年和妇女开办了夜课、妇女识字班、家政班等，为扫除华侨社会的文盲、提高华侨妇女的地位作出了很大贡献。

在越南，孙中山先生曾六次亲临越南宣传革命，大力倡导兴办华侨教育。中华民国的成立及其后的五四运动，激发了各帮派华侨的办学热情，如粤籍华侨创办了穗城学校，潮州华侨创办了义安学校，客家华侨创办了侨英学校等。

在缅甸，1911年到“二战”前是华校大发展的时期，表现在：①华校数量有较大增加。②建立了全国性的华校领导机构和教师联合会。③初步形成小学、初中、高中的教育体系，并创办了师范学校、职业学校。④使用华语授课。使用华语使各华校打破了帮派的界限，对促进华文教育的发展具有积极作用。⑤学校课程设置更加科学。一般华文学校的课程，除华文华语外，还有历史、地理、数学、化学、物理、生物、音乐、体育、绘画、劳作等。有些华校出于让华裔子弟更好地融入当地社会的考虑，也开设了英文课和缅文课。

在北美洲，华侨的办学热情高涨，他们克服了美、加等国排华政策的阻碍，使得华文学校在数量和规模方面都有所发展。如前身为美国旧金山大清学堂的中华学校，教学体系完整，小学、初中、高中齐备；课程和学制设置合理，开设有国文、国语、历史、地理等课程；采用小学6年，初中、高中各3年的“633”学制。此外，还有创办于1911年、“二战”之前美洲规模最大的华侨学校——明伦学堂，旧金山的晨钟学校、南侨学校，洛杉矶的业勤学校、明德学校，加州等地的古特兰中华学校、瓦利荷知行学校、斐那市中华学校等。

在欧洲，由于华侨移居欧洲的历史较短，且20世纪初大部分欧洲华侨的收入水平较低，在开办中文学校和补习班方面存在着经济困难。1939 年 9 月“二战”爆发，次年 5 月荷兰被德军占领，所有“中文识字班”都停办了。

（三）华文教育界著名历史人物撷珍

在华文教育初步发展时期，涌现了一批爱国商贾、华教领袖、开明官宦、革命志士，他们或慷慨解囊，或出谋划策，为华教事业呕心沥血。其中较有代表性的如斥巨资兴办华校的陈嘉庚，热心华教的张振勋，促成暨南学堂成立的钱恂、端方等人，中国华侨教育事业的先驱郑洪年，海外华文教育的倡导者和践行者孙中山、康有为，被誉为马来西亚“华人民族之魂”的林连玉。

陈嘉庚不仅是一位成功的实业家，也是在华文教育开创时期推动其发展的巨擘。他在侨居地新加坡创办了数所华校，如 1915 年捐资创办了崇福女校，又历经长达近五年的倡议筹划，于 1919 年创办了规模宏大的南洋地区华侨最高学府——新加坡南洋华侨中学，并担任新加坡道南学校总理。抗日战争结束后，他创办了水产航海学校、南侨师范和南侨女中等学校。当时有新加坡教会请陈嘉庚捐款 10 万元创办一所大学，陈嘉庚慷慨应允，但提出要以兼设中文课程为条件。在兴办华文教育的过程中，陈嘉庚先生形成了科学系统的教育思想，如提出用华语授课，打破不同地域帮派各自为政办学的局面；重视女子教育；强调优待贫寒子弟，奖励师范生；讲究教学质量，注重“德、智、体三育并重”；主张“没有好教师，就没有好学校”；倡办职业技术教育等。①

陈嘉庚

张振勋，字弼士，是著名的近代华侨实业家。张振勋一生热心华文

① 陈碧笙：《陈嘉庚年谱》，福州：福建人民出版社 1986 年版，第 20 ~ 26 页；《陈嘉庚传》，福州：福建人民出版社 1986 年版，第 27、28 页。

教育事业，曾获光绪皇帝钦赐御书“声教南暨”匾额一方。他曾任马来西亚槟城管学大臣，创办了以华文教学的“中华学校”，还捐资八万两银创办了槟城中华学校，并倡导成立了新加坡华文“应新学校”，免除家境贫寒的华侨华人子弟的学费，奖励学习刻苦、成绩优异的学子。在张振勋的奔走倡导之下，新加坡、马来亚两地相继兴办了八所华文学校。

暨南学堂是今暨南大学的前身，也是中国华侨教育的摇篮。1906年12月，时任南洋查学委员的钱恂致电两江总督端方谓：“爪岛学生通官音（普通话），可接中学程度者约三十人，志切归国读书，选地南京，川资日用自备，惟请官给食宿。”端方赞同其议，并即奏请朝廷。清廷出于“宏教泽系侨情而弥隐患”的考虑，准许了端方的请求。华侨学生在中国学习的过程中，由于中文水平不高需要补习，如果不设立专门的学校则难以管理，于是成立了“暨南学堂”。“暨南”二字取自《尚书·禹贡》：“东渐于海，西被于流沙，朔南暨，声教讫于四海。”意即面向南洋，将中华文化远播到五湖四海。从1906年到1911年，在暨南学堂学习的印度尼西亚华侨学生达200人。1911年辛亥革命爆发，暨南学堂停办。1918年在教育部的支持下，经爱国民主人士黄炎培等积极奔走筹划，暨南学堂再度复办。1927年，暨南学堂更名为国立暨南大学。“文化大革命”爆发后，暨南大学被迫于1970年撤销。“文化大革命”结束后，国务院恢复暨南大学办学。暨南大学被誉为“华侨的最高学府”，其为海外华侨学校培养的大量师资，成为海外华侨教育事业的骨干力量。暨南大学建校至今，一直秉承“面向海外，面向港澳台”的办学方针，共培养了来自世界137个国家和港澳台地区的各类人才20余万人，可谓“声教讫四海，桃李满天下”。

郑洪年是中国华侨教育事业的先驱，曾追随孙中山参加国民革命并担任重要职务。1906年暨南学堂在南京成立，郑洪年出任首任堂长。1927年，暨南学堂更名国立暨南大学，郑洪年再次出任校长。他广罗人才，锐意改革，将全校分为大、中、小学及南洋文化教育事业部，大学设商、文、理、法、教育五学院，影响不断扩大，吸引了许多海外华侨学生前来学习。郑洪年担任暨南大学校长长达七年之久，这段时间是暨南大学取得快速发展、侨生最多、办得有声有色的鼎盛时期。

钱恂画像

“华侨的最高学府”暨南大学

此外，爱国志士康有为、孙中山、林连玉等人也为华文教育事业作出了不可磨灭的贡献。

1903 年，康有为应中华会馆的邀请，访问了爪哇的巴城、梭罗、三宝垄等地，在各种场合发表演讲，大力倡导华文教育，弘扬中华文化。在康有为的大力倡导下，岩望成立了中华学堂，印尼其他地方的华侨也将私塾或义学改为中华学堂。据说康有为还在南洋地区创设了三十几所学校，有学生 3 000 余名。

中国民主革命的先驱孙中山也是海外华文教育的倡导者和践行者。1897 年，日本华商邝汝磐在孙中山的支持下，于横滨开办了大同学校。1898 年，在孙中山先生倡议下，经康有为、梁启超等人大力协助，横滨华侨创办了世界上第一所近代全日制华侨学校——横滨山手中华学校，至今已有 100 多年的历史。2008 年，时任中国国家主席胡锦涛参观了横滨山手中华学校，并为该校学生讲解唐诗《静夜思》。1905—1911 年间，孙中山还曾五次踏足马来西亚槟城并在槟城策划了黄花岗起义，其支持者也在槟城创办了数所华文学校，如著名的钟灵中学以及槟华女子中、小学等，为马来西亚的华文教育打下了基础。

林连玉，出生于福建永春，马来西亚著名的华文教育家。他将毕生

马来西亚“华人民族之魂”林连玉

的精力和财产都贡献给了马来西亚的华文教育事业。他一生坚持“民族平等、语言平等”的观念，“以破釜沉舟的决心作为维护民族文化的最前锋”。他的一生，从一名普通的华文教师，到推动吉隆坡华校教师公会成立并出任公会主席，再到促成马来西亚华校教师会总会（简称“马来西亚教总”）成立，以教总名义提出将华语华文列为官方语文之一。他努力维护华文独中的地位，指出“华文中学是华人文化的堡垒，津贴金可以被剥夺，独立中学不能不办”。他著有《华文教育呼吁录》等书。正如马来西亚学者郑良树所言，“从新中国成立以来，华族社会尽管出现了许许多多的人物和事情，但是，那些都只是供‘白发渔樵江渚上’闲聊的资料。在青史的记录里，华族社会几乎一直在交白卷。司马迁当年撰述史记时，把万世师表的孔子升入世家；如果今天要我来撰述大马华族史的话，我会把林连玉先生从列传里编进世家的第一篇……华族社会已经在白卷上写上第一名人物，一位秉承及发扬华族传统文化精神的人物”①。

三、坎坷曲折的中兴梦

“二战”过后，华侨教育逐步转型为华文教育。此后的数十年间，海外诸多国家的华文教育都遭遇了当地政府的打压。加上全球受西方影响日深，部分国家产生了重英轻华的教育倾向，华文教育开始在风雨中飘摇，出现了生源流失、华校倒闭、师资断层等危机。

（一）“二战”后海外华文教育所经受的挫折

表 5－3 列出了“二战”后一些较有代表性的海外华文教育发展受

① 何灿浩：《马来西亚华族第一世家——林连玉》，http://blog.sina.com.cn/s/blog_8bcf545a0100wec7.html。

挫的事件：

表 5－3 "二战"后海外部分国家华文教育受挫情况简表

国别	华文教育受挫情况
泰国	1948 年，泰国政府规定不得兴办新的华文学校。1948 年"6·15"事件爆发，泰国警察包围设在曼谷的华侨教育协会和南洋中学，逮捕侨教工作者 53 人。南洋中学停办。华文教学被迫转入地下。
印度尼西亚	"二战"后初期至 20 世纪 50 年代中期是华文教育的黄金时期。但 1965 年"9·30"事件发生后，苏哈托政权封闭了所有华文学校，没收了校舍和资产。直到 1998 年苏哈托政权垮台，印度尼西亚华文教育才得以逐步恢复。期间华文教育出现了 30 余年的断层。
菲律宾	1967 年，菲律宾教育部宣布停止批准成立新的华文学校。1973 年，菲律宾总统发布《176 号命令书》，规定不准再设外侨学校，私立学校全部归菲律宾人所有。该命令书颁布以后，双重学制被取消，华文只能作为选修课，每天授课时间不得超过 120 分钟，华侨教育遭到严重打击。
缅甸	1954 年缅甸政府颁布《私立学校登记条例》，规定学生 20 人以上的私立学校必须限期登记。1965 年又颁布《私立学校国有化条例》，对私立学校实行国有化。此后一年间，全国 298 所华文小学全部收归国有，校长及教师均为缅籍，用缅语授课。1967 年"6·26"事件发生后，在华侨华人家里开办的华文补习班也被政府禁止。自此有近百年历史之久的缅甸华侨华文教育几乎被政府打击殆尽。
柬埔寨	20 世纪 70—90 年代华文教育因为国内政局变动出现断层。1973 年开始，左派势力红色高棉推行极左路线，禁止开办华文学校，华侨华人也不能用华语交谈。1975—1979 年，红色高棉夺取政权，在短短数天的时间内将全部城市人口强制遣散到农村。此外，红色高棉还对不服从强迫迁移的人和各类异己分子进行有计划的屠杀。在如此恶劣的生存环境之下，华文教育也止步不前。

（续上表）

国别	华文教育受挫情况
马来西亚	“二战”以后，随着马来亚联合邦独立和马来西亚的成立，政府开始实施马来化和马来人优待政策。此后的多份政府报告书和法令均意在限制甚至消灭华文教育。 1969 年爆发了马来人和华人之间的种族冲突，即“5·13”事件，冲突之后，马来西亚政府进一步加强了马来语的教育和推广。
南非	从 20 世纪 60 年代以后，南非的华文学校面临办学经费匮乏、生源流失等问题，华社、华校对待“混血华人”（华人与白人、黑人等通婚所生的子女）或收或拒，态度不一，争论不休。加上中国内地“文革”的冲击，南非的华文教育遭到重挫。
美国	20 世纪上半叶，由于美国政府排华，华文学校发展受到许多限制，且经费不足，部分华校停办。

资料来源：周聿峨：《东南亚华文教育》，广州：暨南大学出版社 1995 年版；林蒲田：《华侨教育与华文教育概论》，厦门：厦门大学出版社 1995 年版；温北炎：《印尼华文教育的新形势与几点看法》，《东南亚研究》2000 年第 2 期；吴小伟，杨道麟：《南非华文教育浅论》，《八桂侨刊》2013 年第 1 期。

在华文教育具有悠久历史和深厚传统的东南亚，这一时期承受了巨大的打击和考验。由于政府对华文教育实行了严厉的限制和打压政策，华文学校或被查封，或被政府限制每周只能教授数节华文课，华文教育日渐式微。在华文学校数量较少的美、欧、非、大洋洲，20 世纪五六十年代受强势语言如英语等语种的影响，许多华校生源寥寥，不得不关门，如非洲毛里求斯华文学校纷纷关闭，只剩下新华学校。

然而，广大的海外华侨华人历经艰难险阻，仍无悔地为华侨教育事业的复兴积蓄力量，不懈奋斗。这种奉献精神赋予了华文教育无比顽强的生命力，在恶劣的生存环境之中，仍“野火烧不尽，春风吹又生”，这也正是中华语言文化在海外得以传承发展的根本原因。

（二）马来西亚华文教育的抗争与发展

在马来西亚，经过华人社团努力抗争，以及全马独中工作委员会的得力领导，华文教育保持并发展了从华文幼儿园到独小、独中这一较为完整的教育体系。

辛亥革命之后，马来西亚仍处于英国殖民统治之下，但英殖民当局并不干涉华文学校及其教学。到 1935 年 4 月，据中国侨委会统计，马来亚有侨校 658 所，加上英属婆罗洲的 60 所，共有 718 所。华侨学校采取中国学制，课程设置与国内同类学校相同，教师、教材、图书仪器等均从中国引进，办学水平和质量都较高。

“二战”以后，马来西亚政府开始实施马来化和马来人优待政策。1956 年以马来亚教育部长拉萨为首的教育委员会发表的《拉萨报告书》是马来亚独立之后针对华文教育的第一项教育政策，也是该国教育马来化的开始。《拉萨报告书》对各级学校的未来发展做了全面的规划，推出以马来语为主要教学媒介语和马来亚型的未来国家教育制度。

1960 年，以新任教育部长拉曼达立为首的“教育检讨委员会”提出了《拉曼达立报告书》。报告书主张：马来文小学改称国民小学，其他语文源流的小学改称国民型小学；以马来语为主要教学媒介语的中学称为国民中学，以英语为主要教学媒介语的中学称为国民型中学，只有这两类中学可以获得政府的资助，其他中学改称独立中学，政府不予资助；从 1961 年起，中学所有公共考试只能以马来文或英文为考试媒介。

1961 年，联盟政府按照《拉曼达立报告书》的建议，制定了《1961 年教育法令》。法令中的第 21 条第（2）款规定：“在任何时候，如果教育部长认为一所国民型小学适合改为国民小学，他可以发出指示，命令该校改为国民小学。”此法令指出，“为了国家团结，教育政策的目标必须是从国家制度的学校中，消灭种族性的中学，以确保各族学生在国民中学和国民型中学就读”。

1962 年，受政府教育法令和一些华人政客鼓吹的影响，华文中学有 54 所接受改制成为国民型中学，以英语为主要教学语言，同时兼教马来语和华语。改制后的华文学校并不想完全放弃华文教育，他们在法令允许的范围之内，另外注册了私立华文中学，即在国民型中学内部，再设立一个华文独中。

在政府软硬兼施的政策之下，仍有 15 所华文中学宁可放弃政府津贴，也不接受改制，成为华文独中。在办学经费短缺、生源减少的困境中，华文独中得到了华人社会在精神及经济上的有力声援和支持。到1964年，华文独中发展至73所，学生达3.5万余人。但这些学校仍面临着经济条件较差、国家不承认独中统考文凭、学生升学就业困难诸多问题。

1965年后，由于政府实行小学免试直升中学制度及实施九年免费教育制度，使独中招生困难。1969年爆发了马来人和华人之间的种族冲突，即“5·13”事件，冲突之后，马来西亚政府加强了马来语的教育和推广，以提高马来人在国家的文化及经济地位。因此，到1969年，独中减少至38所，学生仅1.58万人。

1973年，在霹雳州华社的带领下，全马发起了“华文独中复兴运动”，成立了统一规划和领导独中工作的全马独中工作委员会。华人社会纷纷捐款，帮助独中修建校舍。各地掀起了支持独中的热潮，并进一步上升为振兴华文教育的运动。

1973年底，全马独中工作委员会提出“独中建议书”，对华文独中的使命、办学方针、统一考试、经济问题、师资问题、生源及升学与就业等问题提出具体建议。“独中建议书”是独中复兴史上一个划时代的文献，它提出的有关建议，除了推动独中的复兴外，也打破了独中各自为政的局面，使其形成联动机制，共享一整套行之有效的管理制度和措施。而且华文独中以华语作为主要教学语言，兼及英语、马来语教学，使学生具有较为平衡的三语能力，在升学和就业方面具有更多优势。因而生源的数量和质量不断提升，经费困难也得到了缓解。

由马来西亚华文教育抗争与发展简史可以看出，华文教育体系的建成与保留并非轻而易举，而是华人长期团结抗争的结果。该国华侨华人之所以能保留民族母语教育体系，关键是因为他们将母语教育提高到捍卫民族文化的高度。正如马华总会副总会长黄家定所言，马国华人与其他国家的华人的不同之处是，他们保持了中国之外最完整的华人传统文化。

（三）其他国家华文教育的抗争与发展

在印度尼西亚，印度尼西亚政府分别于1958年、1960年分批取缔了部分华校（县级以下地区）。但是，印度尼西亚政府的极端打压政策并没有使华侨华人放弃对中华语言文化的热爱之情和传承的决心，他们迎难而上，节衣缩食，在印度尼西亚法律允许的范围内继续兴办华侨教育。以巨港中华学校校董会为例，1958 年其共有直属中学 1 所，小学 9 所，幼儿园 1 所，学生 9 159 人，教师近 300 人；到 1965 年 5 月，中学和幼儿园数量持平，小学增至 14 所，学生近万人，教职工人数增至420 人。

在菲律宾，1973 年菲律宾总统发布《176 号命令书》后，残酷的外界环境并未击垮菲律宾的华侨教育，面对华文教师收入微薄、青黄不接的情况，菲华总商会与菲华校总会合作，举办了多期华文教师研习会，以提高教师素质和教学效果。菲律宾著名华商陈永栽创设“福川教育基金会”，资助有志于华文教育的华裔青年到中国华侨大学学习华文，学成后回菲华学校服务。

在缅甸，1967 年“6·26”事件发生后，尽管政府禁止华侨华人在家中开办华文补习班，但仍有华侨华人坚持在家中进行华文补习。值得一提的是，云南籍华侨华人在缅北兴办了 11 所佛经学校，采用中缅双语教学。

在南非，20 世纪 30 年代至 60 年代，在面临办学经费匮乏、种族隔离教育政策阻碍、师资匮乏等重重困难之下，南非的华文教育仍取得了一定程度的发展。1938 年，南非两所最大的华文学校——伊丽莎白港华侨教会学校和约翰内斯堡华侨学校从小学升级为中学。1938—1948 年 10 年间，南非华文学校发展至 13 所。这一阶段南非华文教育的办学规模、层次和教学质量较开创时期都有了较大的扩大和提高。

四、再接再厉的奋斗梦

步入 20 世纪后半叶，中国在世界上的经济和政治地位不断提升，尤其是改革开放以来中国取得了飞跃式发展。许多国家开始重新审视华语的价值及华文教育的地位，以期与中国建立友好关系，推动本国经济发展。华文教育事业日益焕发出勃勃生机。总体来看，新时期华文教育具有以下六方面的发展特征。

（一）国际环境日渐宽松

从所处的国际环境来看，无论是华文教育的重镇——东南亚诸国，还是作为华文教育后起之秀的国家，政府对待华文教育的态度已从以往的限制排斥改变为逐步放开，并通过不同途径给予支持。在一些国家，华文教育已逐步纳入当地国民教育系统，跻身主流教育之列。

关于海外华文教育融入当地主流教育，或曰与主流教育接轨的具体表现，李嘉郁在研究美国华文教育情况时，将其归纳为五个方面：①提升华校社会地位，努力纳入正规国民教育体系，得到所在国的保障和支持；②根据主流社会的中文考试标准和中文教师资格标准来制定学校的教学规则，培训华文教师；③将华教界积累的成果推介给主流教育界的汉语教学并推进其发展；④努力凸显华文教育作为族裔教育的国际化、生源的多元化和中文学校社会功能的当地化是其典型表现；⑤积极发挥桥梁作用，推动中外民间乃至官方的文化教育交流与协作。

泰国是将华文教育纳入其国民教育体系较为成功的一个范例。1998年，泰国教育部将汉语列入高等学校入学考试外语选考科目，标志着汉语正式进入国民教育体系；1999 年，泰国颁布《国民教育法案》，把汉语教学纳入教育大纲；2000 年，教育部通过高中汉语课程计划；2005年，教育部制订汉语教学发展计划，目标之一是争取用 3 ~ 5 年时间在全国国立中小学普及汉语课程；2007 年制订《促进汉语教学，增强国家竞争力的战略规划》；2008 年 9 月正式启动“泰国汉语教师本土化策略”。仅 2008 年一年，泰国政府对基础教育的汉语项目投资就达 243 万多美元。

此外，泰国的皇室成员也率先垂范学习汉语，为普通国民树立榜样。被泰国人民尊称为“国之瑰宝”的诗琳通公主不仅是一位造诣深厚的汉学家，也是华文教育的推广者和中泰文化交流的使者。她精通古今汉语，酷爱鉴赏中国古典诗词，擅长中国书画，能演奏二胡等中国民族乐器。诗琳通公主在泰国出版过多部中文散文集，以及中国古典诗词的译著。她还在泰国皇太后大学设立了“诗琳通公主中文师资开发基金”，筹集2 000万泰铢培养华文师资，以解决师资短缺的问题。中国驻泰国大使张九桓将泰国的“汉语热”归结为“诗琳通公主现象”，公主在华文教育领域的感召力之强，可见一斑。

在大洋洲的澳大利亚，华文教育正逐步融入当地正规教育。随着多元文化政策的实行以及华人人口的增加，政府更加重视华文教育，在小学课程中增设有关中国文化的课程。此外，中文作为VCE（高中毕业证书的简称）中的科目之一，华裔及其他族裔的高中生如果选修中文，就有机会申请名牌大学和专业，这无疑增强了会说汉语的学生的竞争力。澳大利亚的华文教育已形成幼儿园、小学、中学、成人班、VCE中文班、大学中文课程一系列较为完整的华文教育体系，较好地满足了不同层次学习者的需求。近年来，澳大利亚华文学校与学生人数迅猛增长，官方统计学习汉语的人数已达数百万。

在欧洲的西班牙，21世纪初，中国驻巴塞罗那领事馆和当地侨团促成了“加泰罗尼亚自治州政府华文教育管理委员会”的成立，并在此基础上，进一步促使当地5所公办学校在课外时间为学生开设中文选修课，中文成绩纳入期中和期末的评分审核。华文教育融入当地正规教育，在欧洲尚属首次。此外，在英国，位于东索塞克斯郡的名牌学府布莱顿公学在2006年已将中文列为必修课。截至2009年，法国开设中文课的小学已有20所，中学433所，选修中文的学生数量达2.5万余人，是2004年的三倍。意大利目前已有20多所中文学校，其中佛罗伦萨中文学校已被意大利教育部门纳入多元文化教育计划，其被誉为多元文化教育领域最注重教学质量的学校之一。

此外，世界各国的一些元首也公开表达了对华文教育的重视和对华语的喜爱。如菲律宾前总统阿罗约多次公开表达对华文教育的支持，甚至表示自己也想找一名老师学习汉语。新加坡总理李显龙呼吁当地华人社团积极协助推广学习汉语运动。印度尼西亚总统苏西洛也于2005年与中国达成了有关开展华文教育的合作协议。澳大利亚前总理陆克文、韩国新任总统朴槿惠、哈萨克斯坦前总理马西莫夫等，或用汉语发表演说，或开微博用中文发帖，他们的这些行为对于当地民众学习华语起到了一定的号召作用。

（二）与祖（籍）国的文化联系日益加强

华文教育事业是海外侨胞加深与祖（籍）国文化联系和情感沟通的纽带，也是促进中外文化交流的重要渠道，正日益受到我国相关部门的重视。

海外华侨华人同为中华儿女，他们无论身处顺境逆境，都牢记自己华侨华人的身份，他们兴办华文教育不屈不挠的办学精神，令人动容。中国作为海外侨胞的祖（籍）国，不能也不会忘记这群在海外无怨无悔地传承中华语言文化的骨肉同胞。

中国华文教育基金会会徽

2004 年 9 月 30 日，中国华文教育基金会正式成立。其宗旨是：弘扬中华文化，发扬华文教育，促进中外文化交流。在国务院侨办和各级侨务系统的支持下，基金会团结海内外慈善人士共同推动华文教育事业发展，先后形成了华文师资培养工程、华裔青少年中华文化传承工程、华文教辅材料开发工程、华文教育现状调研工程等一系列华文教育项目。在此基础上形成了华文教师大专学历、本科学历到研究生学历等培养奖助体系。全球众多国家和地区的华文教育组织、华文学校、华文教师和华裔青少年都因此得到了资助和奖励。

国务院侨办联合相关部门，也实施了一系列振兴华文教育的富有成效的举措。

（1）抓住重点，在提升“三教”（教材、教师、教学）水平及华校办学质量方面做了大量富有成效的工作。

在师资建设方面，坚持“请进来”和“走出去”相结合的模式。仅 2012 年一年，就邀请了 3 400 多名华文教师来华培训，“走出去”培训华文教师7 000 余人次，向海外选派教师 730 多人。同时联合下属中国华文教育基金会和暨南大学华文学院，开办海外华文教师汉语言和对外汉语教学专业的函授教育，持续为海外培养本土化专业师资力量。邀请了 166 位曾获表彰的优秀华文教师和杰出人士来华参加培训，开展文化考察活动。

在华校建设方面，已建成 104 所"海外华文教育示范学校"，并将在未来 5 年左右的时间再建成 300 所示范学校，逐步将其打造成为在海外传承中华文化的示范基地；每年资助 100 所初创或举步维艰的华校，并重点资助、支持一批全国性或地域性的华教组织；每年资助 200 所华校建立"华星书屋"，为之配备图书及音像制品，以满足华校师生的文化需求。

在华文教材建设方面，经过多年努力，国务院侨办已经初步完成从幼儿园到初中的华文教育主干教材体系建设，华文教材的发行量已连续两年突破 200 万册，覆盖了 50 多个华侨华人聚居国。今后还将根据不同国家和地区的实际情况，大力研发本土化华文教材，力争在 5 年之内初步完成华文教育本土化、多样性教材体系的建设。

（2）联合国务院侨办直属的两所高校——暨南大学和华侨大学，以及遍布全国的数十个华文教育基地，在学术研究、文化交流等方面打造特色品牌活动。

在华文教育的学术交流方面，从 2009 年起，国务院侨办和中国海外交流协会共同主办了两届"世界华文教育大会"，这是全世界华文教育工作者的盛会，该会议的前身是"国际华文教育研讨会"，从 1990 年起共举办过 5 届。这些会议推进了海内外华文教育界专家学者、一线教师之间的相互了解和交流互动，也有利于海内外华文教育热点问题的探讨和解决。

在海外华裔青少年的文化培养方面，2010 年 7 月 25 日，海外华裔及港澳台地区青少年"中国寻根之旅"夏令营举行开营仪式，时任国家副主席习近平参加开营仪式并发表重要讲话。此次夏令营的举行对凝聚海内外中华儿女情感、传承中华民族传统文化具有重要作用。仅 2012 年一年，国务院侨办及各地侨办举办的一系列海外华裔及港澳台地区青少年“中国寻根之旅”活动已达到超2万人的规模，在福建、广东、浙江等重点侨乡还举办了省内集结营。该类活动采取“游教结合，以教为主”的方针，带领12岁到18岁的海外华裔及港澳台地区青少年参观游览中国的历史名胜，并通过教学活动，使其了解掌握中华文化知识。

“中国寻根之旅”LOGO

2010 **年“中国寻根之旅”夏令营开营仪式**

2013 **年中华文化大乐园（印尼棉兰营）开幕式**

从2013年起，国务院侨办陆续在欧洲、美洲、大洋洲、东南亚等海外14个国家28个城市举办“中华文化大乐园”夏令营活动，预计将有6 000多名海外华裔青少年在家门口即可参营学习中华文化。这项活动以中华文化为主题，根据海外华裔青少年的特点和需要，采取组派国内优秀教师赴海外举办中华文化夏令营的形式，通过开设汉语知识、中华武术、民族音乐、民族舞蹈、中国书法、绘画、传统手工艺等课程，达到“五个一”的基本教学目标，即学会一首歌、一支舞、一套拳、一幅画、一件手工艺品。

由此可见，作为祖（籍）国，中国在支持和资助海外华侨华人开展华文教育活动、编写华文教材、培养师资队伍、组织海内外华文教育工作者的学术研讨与互动等方面发挥着积极作用。

（三）与华人社团、华文传媒良性互动

从族群层面来看，华文教育与华人社团、华文传媒之间的良性互动和共赢关系日益凸显。华文教育对于维系华人族群的关系、建构身份认同及文化认同等方面发挥着重要作用。

1. 华人社团与华文教育

华人社团是华文教育的倡导者和践行者，当地华文教育的振兴直接关系到该华人社团在当地华人中的威望和影响力。在海外许多国家，华校都是由当地华人社团捐资兴办的。在之前缺乏祖（籍）国援助和所在国政府支持的艰苦条件下，为将中华语言文化传承下去，华社成员出钱出力，多方奔走。如今，华文教育步入发展的新时期，华人社团更是不遗余力地为华文教育事业贡献力量。

在马来西亚，马来西亚华校董事联合会总会（简称“董总”）、马来西亚华校教师会总会（简称“教总”）、马来西亚华校董教总全国发展华文独立中学运动工作委员会（简称“独中工委会”）这三大华文教育机构被马来西亚华人喻为“华教的司令部”、“华校的保姆”、“民间教育部”。在这些华文教育机构的努力下，马来西亚华人为争取华文的教育权利及相关事项，如华校毕业生的文凭认可、升学就业等进行着不懈的努力。马来西亚完整、系统的华文教育体系由此得以存续、发展。而在指导华文教育的管理和运行工作中，华教机构也得以不断成熟壮大，日益赢得华族的信任和支持。

菲律宾华商联合总会（简称“商总”）是菲律宾华侨华人在工商界的最高机构和核心领导团队，在菲各地有 165 个分会。2004 年，商总从其文教基金中拨出 500 万比索作为菲律宾各华校贫寒学生助学金。商总还采取“送出去”与“请进来”相结合的方法培养华教师资：一方面，资助有志于从事华文教育事业的菲国青年前往中国高校接受系统的专业教育和培训；另一方面，积极实施“志愿者教师方案”，从中国聘请志愿者到菲各所华校任教。2006 年，商总将中国国务院侨办赠予该

会的12.7万本中文图书、教材、音像资料，全部转赠给菲律宾各所华校。商总名誉理事长陈永栽出资成立了菲律宾最大的华文图书馆“陈延奎纪念图书馆”，并不定期举办不同类型的传承中华文化主题活动，如中华名著导读、儿童读经等，以满足菲华各界人士的需要。在以商总为首的菲律宾华人社会的身体力行之下，一个涵盖家庭、学校、社会的菲律宾华文教育网络正在逐步形成。

在泰国，1988年10月，泰国中华总商会向泰国教育部提请开放华文教育，得到了当地华人社会的热烈响应和支持。此后，泰国华社成立了各种华文教育的机构团体，如泰国华文教师联谊会、泰华文化教育基金会等。泰华社团还兴起了兴办华校的热潮，开办了泰国中华语文中心、东方文化书院、华侨崇圣大学、泰华国际文化学院等学校。1990—1999年的10年间，复办和新办的华校达20多所，连同原来保存下来的课授华文民校，全泰共有华校150多所。

在柬埔寨，于1990年12月成立的柬华理事总会为恢复发展华文教育，提出了“留根工程”的口号，并促成该国形成了较为完整的华文教学和管理系统，在教材、师资、学制方面也作出了统一的部署和安排，对于提高教学质量，进行科学的教学规划和评估大有裨益。

在老挝，万象中华理事会牵头成立了该国华侨集体创办的华文学校——华侨公立寮都中学，此外理事会还负责向社会各界募集办学经费。寮都中学是一所全日制学校，截至2011年，开设有幼儿园、小学部、初中部和高中部，学生近2 000名，教师134名，实行以华文教育为主、兼以老文教学的双语教学模式。该校是老挝较有影响力的华校，吸引了不少该国国家领导人和社会名流的子女到此就读。

在缅甸，华校以补习班、孔教学校、佛教学校为主。2002年，由福建同乡总会捐资开办了“福星语言与电脑学苑”，开设有汉语会话班、考试班、电脑班等班别，有学生近800名，这也是目前仰光地区规模最大的一所汉语培训学校。此外，缅甸华商会、缅甸福建同乡总会、缅甸广东工商总会等8个缅华社团联合创办了“东方语言与商业中心”，开办有半日制华语补习班、全日制英汉双语幼儿园等。随着汉语经济价值的提升，华文补习班还吸引了很多非华裔青年加入。在中缅边贸发展的带动下，缅北地区的华文教育发展较快。在曼德勒，福建同乡会于1993年开办了“福庆语言电脑学校”，规模较大，办学层次也较多，还开设了汉语水平考试辅导课。

2. 华文传媒与华文教育

华文传媒是以华语作为传播语言的传媒，包括报纸、广播、电视、网站等，迄今已有近200年的历史，而华文报纸是其中影响力最大的传媒形态。

目前海外出版华文报刊种类最多的国家是马来西亚，发行包括《星洲日报》、《南洋商报》、《华侨日报》、《东方日报》、《自由日报》、《光华日报》等30多种华文报刊。长期以来，华文报刊一直致力于争取并维护当地华人接受华语教育的权利，在马来西亚华教组织开展的多次争取华语教育权利的运动中给予舆论上的强有力支持。在华校面临办学经费短缺等困难时，华文报刊举办各种活动进行筹款，并将这种募款助学活动常态化。如《南洋商报》、《东方日报》、《诗巫日报》等报每逢报社周年庆典之日，都会为当地镇一级的华文中、小学捐款。《光华日报》每年举行全马范围的巡回慈善活动，为华文教育筹款。《星洲日报》自1994年与某啤酒商合作，为华文教育募捐，截至2000年已筹集了7 700万马币，捐给了224所华校。2000年，《星洲日报》与该啤酒商举办的慈善义演创下佳绩，成功为全马17所学校筹得1 884万马币，缓解了这些学校经费不足的压力。正如学者彭伟步所指出的，华文报纸已经把发展华文教育当作一种使命，变成一种自发的社会行为。

华文报刊还乐于充当中小学生的教辅资料，开辟专刊登载形式多样、生动活泼的华语练习题和文化知识介绍，与学生读者进行互动。如《星洲日报》发行了《学海》、《小星星》等专刊，刊登认字、填字、猜字谜等趣味练习，配合华校的教学，传承中华文化。此外，华文报刊还设有文艺副刊，海外华文文学作品通过这一重要渠道与海内外读者见面，在普及华文教育的基础上提升了华人对华语文学的创作能力和审美水平，其在作品中塑造的带有中华文化色彩的意象和价值取向，有助于海外华族建构中华文化认同和族群认同。如《星洲日报》以“海水到处有华人，华人到处有花踪”为主题，于1990年开始创设“花踪”文学奖，主要包括世界华文文学奖、马华文学大奖、报告文学奖、马华小说奖、马华散文奖等奖项。“花踪”文学奖不仅推动了马来西亚华文文学的发展，还培养了一大批年轻的华文作家。多年来，华文报纸的文艺副刊培养了大量的优秀撰稿人，他们成为传承中华文化和推动华文教育的主力军。

此外，华文报刊在海外缺乏华语使用氛围和阅读材料的大环境下，营造了一片华语小天地。一报在手，人们可以学习华语知识，了解华教动态，阅读华文作品。这对于华裔青少年培养华语语感和阅读能力，为海外华人营造良好的华文使用环境提供了极大的帮助。

由此可见，华人社团、华文传媒、华文教育作为海外华人社会的三大支柱，相辅相成，互利共赢。长期以来三者形成了良好的互动关系。尤其是华文教育通过华人社团的大力兴办和华文传媒的积极推动，在传承中华语言文化方面的作用和影响力正与日俱增。

（四）“三教”要素稳步发展

华文教育的核心构成要素即“三教”要素：教材、教师、教学（包括教学对象、教学内容、教学方法、教学手段、课程设置等）。华文教育作为一项发展中的事业，20世纪80年代以来进入了快速发展期。总的来看，华文教育的“三教”要素在数量和质量方面都有了不同程度的提升，虽然面临诸多困难，但总体利好，瑕不掩瑜。

1. 华文教材的发展情况

华文教材是连通教师和学习者的桥梁。相对于华文教育萌芽期的四书五经、蒙学读物，以及初步发展期直接从中国引进的语文教材，新时期的华文教材具有本土化、系统化、科技化等特点。

（1）本土化。华文教材的本土化不仅仅是在课文中使用一些当地的地名、人名、物产及当地语言的翻译、注释。更重要的是，课文内容、编排体例、练习设计等都要适合海外特定国家和地区学习者的学习环境、母语背景、年龄特征、认知水平、语言习得特点、交际需要等，而这些情况在教材编写之前必须经过系统深入的调查。在教材使用一段时间之后，还要征求使用者的意见和建议，进行修订。

在华文教育初步发展时期，海外华文教材多是直接由中国大陆或台湾地区引进，但这类教材是将汉语作为第一教学语言使用的，其内容设计、难度等级并不完全适合外语环境下的海外华文教育。后来海外华校引进了中国大陆及台湾地区的对外汉语教材，这些教材虽然是将汉语作为第二教学语言，但其针对的是在华留学的非华裔的外国人，缺乏对中华文化系统深入的介绍，严格来说也不适合海外华文教育。

《中文》小学版和初中版

步入华文教育发展的新时期，出现了专门为海外华文教育编写的教材，较有影响力的如由国务院侨办下属暨南大学出版社出版，暨南大学贾益民教授主编的《中文》（小学版）和郭熙教授主编的《中文》（初中版）系列教材。其中《中文》（小学版）已在海外发行 1 000 多万册，在东南亚、欧洲、北美洲等华文学校均被广泛使用，影响较大。此外，由中国教育部下属高等教育出版社与泰国教育部下属 KURUSAPA 联合出版的《体验汉语》（泰国版）系列教材在经过近两年的试用和改版后，通过了泰国教育部基础教育委员会专家审定，入选泰国教育部推荐教材目录，成为目前唯一入选该目录的中文教材。2010 年，仅在首都曼谷一地就有超过 300 所中小学使用此套教材。

在美国，2007 年，全美中文学校联合总会徐笑浓与一些中文教师考虑到当地中文学校的学生大多需要参加并希望通过 AP（大学先修课程）中文考试，于是编写了美洲华语教学课本，以 5C——沟通（communication）、文化（culture）、连接（connect）、比较（compare）、社区（community）作为教材编写的目标与方向。课文内容切合学生在美国的日常生活，受到了当地华教界的欢迎和好评。此外，由美国新意中文学校陈建编写的《新意中文》教材，其编写理念一方面基于AP中文考试大纲的要求，另一方面在于在激发儿童学中文的兴趣的同时传承中华文化。由于AP中文考试采用电脑输入的形式，该教材还专门设计了中文电脑输入的相关训练，因此被美国旧金山一些小学选定为沉浸式教学课程所用教材。

（2）系统化。系统化指的是华文教育教材不能只包括课本，还应涵盖配套练习册、教师参考书、教学挂图、词语卡片、音像制品、多媒体学习系统、教学资源网站等周边辅助教学产品。考虑到海外华文教师有的并未经过系统的语言教学和二语习得方面的培训，有些甚至身兼数职，平日是会计、医生，周末从事华文教师工作，如果为他们提供充足的教学参考资料，其在备课和教学时会事半功倍，对提高教学质量也大有帮助。前文提及的《中文》（小学版）和《体验汉语》（泰国版）在教材的系统化方面都作出了较好的示范。

（3）科技化。科技化与系统化有交叉之处，指的是华文教材不仅应该包含纸质教材，还应该开发多媒体教材、学习软件、学习网站等基于互联网的多媒体学习资源。

华语是由语音、词汇、语法所组成的一个形、音、义相结合的系统，多媒体声音、图像、动画结合的功能可以更完整地呈现语言形、音、义的互动，使学习者更好地掌握汉语听说读写各项技能。针对华语教学中长期存在的一些老大难问题，如声调、汉字等，多媒体教材具有自动朗读、跟读、调值对比、汉字部件笔画自动演示等功能；针对华裔青少年偏爱听说、回避阅读的问题，多媒体教材中的超文本、超媒体技术可以模拟人类联想记忆结构的非线性网状结构，通过“热键”快速查阅语篇中的生词、成语、历史文化典故，再循路标返回，增强了学生的阅读信心和兴趣。靳洪刚对120名来自不同语言背景的留学生的汉字习得实验证明，无论学习者的母语是拼音文字还是音节文字（如日文、韩文），无论其语言区域为欧美还是亚洲，初级汉语学习者在学习新的汉字时，多媒体环境更有利于帮助学习者利用图像、声音及符号有效地记忆及学习汉字。此外，多媒体对外汉语教材在人机交互的汉语交际训练、多样化练习设计、答案即时反馈等方面，可以突破传统教学要素的制约，实现学生自定步调的自主学习。

华裔青少年富于好奇心和创造力，在多媒体使用方面具有较强的操作能力。基于这一特点，《中文》（小学版）已开发出配套的多媒体教材，并已发布基于手机应用平台的《中文》教材 APP 应用程序，这一举措进一步激发了海外华裔新生代学习者对华语的学习兴趣。

2. 华文师资队伍的发展情况

华文教育创立至今依然存在且几乎所有海外国家都面临的问题之一就是师资匮乏，尤其是高素质的专业华文教师十分匮乏。这直接导致的问题是师生比例失调，教学质量滑坡。在海外华侨华人和中国国务院侨办等相关部门的努力下，新时期华文师资队伍正努力朝年轻化、学历化、专职化、本土化方向发展。

在马来西亚，2010 年华小师资短缺严重，临时教师达 3 782 名。2011 年 1—6 月，全国华文独中各学科教师共短缺 112 名。2011 年华小师生比为 1∶16.15，而国小为 1∶11.64。

在越南，2006 年华校师生平均比例达 1∶50～1∶100。其中重要原因之一在于越南政府不承认华校的高中文凭，要求有越文高中毕业文凭才能进入大学学习或参加师资培训，使得培养高素质青年教师的步履艰难而缓慢。①

在印度尼西亚，20 世纪 60—90 年代华文教育曾出现过 30 年的断层，因而在师资方面存在的问题较为严重，也很有代表性，引起了海内外华文教育研究者的关注。我们将宗世海、王妍丹于 2006 年和林奕高于 2011 年对印度尼西亚师资情况所做的深度调查及其结果进行对比分析可以看出，印度尼西亚近几年来的师资情况有所改善，年轻教师数量有所增加，且普遍具有较高学历和较强的专业素质。但教师性别比例失调、待遇水

① 韦锦海：《越南华人华文教学当前存在的几个问题》，《东南亚纵横》2004 年第 8 期，第 65 页。

平偏低等“顽症”依旧，且带来了“新疾”：由于待遇不好，年轻华文教师的职业忠诚度不高，流动性较大。

此外，在欧美、大洋洲的一些国家，华文教育同样存在着师资短缺、专职化程度不高、专业素质有待加强的问题。可见师资队伍建设是长期以来困扰华文教育发展的一个“瓶颈”。

相对华文教育前几个发展阶段而言，目前师资问题虽有所改善但仍未得到根本解决。华文师资队伍的发展不是一个单因素变量，而是受多重因素影响，它与所在国的经济发展水平、开放程度、语言教育政策、教师资格认定的政策、教师待遇、生源情况等因素均密切相关。任何一方面发生变化，都有可能导致师资队伍的数量和质量发生改变。

表 5-4　2006 年及 2011 年印度尼西亚师资情况调查结果对比分析

2006 年印度尼西亚师资情况调查	2011 年印度尼西亚师资情况调查
（1）总量太少。 （2）老龄化严重，青黄不接。 （3）文化水平低，职业化程度低。 （4）不管是老华人还是新生代，从事华文教育者不愿去正规补习班、补习学校，因为那样不如干个体、当家教自由，收入也低一些；他们更不愿去国民学校教中文，因为课时少，教学难度大且收入更低。	（1）越来越多的年轻人加入到华文教师行列中，但断层情况和性别失衡现象仍旧严重。 （2）华文教师的学历水平在逐步提高，年轻教师普遍拥有较高学历（大专及以上学历）。 （3）华文教师的待遇有所提高，但整体水平在多数教师看来仍属中等偏低。 （4）年轻华文教师（30 岁及以下）对职业的忠诚度相对其他年龄段的华文教师要低。 （5）中国这几年在印尼华文师资培养、培训方面所做的努力成果逐步显现，体现在教师学历水平的提高以及绝大多数教师能使用简体字、汉语拼音进行教学等。

资料来源：宗世海、王妍丹：《当前印尼华文师资瓶颈问题解决对策》，《暨南大学华文学院学报》2006 年第 2 期；林奕高：《印尼华文教师现状调查研究》，《华文教学与研究》2011 年第 2 期。

针对师资问题的多因素变量特点，需要多部门采用多方协作、多管齐下的方法，才能有效加以解决。为此，海外华人社团、中国国务院侨办以及华文教育研究者从理论和实践等方面都进行了积极的探索和努力。如华人社团出资提高教师待遇；采用“请进来、派出去”的策略，一方面由中国派出志愿者赴海外支教，另一方面帮助海外培养本土化师资。

师资培养方面：在国务院侨办的支持下，2005年暨南大学经教育部批准开设了本科招生目录外新增专业——华文教育专业，同时组建了华文教育系。华文教育专业主要为海外培养具备华文教育的基本知识和专业技能、具有较强的汉语应用能力、熟悉中国文化、能从事华文教学和学校教学管理、汉语应用等方面工作的复合型人才。国务院侨办下属的中国华文教育基金会每年为数百名海外华侨华人学生提供全额奖学金，帮助其就读华文教育专业。自成立至今，华文教育系已招收八届学生，现有在读学生323名。而已毕业的四届近200名本科学生已走上了海外华文教育工作的第一线，他们以过硬的专业技能和良好的师德素养赢得了所在国的好评。

师资认证方面：国务院侨办委托暨南大学华文学院承担的项目“华文教师证书实施方案”已于2013年4月基本完成。5项主体成果《华文教师标准》、《华文教师证书实施细则》、《华文教师测评大纲》、《华文教师证书考试方案》、《华文教师培训方案》通过了国务院侨办组织的专家组评审鉴定。随后在方案基础上完成了样卷研发，并在全国多所大学海外师资培训班进行了测试。华文教师资格认证的实施，对于稳定教师队伍、提高教师素质具有积极的促进作用。

3. 华文教学相关要素的发展情况

这里所指的“教学相关要素”包括教学对象、课程设置、教学内容、教学方法、教学手段。近年来，随着汉语经济价值和国际地位的提升，教学对象的范围不断扩大，数量不断增加。整体上以华裔青少年为主，同时也包括一定数量的非华裔学习者。

步入新时期以来，华文教育课堂的课程和教学内容有了更为科学的编排，教学方法也更加灵活多样。课程设置和教学内容富有中华传统文化色彩和本土化特色，这不但激发了学习者的兴趣，也增进了其对祖（籍）国文化的了解和认同。如新加坡小学预备班以培养儿童学习华语的兴趣为主要目标开设语言课程，形成了语言、图工、唱游、常识、科学等华文学科群。教师综合使用故事、歌曲、游戏、谜语、相声、快板、绕口令等适合学习者年龄特点、趣味性强的教学形式。教师还采用华文与英文课程词汇教学基本同步的方法，使得双语学习的学生能够对中英文词汇相互对照和记忆。

在泰国，华文教育在专业设置及培养目标方面积极迎合了当地市场对语言人才的需求，也彰显了不同层次、类型学校的办学特色。如泰国华人兴办的华侨崇圣大学设有服务华侨、华人的中医、中药专业；考虑到泰国华人大部分来自潮汕地区，该大学开设有潮州方言会话课，此外还开设了旅游管理汉语、公关汉语、酒店汉语、商业汉语、传媒汉语、导游汉语等课程，迎合了泰国旅游这一支柱产业对多语人才的需求。此外，泰国农业大学开设了农业汉语课，东方大学开设了工业汉语课，在专业汉语课程方面各具特色。

需要指出的是，由于受中国国内传统教育模式的影响，长期以来华文教育界较为重视教学法、教学技巧的探讨研究。如菲律宾华教界出版的《华文教育》系列丛书，新加坡华教界出版的《新加坡华文教学论文集》，收录了较多海外华文教师对教学实践活动的经验总结和反思；国内于20世纪90年代出版的《海外华文教育文集》、《东南亚地区华文教育文集》也收录了一些教学经验方面的文章。随着语言习得理论的不断发展，语言教学界开始认识到，语言不是老师教会的，而是学生练会的，语言教学应该“以学生为中心”。因此，近年来华文教育开始重视对华裔学生学习能力和特点的研究，包括学习者对华语语音、词汇、语法方面的学习策略研究，以及学习者学习风格、学习焦虑、特定语法项目的习得顺序等研究。

（五）学科建设逐步完善

华文教育作为一门独立的学科，在构建基础理论，拓展研究视野，改进研究方法，形成研究梯队，创立学术组织和刊物，设置华文教育研究专业、课程及学位，产出创新性学术成果等方面都取得了较大的进展。

在基础理论构建方面，贾益民、郭熙、丘进等学者在华文教育的教学对象、内容、方式等方面的特殊性，华文教育学的研究对象与范畴，华文教育学学科建设的目标与任务等方面进行了深入思考和探讨，从理论上否定了华文教育从属于对外汉语教学的观点，指出二者最大的不同在于，对外汉语教学更多是将汉语作为交际的工具进行教学，而华文教育除了将华语作为交际工具，更将其视为海外华族进行文化传承和身份认同的工具。

在研究视野方面，华文教育由传统的教育史研究出发，近年来已拓展至多个研究领域，如华裔学习者华语习得机制、华文教育政策、华文教材参考标准研制、华文师资培养、海外华语变体、华文水平测试、海外华文教师资格认定等，并取得了较为丰硕的研究成果。

在海外华语和华文教材研究方面，中国教育部与暨南大学共建的海外华语研究中心自 2005 年成立以来，围绕海外华人社会语言使用状况、华语（包括海外华文媒体和华文教材）语料库建设、海外华人社会常用汉字及常用词、华语词典编纂等研究领域，已取得了较多的研究成果。其中部分成果作为海外华人社会语言生活介绍刊登于中国教育部发布的中国语言生活绿皮书，即《中国语言生活状况报告》。

在华文水平测试研发方面，2012 年国务院侨办委托暨南大学华文学院华文水平测试中心全面负责华文水平测试（HSC）的理论构建、试卷开发、测试实施、后效研究等工作，计划在国内华裔留学生较为集中的城市和海外华人人口稠密、有较多参试意向人群的国家和地区建立首批海内外考点，努力将华文水平测试打造成为海外华侨华人进行华语水平认证的首选品牌。

在研究方法和研究梯队方面，近年来的华文教育研究充分体现了多学科交叉的特点，研究视角及理论涵盖教育学、文化学、民俗学、第二语言习得、语言测试、语料库语言学、社会语言学、心理语言学、华侨华人研究等多门学科。海内外也出现了一批有学术影响力和社会影响力的学者。暨南大学华文学院于 2012 年设立了“海外华语及华文教学”

博士点和硕士点，该专业首批9名硕士研究生和1名印尼籍博士研究生已于2013年9月入学，他们也将成为华文教育和华语研究领域的生力军。

此外，华文教育研究界还出版了多类期刊，著作及论文集甚丰。期刊如《华文教学与研究》（暨南大学华文学院），《海外华文教育》、《海外华文教育动态》（厦门大学海外教育学院），《世界华文教育》、《华文教学通讯》（北京华文学院）、《华文教育》（菲律宾）等；著作及论文集如《华文教学研究》、《华文教育概论》、《华文教材教法》、《计算机辅助华文教学》、《华语语音》、《华语语法》、《华语修辞》、《华语写作》、《两岸华文教师论坛文集》、《海峡华文教学论丛》（暨南大学出版社），《华文教学概论》、《华语研究录》（商务印书馆），《华文教育心理学》（广东高等教育出版社），《海外华文教师培训教程》（北京师范大学出版社）等，在海内外产生了较大影响。

（六）兼顾情感需要和生存发展需求

从个体层面来看，华文教育应兼顾华侨华人的情感需要和生存发展需求，既要注重其与祖（籍）国的联系，也要利用华文教育帮助其在海外更好地立足和发展。

华裔青少年是华文教育的主体对象，也是未来华人社团和华人社会的中坚力量。和非华裔学习者相比，他们在学习华语方面具有天然的优势，如家庭语言环境的熏陶、家长的督促以及年龄的优势使其具备良好的记忆力和较快习得华语的能力、不易产生跨文化交际障碍等。但我们同时也应该看到：一方面，由于年龄较小，他们之中相当一部分尚未认识到学习华语和传承中华文化的重要性，仅仅是出于父辈的期望，自身缺乏明确的学习动机；另一方面，由于他们多出生在国外，受当地语言和文化的浸染较深，在身份认同、族群认同、文化认同方面也与祖辈、父辈产生了一些分歧，如何看待并解决这些问题是华文教育工作者必须正视和重视的。

我们认为：第一，在强调华侨华人与祖（籍）国的情感联系的同时，也必须理解和帮助其更好地融入当地的主流社会和主流文化。第二，在强调中华语言文化纵向传承的同时，也要注意加强中华语言文化的横向传承，发挥华文教育在当地的社会功能，赢得当地人民的好感和重视，这样可以为华文教育争取更多的生源和更为宽松的环境。第三，在全球化加速发展的今天，几乎每一个人都是双语（言）或者多语（言）者。人们同时掌握多种语言和文化有利于增进不同国家与族群之间的相互了解和信任。因此，国外一些华校走双语或三语教育之路，有其存在的合理之处。华裔青少年如果能在学习中华语言文化的同时掌握一些他族的语言文化，成为双语甚至多语能力平衡的人，有利于其增强自身的竞争力，更好地在所在国立足和发展。毕竟，发展才是硬道理。事实也证明，许多在国外创业成功的优秀华商和社会活动家并没有忘记自己的华人身份，他们中很多人将积累的财富捐献给了华文教育事业。

五、值得期待的兴盛梦

步入21世纪以来，全球学习汉语的人数每年都在快速增长，据相关部门统计，2013年，海外学习汉语的人数已超5 000万人。[①] 而海外汉语学习者中华裔和非华裔的比例为7∶3。[②] 可以说，“汉语热”在相当大的程度上是“华文热”。相比对外汉语教学而言，华文教育的办学历史更为悠久、范围和受众更为广泛、稳定性和传承性更强，在尚未受到祖（籍）国关注时，已如星星之火般燃遍全球。可见华文教育事业作为中华民族在海外的“留根工程”，有助于“汉语热”热得持久、热得深入，理应得到中国政府及民间力量的更多关注和支持。海外华裔青少年是未来其所在国及华人社会经济参与、文化参与的中坚力量，也是语言使用和文化传承的主力军。海外华裔青少年所掌握的华语将为中国提供丰富的海外语言资源，他们所传承的中华文化也将在世界范围内得

---

① 《全球学习汉语人数超5 000万》，凤凰网，http://v. ifeng. com/news/society/201204/32d05a69 - 9fab - 4458 - b59a - 07553e892a61. shtml，2012年4月8日。

② 《究竟有多少人学汉语》，http://www. douban. com/group/topic/8002526/，2009年9月14日。

到更多的理解和认同。由此可见，华文教育的兴盛梦也是中华民族振兴梦的重要组成部分。

同时也要看到，华文教育是一项构成要素、特点、运行机制都极为复杂的系统工程，受所在国相关政策环境因素影响较大。这使得在开展具体工作时会遇到诸多问题和困难，如师资、生源、教材、办学经费、学校管理等。这需要从当地的实际情况出发，具体问题具体分析和解决，以发展的眼光看待所面临的问题。有全球华人齐心协力，共同奋斗，华文教育一定能实现繁荣发展的梦想，有一个灿烂美好的明天。

第三编

国力为侨：中国的和平发展与海外侨胞利益的保护

第六章
海外华侨华人的生存与发展

当今海外华侨华人已遍布世界各地，本章将按照地理位置的划分（亚洲、北美洲、欧洲、大洋洲、拉丁美洲、非洲）分段介绍海外不同地区华侨华人的生存与发展的历史沿革及其现状，分析华侨华人移民海外的原因，影响海外华侨华人生存与发展的相关因素，以及华侨华人在海外生存与发展过程中所暴露出的一些问题。

一、华侨华人移民的原因

有历史评论家认为，中华民族是一个安土重迁的民族，中国很早就发展出高度发达的农业文明。农业文明有一个特点，那就是将人民束缚在自己所耕种的土地上。但是中国尤其是近代以来却形成了世界上一个庞大的移民群体，他们并没有被土地束缚，而是移民到海外谋求自己的生存和发展。那么中国人为什么要移民海外呢？他们出国的原因有哪些？

对于华侨出国的原因，学者们对此已有很多的探讨。大体而言，华侨出国的原因可以分为内因和外因两类。

（一）内因

1. 国内经济的贫困

经济贫困也许是早期华侨出国最主要的原因，郭梁在其《华侨出国史述略》一文中论述道：“中国移民之所以要远离祖国，首先是因为他们的‘极端贫困’。”东南沿海的居民是中国早期移民的主要组成部分，这里人多地少，人民生活贫困。这里的贫苦底层劳动者为了谋求基本的生存，不得不离开自己生存的土地，辗转异乡，谋求温饱。闽粤两地之人占据华侨移民的绝大多数，学者李恩涵认为：“闽、粤两省山多田少、水旱灾频仍所形成的人口压力，应为这两省人民大量移民东南亚的首要原因。”有学者统计，中国海外移民的迁出地主要集中在广东和福建两省，广东移民占总量的60%左右，福建占30%左右。① “眷乡恋土之情，谁人无之。苟非不得已，谁愿洒泪别新人，远托异国，作他乡之客？无他，为了寻求生存而已……鸦片战争以后，清政府已弄成国弱民贫，农村经济破产，人民再无法应付苛捐杂税，不得不寻求出路。”②20世纪20年代至40年代，是中国人出国的又一次高潮，这次中国人移民的最重要原因也是经济的困顿。据陈达先生所做的社会调查显示，因为经济贫困而出国的人数占当时出国总人数的70%。鸦片战争以后，西方资本主义势力的入侵造成中国自然经济的衰败以及大量农民和手工业者的破产，无以为生的中国劳苦大众只能自寻出路，此时，就有很多人逃到海外谋生，这是大量华侨出国的原因之一。③ 在这里值得一提的是，很多来自中国边远乡村地区的贫苦中国人在“蛇头”组织的诱导下，通过偷渡的方式成为海外的非法移民。他们在当地没有合法的身份，做着最辛苦的工作，并且受到“蛇头”经济上的压迫。

2. 政治避难

中国国内政治的动乱是华侨出国的另一个重要原因，每当政权更迭或政治不稳定之时，华侨便出现一次移民的高潮。明末清初、清末民初以及20世纪解放战争时期都是华侨华人移民的高潮期。法国历史学家费尔南·布罗代尔曾论述道：“在中国，过分富有、实力过大的家族定

① 葛剑雄主编：《中国移民史》（第六卷），福州：福建人民出版社1997年版，第532页。

② 《广东台山华侨史》，http://www.tsinfo.com.cn/10/tshqs/index.htm。

③ 朱杰勤：《华侨史》，桂林：广西师范大学出版社2011年版，第95页。

将受到国家的怀疑。在法律上，国家是土地的唯一拥有者，只有国家有权向农民征税，对于矿、工、商企业看得很紧。尽管商人与腐败的官吏在地方上共谋，中国的国家政权从来都毫不懈怠地反对资本主义的自由伸展。”① 当时中国的专制统治给中国人的个人生活造成极大的破坏，中国没有发展出像西方那样的宪政体制，政府权力不受限制，人民权益得不到保护，个人产权结构得不到确立。因此，中国的一批商人为了躲避这种专制政府，便移民到海外。

3. 经商需要

在古代中国盛行或者并未禁止海外贸易之时，华商基于当时先进的生产技术、高超的制造工艺而拥有雄厚的实力，他们控制着东亚、东南亚的海上贸易。这一阶段有些华商为了便于经商，便留在了海外。20 世纪 70 年代以后，来自中国的投资者或者内地农村的农民为了生计而纷纷前往世界各地，他们为居住国的商品贸易、经济发展作出了巨大的贡献。

（二）外因

1. 西欧资本主义的发展与扩张

18 世纪到 19 世纪，基于市场经济的资本主义社会在西欧发展成熟。资本与政治权力不同，它可以不受地域限制而自由流通，市场经济也会不断地自我生长并具有自发扩展性。② 西方资本主义的发展也伴随着西方殖民史的发展，西方依靠资本侵占了整个世界，在世界各地建立殖民地，发展资本主义事业。庄国土教授在其《海外贸易和南洋开发与闽南华侨出国的关系——兼论华侨出国的原因》一文中认为，明中叶（隆庆）以后，华侨出国发生划时代变化的根本原因是这一时期欧洲人东来的南洋开发，这为闽人提供了大展身手的舞台。华侨在欧洲人开发南洋初期，具有三个不可替代的作用：①华商是中国商品的主要提供

① ［法］费尔南·布罗代尔著，杨起译：《市场经济与资本主义》，《天涯》2000 年第 2 期。

② ［美］道格拉斯·C. 诺思著，杭行译：《制度、制度变迁与经济绩效》，上海：格致出版社 2008 年版，第 54 页。

者；②开发南洋的各项工作需要雇佣华侨；③华侨充当欧洲人与当地人之中介人的角色。华侨的加入有利于西欧殖民者在南洋的开发，因此西方殖民者一开始即采用招徕华侨的措施。李明欢教授认为，华侨移民西欧始于西欧资本主义列强进行的远东扩张、贸易和掠夺，是西欧资本主义列强意想不到的副产品。西欧资本主义的发展与扩张，是近代中国人移民海外的最主要原因。

2. 契约华工

资本主义是一种大型的工业化生产方式，需要大量的劳工。英国、荷兰在东南亚的殖民地需要大批的工人，因此他们引进大量的华工。这些“契约华工”在铁路修建、矿山开采、石油勘探开采、种植园等场地工作，面对着常人无法想象的工作环境，拿着微薄报酬甚至零报酬，无数华工骸骨长留异地，他们为住在国原始资本的积累作出了巨大的贡献，甚至付出生命的代价。[①] 除殖民地外，北美、欧洲资本主义的发源国也需要大量的劳工，于是华侨远渡重洋，到这些国家谋生。庄国土教授认为，“契约华工”现象出现的外部因素是欧美各国在 19 世纪前期相继废除奴隶贸易制度，为弥补劳动力的不足，西方转向中国沿海通商口岸寻求代替黑奴之苦力。华工多被诱骗拐卖出洋，时称“猪仔贸易”。荷兰殖民者最先主张掳掠中国人，以便解决开发荷属东印度所需的劳力问题。随着劳动力需求的增加，“猪仔贸易”在 19 世纪中后叶也越来越盛行，有人统计，19 世纪以来，中国人被掳掠和被迫当“猪仔”的人数不下 300 万，也有人估计 18 世纪到 20 世纪的 200 年，从我国被贩运到世界各地的总人数不少于六七百万。[②]

3. 全球化的发展

全球化的发展是促使战后华侨移民的又一重要因素。第二次世界大战以后，尤其是“冷战”的结束，极大地促进了全球化的发展，全球化的发展所带来的结果之一就是人口的大量流动。中国内地居民在这一

---

① 周敏：《美国华人社会的变迁》，上海：上海三联书店 2006 年版，第 3 页。
② 《华侨论文集》（第一辑），广东华侨历史学会，1982 年，第 96、97 页。

过程中大量移居海外。现在来自中国内地的华侨华人是移居新加坡、澳大利亚等国家的最重要移民群体。

总之，华侨华人移民海外的原因是复杂的、多方面的。以自然经济（农业经济）为主导的统一的专制帝国形态自秦王朝建立之后就一直是中国固有的政治经济形态。这种政治经济形态在中国持续两千多年，形成了稳定的结构。15 世纪到 19 世纪中期中国的政治经济发展仍然处于停滞阶段，而西欧的政治经济形态却发生了巨大的变化，政治上建立了宪政体制，经济上发展出了自由市场经济体制。西欧的此种政治经济形态比中国古老的政治经济形态具备更强大的力量与优点。西方世界逐渐兴起，中国的贫困与西方财富的迅速增长形成了两个迥然不同的社会景象。于是，中国人逃离中国，涌入西方人建立的政治经济体系（东南亚的殖民地亦是西方政治经济体系的一部分）。全球化亦是由西方主导，中国由于工业技术与科学水平落后的原因居于追随者的地位，大量的中国人尤其是高素质人才移居海外发达国家。

二、海外华侨华人生存与发展的历史沿革

华侨华人移民海外的历史由来已久，但华侨华人大规模地移民则是 17 世纪以后的事情。在 17 世纪以前，虽然有华侨华人移居海外，但数量不多，仅仅是一些华商为了贸易之便利而留在海外。17 世纪以后，中国出现了大规模移民移居海外的现象。下面将分别介绍亚洲、北美洲、欧洲、大洋洲、拉丁美洲以及非洲六个地区的海外华侨华人在当地的生存与发展的历史沿革。

（一）亚洲

华侨华人的主要聚居地是亚洲，更确切地说是在东南亚，包括印度尼西亚、马来西亚、新加坡、菲律宾、文莱、泰国、缅甸、越南、柬埔寨、老挝和东帝汶 11 个国家。在每一次华侨华人移民高潮中，东南亚地区始终是华侨华人最主要的去处。据庄国土教授的统计，到 2008 年，世界华侨华人总数超过 4 500 万人，其中在东南亚地区约有 3 350 万人，

约占全球华侨华人总数的73.5%。印度尼西亚、泰国和马来西亚三国不仅是东南亚，也是全世界华侨华人数量最多的国家，数量达到2 345万人，超过世界华侨华人总数的一半，东南亚的华侨华人约占东南亚总人口的6%。自近代以来，华侨华人对上述国家发展的历史产生了重要影响。宋元之前，中原帝国的主要贸易对象和开拓区域为西域、漠北和云贵高原。宋元以来，中国经济与政治中心南迁，北部与西部贸易之路被西夏、金、辽、元等政权阻碍，中国开始面向海洋，发展海洋贸易。① 在海洋贸易的推动下，至14—15世纪东南亚华侨华人的数量已经初具规模。明清两代中央政府为了专制统治而实行的“海禁政策”严重阻碍了中国海洋贸易的发展，而西方却在此时鼓励海外贸易，在全世界各地建立殖民地。西方资本主义在东南亚的发展推动了华侨华人的移民。

1. 东南亚华侨华人移民简史

与世界其他地方相比，华人移民东南亚的历史最为悠久，也是最为复杂的。基于地理的因素，很早就有华人移居东南亚，并且有详尽的历史资料可查。中国的海商缔造了中国南海上的“通夷海道”，随着唐宋元海外贸易的发展，15世纪时，在东南亚已有少量华侨华人社区出现。唐同光二年（924年），“有中国大沙船一艘，在爪哇之三宝垄附近沉没，船客漂流到岸，其官舱者献宝物于直葛王，得王允许，招集余众，定居其地，受优良之待遇”②。宋代高丽“王城有华人数百，多闽人因贾舶至者”③。16世纪末期，欧洲人东来，他们相继在东南亚建立殖民地，早期的殖民者利用华人开发东南亚，这引发了第一次华人移民东南亚的高潮。殖民者与当地人均青睐华人，华人也为东南亚输入了先进的种植技术、开矿技术等。1619年，荷兰人开埠巴达维亚城，作为荷兰东印度公司在东方的总部。巴城总督库恩极力招徕华人，给华人优越的

① 庄国土、刘文正：《东亚华人社会的形成和发展》，厦门：厦门大学出版社2009年版，第10页。

② 李长傅：《中国殖民史》，北京：商务印书馆1937年版，第60页。

③ 《宋史》卷四八七《列传》，高丽条，第14053页。转引自庄国土、刘文正：《东亚华人社会的形成和发展》，厦门：厦门大学出版社2009年版，第14页。

条件，以使华人进驻巴城，帮助荷兰人建设巴城。中国人充当荷兰人与当地人之间的中介，荷兰人通过中国人统治当地人，并且，荷兰人最先开始掳掠华工。到1658年，巴城华人总数约5 000人，在万丹港也有几千名华人居住，其中大部分人很富有。[①] 1786年，英属东印度公司莱特上校开埠槟榔屿，大力招徕华人，华人在槟榔屿的最大贡献是为当地披荆斩棘，开辟了大片的森林和沼泽地带。1794年，华人人口达到3 000人；1818年，华人人口有7 858人；1830年，华人人口有8 963人；1842年，华人人口有9 715人；1851年，华人人口有15 457人；1860年，华人人口有28 018人。[②] 1571年，西班牙殖民者在马尼拉建立殖民据点，积极招徕华商到菲岛进行贸易。1588年，在马尼拉之华人已达10 000多人，1602年更是增至30 000人。1603年，西班牙殖民者恐于华人人数的激增，对华人进行了屠杀，之后开始实行限制华人的政策。在法国殖民者统治越南时期，殖民者为了繁荣殖民地经济和获得劳动力，招募华商和华工进入越南。泰国是中国人早期移民的主要目的国。暹罗国王向来优待华人，华人在暹罗的地位较高。到19世纪中期，泰国华人大约有30万人。[③] 1819年，新加坡开港，英国人为了快速建设新加坡，从中国招募了大量华工以投入新加坡的市政建设。此后在新加坡的华人人口不断增长。到1860年，居住在新加坡的华人人口已有50 043人。[④]

从1850年代到1920年代，“契约华工”成为中国人移民的主要方式，这一时期也是中国苦力贸易最兴盛的阶段。根据陈泽宪先生的研究，从19世纪中期到20世纪初期，出国“契约华工”超过了265万人，其中，运往东南亚地区的有170多万人。在工作之地，这些华工像奴隶一样被对待。苦力贸易在20世纪20年代已经基本消失，在第一次

---

① 庄国土：《世界华侨华人数量和分布的历史变化》，《世界历史》2011年第5期。

② 李恩涵：《东南亚华人史》，台北：五南图书出版股份有限公司2003年版，第182页。

③ 庄国土、刘文正：《东亚华人社会的形成和发展》，厦门：厦门大学出版社2009年版，第56页。

④ 庄国土、刘文正：《东亚华人社会的形成和发展》，厦门：厦门大学出版社2009年版，第70页。

世界大战结束后，出现了华人移民东南亚的第三次高潮，直接动力是东南亚经济的繁荣。20世纪初，西方工业革命所带动的新兴产业的发展，陆续影响其在东南亚的殖民地和暹罗。来自各殖民宗主国的工商资本，纷纷涌入东南亚，投资于铁路、港口、电力、航运、制造业、金融业等，引发对熟练劳动力的需求。传统的采矿、种植、原料加工、商贸等行业，也有较大的发展。到太平洋战争爆发时，东南亚华人人数已在700万以上。到1950年代，世界华侨华人总数达1 200万～1 300万人，其中90%集中在东南亚。①

劳作中的华工

1970年代以后，出现了世界性的移民潮，主要是发展中国家的人口向发达国家地区流动。在1970—1995年间，西方发达国家净接纳3 500万移民，占其人口增长的28%。② 中国的新移民与传统移民相比，具有学历高、资本强的特点。移往美国、加拿大等发达国家区域的多是学历高的知识精英，移往东南亚的新移民以商人为主，这些商人本身具有雄厚的资金实力，具有经济能力较好和流动性强的特点。③ 自20世纪80年代中期以来，由中国涌入东南亚的人口约有250万人。④ 当前，在印度尼西亚，华侨华人有1 000万，占当地总人口的5%；在泰国，华侨华人约有700万，占当地总人口的12%；在马来西亚，华侨华人有

① 庄国土：《世界华侨华人数量和分布的历史变化》，《世界历史》2011年第5期。

② 庄国土、刘文正：《东亚华人社会的形成和发展》，厦门：厦门大学出版社2009年版，第373页。

③ 庄国土、刘文正：《东亚华人社会的形成和发展》，厦门：厦门大学出版社2009年版，第377页。

④ 庄国土：《论中国人移民东南亚的四次大潮》，《南洋问题研究》2008年第1期。

638 万，占当地总人口的 24.6%，华人为马来西亚第二大族群；在新加坡，华侨华人有 350 万，占当地总人口的 74%；在缅甸，华侨华人有 250 万，占当地总人口的 4%；在菲律宾，华侨华人有 145 万，占当地总人口的 1.5%；在越南，华侨华人约有 100 万，占当地总人口的 1%；在柬埔寨，华侨华人有 70 万，占当地总人口的 5%；在老挝，华侨华人有 3 万，占当地总人口的 0.5%。

2. 东南亚华侨华人的经济概况

“二战”以后，东南亚华人的经济实力迅速增强。虽然东南亚大部分国家都采取过限制华人经济发展的政策，如 20 世纪 70 年代为了扶持马来人的经济发展，马来西亚政府实行有利于马来人的新经济政策，要求到 1990 年土著、非土著和外资在西马有限公司股权中所占比例分别从 2.4%、34.3% 和 63.3% 改变为 30%、40% 和 30%[①]，但是华人经济仍在艰难中稳步成长，成为东南亚经济的重要组成部分。与北美洲、拉丁美洲、欧洲等地区的华人经济处在边缘地位不同，在一些东南亚国家（如马来西亚、印度尼西亚、泰国、菲律宾），华人经济处在主流地位。1970 年，马来西亚华人股本占全马来西亚股本的 26.2%，金额为 3.42 亿马元，1982 年其所占比重上升至 33.4%，股本金额为 163.46 亿马元，到了 1990 年，华人股本所占份额增至 44.9%，股本金额更是高达 492.97 亿马元。[②] 由于马来西亚政府对投资制造业的限制较少，制造业遂成为马来西亚华人经济中最活跃的经济部门之一，在马来西亚的制造业企业中，80% 是华人企业。[③] 在马来西亚，华人家庭收入也比较高。马来西亚马来人、华人、印度人的家庭月收入，1970 年依次为 172 马

① 《世界侨情报告》编委会：《世界侨情报告 2011—2012》，广州：暨南大学出版社 2012 年版，第 48 页。

② ［马来西亚］蔡维衍：《从三个经济政策、七个大马计划看马来西亚的经济发展情况》，转引自庄国土、刘文正：《东亚华人社会的形成和发展》，厦门：厦门大学出版社 2009 年版，第 317 页。

③ 《世界侨情报告》编委会：《世界侨情报告 2012—2013》，广州：暨南大学出版社 2013 年版，第 133 页。

元、394 马元和 304 马元，2004 年为 2 711 马元、4 437 马元和 3 443 马元。[①] 1960 年代后期，印尼总统苏哈托提出“华人以 3% 的人口控制印尼经济的 70%”，此种观点一直被印尼人尤其是原住民认可。此种说法并不可信，没有严格的数据支持，但是华人在印尼的经济实力的确很强。1996 年，印尼最大的 30 家企业中，有 26 家是华人企业；最大的 300 家企业财团中，有 217 家是由华人全部或部分控制。在菲律宾，华人经济实力也很雄厚。作为一个人口不到 1.5% 的少数族群，华人所掌握的经济能量远远大于其人口规模。[②] 2011 年 3 月，美国《福布斯》杂志公布的菲律宾最富有的 40 位富豪中，有 8 位华人跻身前十名，而前 9 位华人及其家族所拥有的财富总和，约占这 40 位顶级富豪的 62.1%。[③] 随着经济全球化的发展，东南亚华人经济早已呈现出国际化、多元化的特点。

3. 东南亚华侨华人的政治参与

“二战”以后，东南亚各国纷纷摆脱殖民统治，建立了独立的民族国家体系。在这期间，大部分的华人都加入了所在国的国籍，成为当地的公民。影响东南亚华人政治参与的因素有二：一是东南亚各国的民主化进程。民主制度建设发达的国家自然有利于华人的参政，在新加坡、马来西亚、菲律宾、泰国这些已经步入民主化的国家，会有利于华人参与政治。二是华人与当地民族的融合程度。华人与当地民族之间的关系越是融洽、越少猜疑，融合程度越高。如在泰国，华人基本上已经融入当地主流社会，与当地民族打成一片。泰国的政治体制对华人的政治参与基本没设什么障碍，泰国华人可以参与泰国政治生活的各个领域，上至总理、国会议长，下至乡长、县长。而在马来西亚，由于政府实行马来人优先的原则，华人的政治参与受到限制，联邦政府中有华人议员、

① 《大主旨落实国家使命》，转引自《世界侨情报告》编委会：《世界侨情报告 2011—2012》，广州：暨南大学出版社 2012 年版，第 49 页。

② 《世界侨情报告》编委会：《世界侨情报告 2012—2013》，广州：暨南大学出版社 2013 年版，第 25 页。

③ 《世界侨情报告》编委会：《世界侨情报告 2012—2013》，广州：暨南大学出版社 2013 年版，第 25 页。

华人部长，但是从来没有华人总理、副总理出现，这恐怕是马来人优先政策的结果。①

华人族群本身的政治文化也极大地影响东南亚华人的政治参与。长期以来，华人缺少参政意识，只注重从事商业活动，关注的是经济，而非政治。东南亚华人在经济上处于支配地位，当地人的经济实力无法与华人竞争，此时当地人就通过政治手段来限制华人的发展，通过政治运动给自己带来好处。1965 年印尼发生“9·30”事件，事件中当局指控华人支持印尼共产党，因此有大量华人被屠杀。军事政变后，苏哈托专制政府颁布了很多排斥华人的法令，如 1966 年 6 月 7 日，印尼政府颁布《解决华人问题的基本政策》，主张消除华人的种族特性，对华人实行同化政策：禁止一切华文教育，废除已有的华文学校。政府鼓励华人加入伊斯兰教；要求华人改名换姓；禁止使用华语和华文；禁止华文书刊的进口和发行；禁止进口和流通华语录音带、录像片和影片。直到 20 世纪 90 年代，随着东南亚国家与中国大陆、台湾、香港地区经贸关系的迅速发展，提高了华文的实用价值和经济价值，印尼政府才放松了对华人教育的管制，1994 年政府取消了禁止在公共场所使用华文的禁令。② 1998 年，亚洲金融危机爆发，波及东南亚各国，印尼是金融危机的重灾区，印尼盾大幅贬值，银行倒闭，工人失业，在印尼引发了经济危机和政治危机，统治印尼 32 年的苏哈托政府垮台。1998 年 5 月，印尼雅加达发生社会大骚乱。在大骚乱期间，华人受损严重。唐人街班芝兰遭暴徒抢劫和焚烧，成为一片废墟，华人较集中的北区和西区的建筑物和住宅遭受严重的损害，华人的生命和财产安全受到严重威胁。③ 以上发生在印尼的针对华人的不公平对待说明，华人如果不关心政治，不参与当地的政治法令建设，华人的权益就不能得到有效的保护，华人就

① 曹云华、许梅、邓仕超：《东南亚华人的政治参与》，北京：中国华侨出版社 2004 年版，绪论。

② 温北炎、郑一省：《后苏哈托时代的印度尼西亚》，北京：世界知识出版社 2006 年版，第226～228 页。

③ 温北炎、郑一省：《后苏哈托时代的印度尼西亚》，北京：世界知识出版社 2006 年版，第 234 页。

会成为政治的牺牲品。

华人在印尼的政治态度和政治地位与犹太人在美国的政治态度和政治地位有巨大的差距。犹太人在美国约有650万人，不到全国总人口的3%，但是犹太人在美国政治界的影响力却非常大。犹太人在美国不仅具有优越的经济地位，还非常注重参与美国当地政治，为犹太人争取权益。不过印尼华人也开始反省自身政治影响力薄弱的原因：一方面是由于印尼政府对华裔公民参政的限制，另一方面也与华裔公民未能自觉维护自己的合法权利和积极履行公民义务有关。[①]“五月骚乱”以后，印尼华人积极参与当地政治，他们组建华人政党（如印尼大同党、印尼中华改革党、印尼同化党）或加入当地党派，积极参加选举。在马来西亚，华人参政比较积极，也取得很好的成就。马来西亚的政党体系具有民族性政党的特色，每个族群都拥有代表自己特殊利益的政党。1949年马华公会成立，成为代表华人利益的政党。如今马华公会是仅次于巫统的第二大党。

当然，东南亚华人在政治参与方面还有很多不足，如存在华人参政态度不积极、华人内部不团结、政治影响力不足等问题。东南亚华人应当充分认识到在当代民主政治体系下参与政治的重要性，积极参政。

（二）北美洲

北美洲地域广袤、资源丰富，在哥伦布发现新大陆之前，那里是原始的印第安人的天堂，但是自新大陆被发现之后，欧洲尤其是英格兰地区的新教徒为了躲避欧洲的宗教迫害来到了这里，建立殖民地，发展经济。从此这块广袤的土地就开始了它的成长，这里是白人的天下，更确切地说是盎格鲁—撒克逊人的天下。但是必须承认，华人为北美洲的发展作出了不可磨灭的贡献。

1. 美加华侨华人移民简史

中国人大规模地移民美国和加拿大是19世纪50年代之后的事情。

---

① 庄国土等：《二战以后东南亚华人社会地位的变化》，厦门：厦门大学出版社2003年版，第220页。

在美国科罗拉多矿山工作的华人矿工

中国人早期以华工的身份移民美国和加拿大。珠三角地区的农民占据早期移民美加的中国人的绝大多数，他们主要来自珠三角的三邑（番禺、南海、顺德）和四邑（新会、台山、开平、恩平）地区。在地理位置上，珠江三角洲毗邻香港、澳门，又是中国与东南亚相邻最近之地。在经济上，鸦片战争以后，珠江三角洲地区的经济开始下滑，大量农民破产，他们不得不寻求新的出路。这时北美大陆发现金矿的消息传到了中国，大量的中国人为了“淘金梦”而横越太平洋，来到美国追寻“美国梦”。

鸦片战争以后，西方列强的人口贩子开始在中国的东南沿海进行“苦力贸易”，其中就有大批的中国苦力被贩卖到美国和加拿大。有学者统计，从 1847 年第一批华工被运往古巴到 1853 年 3 月，西方列强从中国厦门向美洲掠贩了 5 000 余名华工，其中被贩往加利福尼亚的有 410 人，还有 300 人被贩到檀香山。[①] 另外，还有大批的华人以“赊单工”的自由身份从香港前往美加，这类华工人数到 1882 年为止大约有 29 万人。[②] “赊单工”是指那些没有钱购买船票而先由他人垫付船票，到了工作地点以后，先将开始得到的工资用来偿还船票的工人。在 1850 年之前，已经有一些华人来到美国，这些华人在美国从事一些简单的工作。据美国移民局统计，1820 年移入美国的中国人有 1 人，

① 李春辉、杨生茂主编：《美洲华侨华人史》，北京：东方出版社 1990 年版，第 54 页。

② 陈翰笙主编：《华工出国史料汇编》（第 7 辑），北京：中华书局 1984 年版，第 345 页。

1830 年有 8 人，到 1850 年达到 758 人。[①] 1848 年，加利福尼亚州北部离旧金山不远的萨卡拉门托发现了金矿，金矿的开发吸引了成千上万的人来到美国的西部地区，其中就有大批的华人。1849 年 9 月，从各地前往加利福尼亚的淘金者已有 10 万人，其中有 323 名华人。[②] 从 1850 年到 1860 年，华人从 700 多人增加到了 34 933 人。[③] 不久之后，俄勒冈、内华达和华盛顿等州相继发现了金矿，这吸引了更多的华人赴美淘金。有资料记载，"中国人因淘金的关系大量涌入美，始于 1854 年，计有一万八千零八十四，翌年降至三千三百二十九，此后十年，每年平均徘徊于二千与八千五百之间"[④]。据旧金山华商估计，1862 年在淘金热高潮时，参加淘金的华工一度多达 30 000 名。从 1864 年到 1867 年，由于排华运动，估计有一万名华工被迫离开金矿区，约占当时华人金矿工的 1/3。但是到 1868 年，金矿区的华工仍然有15 000 人左右，到 1870 年又增加到 17 000 人。[⑤]

修建铁路的华工

1862 年美国总统林肯签署了《太平洋铁路法案》，联邦政府决定修

---

① George F. Seward, *Chinese Immigration in Its Social and Economic Aspects*，转引自李春辉、杨生茂主编：《美洲华侨华人史》，北京：东方出版社 1990 年版，第 113 页。

② 陈依范：《美国华人发展史》，香港：生活 · 读书 · 新知三联书店 1984 年版，第 37 ~ 39页。

③ George F. Seward, *Chinese Immigration in Its Social and Economic Aspects*，转引自李春辉、杨生茂主编：《美洲华侨华人史》，北京：东方出版社 1990 年版，第 117 页。

④ 刘伯骥：《美国华侨史》，台北：黎明文化事业股份有限公司 1982 年版，第 49 页。

⑤ 李春辉、杨生茂主编：《美洲华侨华人史》，北京：东方出版社 1990 年版，第 118 页。

建横跨整个北美大陆的铁路，把美国的总部与西部连接起来。修筑铁路的工程相当艰难，环境险恶，很多白人不能胜任，他们在工地工作一段时间后便溜之大吉。铁路工程的负责人看中了华工，于是他们从中国招徕大量华工，修筑这条意义重大的铁路。生键红在《美国中央太平洋铁路建设中的华工》一文中指出：①中央太平洋铁路首次招募华工的时间是在1864年1月；②在中央太平洋铁路工作的华工总数在15 000～23 000人之间；③华工承担了铁路建设4/5的工程，工种除了典型的体力劳动之外，有一大批华工承担了铁路建设中的技术工作，如爆破、打铁、驾车等；④华工的死亡人数在1 200人以上；⑤在内华达施工中，华人参与了布鲁默的开凿。1869年，铁路终于在犹他州的普罗蒙特里接通。由于华工的参与，使得这个世界著名的工程提前7年完成，此外，华工创造了每天修筑6公里铁路的纪录。华人承担着最为危险的工作，但是华工的工资待遇、住宿条件、饮食均不如白人。铁路修完之后，有一部分华人回到中国，只有小部分人选择留在美国，从事各类行业。他们有的进入加州从事农业生产，有的继续成为铁路工人，有的转入轻工行业。

华人虽为美国早期的发展作出了重大的贡献，但是自华人入美开始就不断有排华事件发生。1870年，旧金山市政府颁布条例禁止雇佣华人担任市政工作；1873年，旧金山通过《住宅空气法》，规定每一位成年人必须拥有不少于14立方米的空气，违者罚款10～15美元，此法案是专门针对华人所立的；1880年，加州规定禁止华人从事任何捕鱼行业；1882年，美国国会通过了《排华法案》，从此开始了长达60年的排华时期。该《排华法案》规定：在10年内，停止熟练和非熟练的华工进入美国；非经正当途径入美之中国人，自法案通过之日起，将被驱逐出境；已在美国的中国人无权申请美国国籍。法案通过之后，在美华人的数量大幅下降。有人统计，1882年中国移民美国的人达39 574人，但到1883年变为8 031人，1884年为292人，1885年为22人，1887年为 10 人。[1] 之后，美国国会又陆续通过了一系列排华法案，如 1888 年的《斯科特法案》，此法案完全禁止华工进入美国；1892 年的《吉尔里法案》，该法案继续禁止华工进入美国；1924 年的移民法，限制中国人进入美国的数量。位于旧金山港湾内的一个孤岛——天使岛，更是中国人移民美国血与泪的见证。华人在进入美国之前被困于天使岛，遭受各种非人道的待遇，移民官员通过各种途径人为阻碍中国人移民美国。有人统计，1910—1940 年有约 18 万中国移民被拘禁于此。[2] 第二次世界大战的爆发，对于在美的华侨华人有重大的影响，中国与美国成为盟友，并同美国一道共同抗击日本军国主义的侵略。1943 年 12 月 17 日，美国国会废除了《排华法案》，规定对当时遭受损害的华人进行相应的补偿：①废除一切现存的排华法令；②每年允许 105 名中国人移居美国；③允许那些合法进入美国的华人加入美国国籍。但是，直到 2012 年，在华裔国会众议员赵美心的推动下，美国国会才就《排华法案》道歉。在《排华法案》被废除后，从 1944 年到 1952 年，从中国移入美国的华人共有 15 689 人，平均每年 1 743 人。1952 年美国修订了移民法，此法案规定，中国妇女可以和男子一样，享有作为移民配额以外的移民进入美国的权利。此法案通过之后，大量中国妇女开始移入美国，使得在美华人的男女比例开始趋于平衡。从 1953 年到 1965 年，移入美国的华人共计为 50 456 人，平均每年移入 3 881 人。[3] 1965 年美国通过了新的移民法，给予每个国家每年 2 万名的名额，此法案十分利于华人的移民。1966 年，中国移入美国的移民便从 1965 年的 4 800 人猛增到 17 000 人。到 1983 年，在美华侨华人的人数已超过 100 万。1983 年以后，来自中国内地的新移民构成华人移民美国的主力。根据美国 2010 年的人口普查数据，到 2010 年，美国华人人口总数为 4 014 114 人，占亚裔族群的 23.2%，占美国总人口的 1.3%，其中有 2/3 是新移民。

---

① 李春辉、杨生茂主编：《美洲华侨华人史》，北京：东方出版社 1990 年版，第 216、217 页。

② 李春辉、杨生茂主编：《美洲华侨华人史》，北京：东方出版社 1990 年版，第 222 页。

③ 李春辉、杨生茂主编：《美洲华侨华人史》，北京：东方出版社 1990 年版，第 269 页。

华人移民加拿大的历史非常类似于华人移民美国的历史。中国人大量移民加拿大也是19世纪50年代之后的事情，“淘金热”与铁路的修筑是华人移民加拿大的最主要动因，华人以华工的身份进入加拿大。他们同样做着最艰辛的工作，很多人在修筑铁路时付出了生命的代价，有人统计，到1881年底，在最初的5 000名华工当中，仅有约1 500人生还。[①] 1885年太平洋铁路建成以后，联邦议会通过了限制华人移民的法案，并开始向华人征收人头税。1885年每人征收50加元，1900年改为征收100加元，1904年更是增加到500加元。1923年加拿大联邦议会通过了禁止华人入境的《华人移民法案》，法案规定：中国或具有中国血统的人，以后不许以移民身份进入加拿大；现居留加拿大的华人，其家属不得来加居留；除了商人、外交人员、留学生外，其他华人禁止入境。1947年加拿大政府废除了排华法案并恢复了在加华人的公民权利。1967年加拿大通过了新的移民条例，新条例有利于华人移民。1980年代以后，大量来自中国内地的新移民移入加拿大，目前加拿大共有150万华侨华人，约占加拿大人口总数的4.2%，其中，有2/3为新移民。

3. 北美华侨华人的经济概况

北美华侨华人的经济概况可以分为两个时期，一个是“二战”结束之前，另一个是“二战”结束之后。在第二次世界大战之前，华人在北美大多从事低端的行业。有人戏称华人靠“三把刀”生活，即菜刀、剪刀、理发刀。他们在矿产、农林畜牧、轻工业、饮食业中从事体力劳动。此时华人的经济始终处于主流经济的边缘地位。但是“二战”结束之后，华人的经济地位发生了巨大的变化。据李小兵等人统计，华人中从事专门及科技类职业的比例在1940年仅占有职业华人的2.5%，1950年占6.6%，到1960年上升为20.3%，1970年达26%，1980年则增加到30%。有不少从事科技、文教等各类专业工作的华人学者、专家、科学家和工程师成就突出，已经成为美国科学研究和文化教育领域

① 《世界侨情报告》编委会：《世界侨情报告2012—2013》，广州：暨南大学出版社2013年版，第331页。

中的重要力量，有多位华人获得诺贝尔奖。据 1989 年美国统计资料显示，美国华人中从事教育、科研、工程、医学和会计等方面的专业人员共有 15 万人，约占全美华人总数的 20%。全美大约 12 万名一流科学家和技术专家中，华人占 3 万余人①。

“二战”以后，越来越多的美国、加拿大新华侨华人进入高端经济领域。一个很重要的原因是在美加的新华侨华人移民的平均受教育水平很高。据 2008 年美国社区普查，近一半（45.7%）在外国出生的成年华人（25 岁以上）拥有大学以上学位，而所有在外国出生的成年人口拥有相应学历的只占 27.1%，所有土生成年美国人拥有相应学历的仅占 27.8%。《2011 年美国华裔人口动态研究报告》也显示：51.8% 的 25 岁以上华裔接受过高等教育，这一比例约是全美平均水平（26.4%）的两倍；82.4% 的华裔就职于私营企业，14.1% 的华裔在政府部门工作，其中有 57.2% 的华裔美国人从事管理工作或专业工作，而美国人平均水平只有 32.4%。② 与此同时，华侨华人的家庭经济状况在美国也较其他少数族裔更为优越。美国联邦人口调查局 2006 年 11 月公布的 2005 年美国社区调查显示，华裔作为全美最大的亚裔人口群体，其家庭收入、人均收入都超过全美平均水平，也超过白人、非洲族裔和西语裔的各项统计。家庭平均收入，全美是 4.624 2 万元，华裔为 5.957 1 万元，印度裔为 7.357 5 万元。个人平均收入，全美是 2.503 5 万元，华裔为 2.939 6 万元，印度裔为 3.343 1 万元。高薪职业状况，全美从事管理、专业和技能工作的人口为 34.1%，华裔为 53.9%，印度裔为 61.8%。贫困率，全美是 10.2%，华裔为 9.9%，印度裔为 6.1%。但是，华人在受教育水平、职业地位和收入方面也存在两极分化的现象，原因为华人移民的社会经济背景各不相同，高素质移民和低素质移民并存。华人移民中一部分受到很好的教育，而有一部分基本没有受到教

① ［美］李小兵、孙漪、李晓晓：《美国华人：从历史到现实》，成都：四川人民出版社 2003 年版，第 116～118 页。

② 《世界侨情报告》编委会：《世界侨情报告 2011—2012》，广州：暨南大学出版社 2012 年版，第 208 页。

育，在美国从事低等廉价的工作。美加华侨华人的职业结构总体上发生了巨大的变化，即由体力型向智力型转变，新移民的经济地位比过去老移民提高了很多。美国华侨华人的经济地位正在从边缘走向主流。

3. 北美华侨华人的政治参与

随着华人经济实力与受教育水平的不断提高，华人的参政意识也越来越强，并且参政政绩也越来越好。美国和加拿大均为发达的民主制国家，政治的民主性给华裔人口参与政治提供了良好的外部条件，但是由于华裔的政治文化背景缺乏民主理念，早期华人受这种政治文化惯性的影响，极少参与当地的政治。这造成了华人在政府中没有代表权的状态，不利于华人正当权益的维护与申诉。万晓宏认为，在1965年以前，华人介入美国政治的方式主要为组建各种社团、加入劳工组织、诉讼、外交渠道、参军参战等各种非选举政治的方式。1970年代以后，随着华人经济地位和教育水平的提高，华人开始更多地参与选举政治。1959年，华裔邝友良当选为夏威夷州联邦参议员，并且连任四届；同年，华裔李察臣当选为夏威夷州副州长；1974年，余江月桂当选为加州州务卿；1984年，吴仙标当选为德拉瓦州副州长；1996年，骆家辉当选为华盛顿州州长，并连任至2004年；2001年，赵小兰在小布什政府内担任联邦劳工部部长，成为美国历史上第一位进入内阁的华裔；2002年，全美有5位华裔新当选或连任众议员；2004年全美大选中，有7位华裔新当选或连任众议员；2009年，赵美心当选为华裔首位女国会议员；同年奥巴马当选总统后，任命朱棣文为能源部部长、骆家辉为商务部部长，后骆家辉转为驻华大使。在美国，华人的常设参政团体有“华裔政治委员会”、“华人参政促进委员会”、“80/20促进会”等，这些政治社团鼓励促进华人积极参政，主要从事选民教育、选民登记、帮助选民投票等活动。“80/20促进会”意在集中华人80%的选票支持某位候选人，以增加华人选票的影响力。但

美国历史上第一位进入内阁的华裔赵小兰

是相较于在美国的其他族裔，如黑人、犹太人、西班牙裔，华人的参政还暴露出很多的缺陷。皮尤研究中心 2012 年的调查显示：华裔美国人对公共事务的参与度居于各亚裔群体末位；选民登记率和投票率列亚裔六大主要族群倒数第二位，仅略高于越南裔。华裔在北美大多选择自然科学和工程科学作为他们的本科或研究生专业，以此规避风险，很少有华裔选择社会科学作为他们的本科或研究生专业。从事社会科学的人比从事自然科学的人对政治更感兴趣，因此，虽然华裔在美加的受教育程度很高，但在政治上不积极，导致政治参与水平低。①

（三）欧洲

目前，在欧洲的华侨华人有 250 万人以上，这一数字占北美洲华侨华人总数的一半，欧洲是继东南亚和北美洲之后世界海外华侨华人的第三大聚居地。按照李明欢教授的统计，欧洲华侨华人的分布按国别可以划分为三个层次：第一个层次是法国和英国，华人人口已有 60 万以上；第二个层次是荷兰、德国、意大利、西班牙，这些国家华人人口在 10 万~20 万人之间；第三个层次是比利时、瑞典、奥地利等国，这些国家的华人人口在 3 万人或 3 万人以下。中国人移民欧洲的历史可谓较晚，20 世纪以后才开始大规模地移入欧洲。与东南亚的华侨华人相比，华人移入欧洲的时间很晚；与北美洲相比，欧洲是一个非移民地区，不同于美国和加拿大，欧洲各国都不鼓励国际移民进入这一地区。欧洲的华侨华人处在欧洲主流社会的边缘。

1. 欧洲华侨华人移民简史

法国学者 Frank N. Pieke 在其《欧洲华侨华人概况》一书中指出，在第二次世界大战之前来到欧洲的中国人以短期性的“契约华工”为主，其形式与半个世纪前在东南亚及北美的“苦力贸易”相类似。在欧洲的主要港口城市，如伦敦、利物浦、鹿特丹、阿姆斯特丹、汉堡、

① 万晓宏：《当代美国华人政治参与研究（1965 至 2004 年）》，暨南大学博士学位论文，2005 年，第 53 页。

安特卫普和巴塞罗那，到处都有不少来自中国广东的海员在等候轮船公司续订雇佣合约。在第一次世界大战期间，被招募赴法的华工有 14 万人，战争结束之后，有3 000名华人留在了法国。在 1919—1921 年赴法勤工俭学运动中，有 2 000 多名中国学生到达法国。在 1970—1980 年代，越南、老挝、柬埔寨大批政治难民进入法国，其中绝大部分为华人。20 世纪 90 年代以后，出现了华人移民法国的第三次浪潮，大批来自中国内地的浙江人、福建人、东北人等移入法国。现在法国华侨华人大约有 60 万人，占法国总人口（6 400 万）的不到 1%。法国华侨华人有 50% 来自中国的浙江温州、青田，40% 为来自东南亚的华人移民①，其中有一半（30 万人）集中在法国大巴黎地区。

20 世纪初，大批华人进入荷兰，荷属东印度公司在当时大量招募华人海员，很多华人海员到达荷兰后就留在了当地，以做小生意为生。20 世纪六七十年代，移民荷兰的主要是印度尼西亚华人、中国香港人和苏里南华人。1965 年，印尼发生“9 · 30”事件，苏哈托政府推行排华政策，这使很多印尼华人选择移民荷兰。苏里南是荷兰在拉丁美洲的殖民地，1975 年获得独立。在 1974 年，荷兰政府颁布了一项政策：凡是在苏里南正式独立之前移居荷兰者，可以直接获得荷兰公民身份，这一政策促使大量的苏里南人移民荷兰，其中华人占苏里南移民的一半。目前在荷兰约有 19 万华人，占当地人口总数的1. 1%左右。现在居住在英国的华人约有 60 万人，占英国总人口（6 320 万）的不到 1%。留学成为近年来华人移民英国的主要方式。20 世纪 80 年代以后，大批的华人开始移入意大利，他们主要来自中国的浙江温州和青田，以家族式的移民方式为主，在意大利从事餐饮、服装、鞋类、皮革等生意，Frank N. Pieke 称其为“连锁移民”。中国人移居德国已有上百年的历史，主要是来自浙江、广东的商贩和海员，至 19 世纪末已达到2 800 人。20 世纪初，开始有中国留学生留学德国。“二战”期间，约有 600 名中国

① 《世界侨情报告》编委会：《世界侨情报告 2012—2013》，广州：暨南大学出版社 2013 年版，第 256、257 页。

人死于集中营，几百人死于劳工营。至 1970 年，在德国的华侨华人只有数百人。从 20 世纪 80 年代起，移居德国的华侨华人逐渐增多，目前在德华人有约 15 万人。

中国人向东欧移民不像美国、加拿大、日本、澳大利亚等地以留学方式涌入，也不像西欧那样以战前定居西欧者为起点的连锁网络转移，而是成为具有强烈经济意识的“倒爷”。[①] 1989 年东欧剧变以后，东欧的经济迈入市场经济时代，这一时期，大量由中国人开办的小型公司进入东欧诸国，如匈牙利、罗马尼亚、捷克。中国企业家将东欧普遍缺乏的民生物资，以低价打入当地市场，特别是服饰和鞋类市场，以取得领先的商机。当前在东欧的华侨华人大概有 57 520 人。

2. 欧洲华侨华人的经济概况

欧洲华侨华人的经济具有高度集中的特点，华人经济主要集中在餐饮业、零售业、进出口贸易、服装制造、皮鞋制造这几个领域，与北美洲华侨华人在科技界和文教界占据很大的比重且很多从事专业性、技术性工作不同，欧洲华侨华人处在产业的低端、主流社会的边缘。根据欧洲华侨华人社团联合会（以下简称“欧华联会”）于 1998 年发布的《欧洲华侨华人社会报告书》中的统计：餐饮业是华人在欧洲谋生的主要行业，是西欧特别是英国、荷兰、德国、法国等国家华人经济的支柱。英国 80% 以上的华人靠餐饮业为生，1996 年有中餐馆 9 000 家（其他各行业合计不超过 800 家），占全英各色餐馆的 1/4；荷兰 1996 年有中印（印度尼西亚）餐馆2 170家，占全荷各类餐馆的 28%；法国 1997 年底有中餐馆 7 000 家以上；德国有中餐馆和华人快餐店 6 000 ~ 7 000家，全德 80% 以上的华侨华人靠餐饮业为生；西班牙华人中餐馆有 2 000 多家，意大利有 1 200 家，比利时有 1 000 家，奥地利有 900 家，葡萄牙有数百家。李明欢教授认为，中餐业在西欧国家中已有长期经营的基础，全欧 4 万多家中餐馆的发展趋势为：一是提高档次，以正宗、精致的中餐吸引高端顾客；二是拓展分布，走适应当地普通民众饮

① 高伟浓：《国际移民环境下的中国新移民》，北京：华侨出版社 2003 年版，第 230 页。

食习惯的大众化路线。中餐已经在不同程度上进入了普通欧洲人的生活。

在南欧，华人经济以餐饮业、服装加工、皮革业三分天下。[①] 在意大利，根据2011年的统计数据，30.6%的华人企业家从事服装加工、皮革制造等行业。华人在意大利主要聚集在普拉托、佛罗伦萨、罗马和米兰，华商、华企已经成为米兰、普拉托等地的经济支柱。普拉托的华人企业集中在郊外的伊奥罗服装工业区，最多时有近4 000家。[②]

商品贸易是欧洲华侨华人另一重要的经济形式。在意大利有近四成的华人从事商品贸易、批发和零售。在进出口贸易和商品批发方面，华人在欧洲占有一定地位，尤其是中国改革开放以来中国内地成了名副其实的"世界工厂"，中国制造的产品物美价廉。华人在欧洲从事进出口贸易行业，将产自"家乡"的商品运到欧洲进行批发售卖。地处东欧的华人"倒爷"把中国产品价格的优势与东欧民生物资的缺乏结合起来，在东欧零售市场占据较大市场份额。华人超市的兴起是近年来欧洲与华人社会经济发展中另一个引人注目的趋势，在英国、法国、荷兰、意大利等国，华人的零售模式已从过去只占几百平方米、一两个收银员的"东方杂货店"扩展到现在的占地数万平方米、十来个收银台一字排开的现代超市。受过工商管理教育的新一代超市经营者，引进大型连锁店的现金管理经验和现代企业化的经营方式，致力于让华人超市向集团式、连锁式、多功能、多元化的方向迈进。[③]

3. 欧洲华侨华人的政治参与

欧洲是工业革命的发源地，也是世界上最发达的地区之一，英国是议会之母国。西欧国家是老牌的民主制国家，东欧国家的民主曾经一段时间被苏联戕害，但是随着东欧剧变与苏联的解体，欧洲国家均迈入民主国家之列。公民通过手中的选票来支持某一政党或反对某一政党，以

---

① 朱慧玲：《欧洲华侨华人社会的现状及其特点》，《华侨华人历史研究》1999年第2期。

② 《世界侨情报告》编委会：《世界侨情报告2011—2012》，广州：暨南大学出版社2012年版，第168页。

③ 李明欢：《欧洲华人社会剖析：人口、经济、地位与分化》，《世界民族》2009年第5期。

表达自己的政治诉求，发出公民的声音。在欧洲尤其是西欧这样发达的地区，欧洲华侨华人的经济社会状况虽较“二战”之前提高很多，但是华人经济在欧洲仍然处于低端水平，技术含量低。华人经济集中于餐饮、零售、服装加工、皮革制造这些劳动密集型产业类型，缺少真正的核心竞争力。与北美洲华侨华人相比，欧洲华侨华人的经济社会发展水平要相对落后些。可以说，欧洲华侨华人在经济、社会、政治领域均处在主流社会边缘，不像东南亚和北美的华侨华人，已在一定程度上占据所在国的主流地位。

以英国为例，庄礼伟认为，英国华人在政治上并不活跃，他们不想影响其他人群，也不想被其他人群所影响，甚至参与人口普查的态度也不积极，华人人口被低估的结果是针对华裔的公共资源分配也相应减少。据2006年的调查，全英有30%的华人未注册为选民，这个比例远远高于白人（6%）和全英少数族裔的平均数（17%）。[①] 英国华社迄今没有国会议员，作为一个平均学历较高的少数族裔，华人参政程度明显过低。庄礼伟认为造成此种现象的主要原因是华人对本族群就有一定的疏离感，内部缺乏团结，各个源流的华人亚群体之间缺少互动。近几年，英国华人参政也有一些可喜的成绩。2009年，陈德梁当选为伦敦红桥市市长，成为首位华人市长。2010年，有8位华裔候选人参与国会选举，虽然最终都落选，但表现出华人意识到参政的重要性并以亲身行动去参与当地政治。此外，英国还出现了一个积极鼓励华人参政的组织——“英国华人参政计划”组织。

在法国，华人参政的状况亦不理想，法国国民议会现有577个席次，华人人口约占法国总人口的1%，按照这个比例计算，华人应当在国民议会中占有5个席次，但是在很长一段时间里，都没有华人当选为国民议会议员。这说明，在法华人还没能够融入法国的主流社会。目前法国的华裔新生代已经意识到政治参与的重要性，有一部分华人精英开

① 《世界侨情报告》编委会：《世界侨情报告2011—2012》，广州：暨南大学出版社2012年版，第178页。

始试图参与法国当地的政治。2008 年 3 月，法籍华人陈文雄当选为巴黎 13 区首位华裔区议员；2011 年 3 月，法籍华人吴振华就任当时法国执政党——法国人民运动联盟政治局委员。

德国相对于法国和英国更是一个保守的社会，少数族裔难以融入主流社会。目前在德国共有 15 万华人，华人人口仅占当地人口（8 184 万）的 0.18%。他们主要以经营中餐馆为生，在职业结构上处于边缘地位，数量与质量均不利于华人在德国参政。但是在德华人在参政上也取得了一些成就：2009 年，华裔张逸讷当选为北威州卡尔斯特市议员；2010 年，第一次有华侨入选黑森州议会外国人参事会，杨明、顾玉华赢得席位，组建和主持一个 8 人的中国事务小组出席议会参事会的议政、议事活动。

整体来讲，欧洲的华侨华人仍处在当地主流社会的边缘，一方面是由于欧洲社会并非是一个移民社会，当地人的本地意识比较强，对于少数族裔有一定的排斥情绪；另一方面是由于欧洲华侨华人本身在教育水平、职业层次等方面还有待提高。

（四）大洋洲

大洋洲主要由澳大利亚和新西兰两个国家组成，华人移民两地的历史由来已久，但是中国人大规模地移入两地也是 19 世纪 50 年代之后的事情。同其他地区的华人移民状况一样，华人进入大洋洲的历史也很曲折，当地政府在很长一段时期内都奉行歧视华人的政策。在 20 世纪 80 年代之后，大量的华人开始移入澳大利亚和新西兰。在 2011 年，中国移民超过英国移民成为移民澳大利亚的最大的移民群体。中国人移居新西兰的人数也位居新西兰新移民群体的前列。

1. 大洋洲华侨华人移民简史

在 1852 年之前，有来自新加坡、马来亚、荷属东印度的华人来到澳大利亚，他们在澳大利亚成为英国殖民者的劳工，从事放牧和土地开垦工作。据厦门英国领事报告，1849 年自厦门赴澳大利亚的中国人有 270 人，1851 年有 1 438 人，1852 年有 1 228 人。1852 年澳大利亚政府正式公布在新南威尔士发现金矿的消息，该消息传到中国以后，大量怀有黄金梦的中国人涌入澳大利亚。到 1861 年，华工已达到 38 258 人，占澳大利亚总人口的 3.4%，成为继英国移民之后的第二大移民群体。此时移入澳大利亚的华人大都来自广东地区。1855 年之后，澳大利亚各个政府开始制定排华法案，向华人征收人头税，限制华人的移入。1881 年，新南威尔士和维多利亚继续实施排华法，将限载中国人的吨位数提高至每百吨载 1 人，违者罚款每人 100 磅，入境人头税为 10 磅，如未交款而被抓获，判监禁一年。1901 年，联邦政府通过了《语言测验法》，以此限制华人，之后澳大利亚实行“白澳政策”。同时，华人也向这些排华政策和排华运动发起了反击，并取得了一定效果。1966 年澳大利亚政府颁布新的移民政策，1972 年澳大利亚工党政府取消“白澳政策”，1974 年实施《澳大利亚公民法》，不再有肤色、种族的歧视。澳大利亚政府自 1978 年始实行多元文化政策，尊重不同种族的文化习性、生活习惯。所有这些都有利于华人移入澳大利亚，因此自 1966 年以后，澳大利亚的华人人口数量急剧增长。1966 年全澳华人有 26 723 人，占当时澳大利亚总人口的 0.23%；1986 年，全澳华人有 201 105人，占当时澳大利亚总人口的 1.3%；1994 年，全澳华人人口超过 40 万人，占当时澳大利亚总人口的 2.3%[①]；2001 年，全澳华人有 676 600人，占当时澳大利亚总人口的 3.41%；2011 年，全澳华人有 866 200人，占当时澳大利亚总人口的 4.3%。在移居澳大利亚的华人移民群体中，来自中国内地的移民群体占越来越高的比重，这些来自中国内地的新移民不同于以往的那些老移民，他们大多受过良好的教育或者携有资本，在社会中处于中上层地位；并且华人移民 90% 以上都居住在澳大利亚的大城市，其中一半以上居住在悉尼。

中国人移居新西兰始于 1866 年从澳大利亚转到新西兰的金矿工人，之后华人又以“契约华工”的身份移入新西兰。1881 年新西兰执政当

① 黄昆章：《澳大利亚华侨华人史》，广州：广东高等教育出版社 1998 年版，第 219、220 页。

局制定了《中国移民法案》，向华人征收人头税，每人 10 磅。之后到 1947 年，新西兰政府放宽了移民政策。1986 年，新西兰的华人不足 2 万人。1987 年新西兰颁布新移民条例，废弃了带有种族歧视色彩的移民条款，此后，有大量的中国新移民涌入新西兰。到 2006 年，华人人口达到了 14.7 万。

2. 大洋洲华侨华人的经济概况

1966 年以后，澳大利亚华人移民的经济状况得到了很大的改善，新移民不再如先辈那样从事一些体力强度大而收入微薄的工作。新移民大多受到良好的教育，很多人从事专业性、技术性的工作。据 2006 年澳大利亚人口普查的统计，31.9% 由中国内地移入的华裔澳大利亚居民拥有学士学位，36.1% 由中国香港移入的华裔澳大利亚居民拥有学士或更高的学位，而澳大利亚总人口中只有 24% 的人拥有学士学位。华人在澳大利亚从事的行业广泛，有餐饮、贸易、房地产、制造业、旅馆、医药业、金融保险、新闻文化、纺织成品、电子通信、化工、运输等等。其中餐饮业是吸收华人劳工最多的行业，有 17.6% 的华人在餐饮业工作。澳大利亚华人的经济地位没有北美洲华人的经济地位那么高，收入偏低。

在新西兰，华人的经济地位也在不断提高，华人为当地经济的发展作出了巨大的贡献。新西兰奥克兰大学的亚裔移民史专家叶宋曼瑛博士提到，新西兰华人基本垄断了新西兰的瓜果蔬菜种植，新西兰华人园艺种植业在 20 世纪 90 年代以来得到了很大的发展。在中国移民新西兰的新移民群体中，很大一部分都曾接受过良好的教育，他们属于技术移民，在新西兰从事专业技术性工作。新西兰的华人中小型企业也发展良好。

3. 大洋洲华侨华人的政治参与

随着澳大利亚华人经济地位与受教育水平的提高，华人的参政意识也逐渐增强，华人在参政方面出现了一些亮点。1984 年，邝鸿铨当选为达尔文市市长，1988 年连任；1988 年，沈慧霞当选为南威尔士州自由党议员；1990 年，刘威廉当选为联邦参议员，华人女医生余瑞莲当选为南澳大利亚州上议院议员；1991 年，曾筱龙当选为悉尼市副市长；2000 年，黄国鑫当选为南澳大利亚州首府阿德莱德市市长；2001 年，苏震西当选为墨尔本市市长，2004 年连任；2007 年，黄英贤出任澳大利亚内阁部长；2012 年，华裔女性林芳当选为达尔文市市长。在新西兰，已经有 4 位华人担任新西兰国会议员。华人群体的数量在澳大利亚和新西兰的比例越来越大，华人为了发出自己的声音，更要积极参与政治，及时表达自己的政治诉求。

（五）拉丁美洲

1790—1826 年拉丁美洲的大部分国家取得了反对西班牙、葡萄牙殖民统治战争的胜利，纷纷获得独立，但是在经济上，拉丁美洲仍然被西欧人控制。蔗糖、鸟粪、矿产、棉花等西欧工业化国家所需的基础原料很大一部分来自拉丁美洲。19 世纪上半叶，世界各地兴起了废奴运动，拉丁美洲的国家也相继废除奴隶制度。为了满足劳工的需求，西方殖民者和拉丁美洲有关国家的大种植园主趁鸦片战争打开中国大门之际，大肆掠夺“契约华工”到拉丁美洲接替黑奴或与黑奴并用，以充实种植园、大庄园和采矿场所需要的大量劳动人手。从 19 世纪初期起，特别是 1847—1874 年间，拉丁美洲共输入华工 50 万左右。①

1. 拉丁美洲华侨华人移民简史

中国人最早大批移入拉丁美洲是以“契约华工”的身份进入的。1847 年，第一批“契约华工”212 人从厦门出发，乘坐英商朱利塔公司的双桅船进入古巴的哈瓦那港。西方殖民者在华人苦力贸易中获利丰厚，这一时段，贩卖中国劳工的苦力贸易非常兴盛。据 1879 年担任中国驻古巴总领事的谭乾初的调查统计，从 1847 年至 1874 年的 28 年中，在古巴登岸的来自厦门、澳门、香港、汕头、黄埔等港口的“契约华工”达 126 008 名（运输途中因溺水、病故、逃亡、自杀等原因而死亡

---

① 李春辉、杨生茂主编：《美洲华侨华人史》，北京：东方出版社 1990 年版，第 473、474 页。

的 17 032 名除外）。也有学者认为，自 1847 年 6 月至 1874 年期间，古巴有华侨 14.1 万名，占当时古巴人口的 1/10。①

1849 年秘鲁政府颁布《华人法》，鼓励引进“契约华工”。从 1849 年至 19 世纪 60 年代，每年都有大量的华工被运往秘鲁，他们在秘鲁做着繁重的工作。1849—1875 年间被运入秘鲁的华工达 20 余万人，秘鲁闻名于世的中央铁路以及许多重要的公路、矿山、港口，都凝聚着华工的血汗和生命。② 1853—1879 年，有 15 000 名左右的华工进入英属圭亚那，其中 64% 的华工分布在德梅拉拉东西海岸和德梅拉拉河两岸的各个种植园中。③ 在“契约华工”盛行时期（1847—1874 年），墨西哥并没有参与苦力贸易，华工进入墨西哥是从墨西哥在 1864 年修建中央铁路开始的，美国商人承办修建墨西哥的中央铁路，他们从美国招募华工到墨西哥。在 19 世纪末的 20 年间，墨西哥共招工 4 次，人数为 4 000 人，大多分派在矿山和铁路上干苦工。④ 1810 年，有数百名华工到里约热内卢植物园试种茶树，1812—1814 年，有 1 410 名“契约华工”到达巴西。⑤ 在 1949 年之后，出现了第二次华人移民巴西的高潮，主要是中国的一些资本家和国民党的军政官员携资移民巴西，其后又有中国港澳和台湾的一些企业家和知识分子到巴西谋生。据统计，到 1959 年，巴西华侨华人增至 6 748 人，1967 年增至 17 490 人。这一批华工的文化与经济水平均较高。中国改革开放之后又有一批新的华人移入巴西，有人估计当前在巴西有 25 万华人。

“契约华工”在拉丁美洲过着艰难的生活，他们被当作奴隶来使唤、买卖，雇主虐待、剥削华工，华工在此地区的死亡率极高。据

---

① 高伟浓：《拉丁美洲华侨华人移民史、社团与文化活动远眺》（下册），广州：暨南大学出版社 2012 年版，第 106 页。

② 高伟浓：《拉丁美洲华侨华人移民史、社团与文化活动远眺》（上册），广州：暨南大学出版社 2012 年版，第 136 页。

③ 李春辉、杨生茂主编：《美洲华侨华人史》，北京：东方出版社 1990 年版，第 490、491 页。

④ 李春辉、杨生茂主编：《美洲华侨华人史》，北京：东方出版社 1990 年版，第 494 页。

⑤ 白俊杰：《巴西华侨华人概述》，周南京主编：《华侨华人百科全书》，北京：中国华侨出版社 2002 年版，第 34 页。

杜冯·克拉夫·科比特在《古巴华人研究（1847—1947年）》一书中的估计，华工在契约期间的死亡率高达75%，年死亡率约为10%，劳动寿命平均只有5年。19世纪末20世纪初，华人开始以自由公民的身份移居拉丁美洲，大部分的华人居住在古巴、秘鲁、墨西哥、牙买加。他们大多从事一些简单的商业活动，如贩卖粮食、水果、生活日用品，或者开旅馆、中餐馆等等。在20世纪初期，很多拉美国家开始排华，他们限制华人入境，如1897年危地马拉禁止中国移民，1902年古巴禁止中国移民，1909年秘鲁政府限制华人入境。但是随后拉美政府不断调整华侨政策。在第二次世界大战结束前，拉美华侨华人的总人数为127 000多人。[①] 从“二战”后到2007年，拉丁美洲华侨华人总数发展到50万人，为全球华侨华人总人数的1.4%[②]，而在北美洲，这一数字为540万，由此可见，拉美的华侨华人发展与北美形成了巨大的差距，而其中一个重要的原因就是拉丁美洲政治、经济、科技发展落后，拉力不足。

2. 拉丁美洲华侨华人的经济概况

拉美的华侨华人主要以自主经营的方式谋生，他们不再是早期的打工者。以委内瑞拉为例，早期老一辈华侨华人以开洗衣馆、咖啡馆为主，现在的华侨华人则转开大型超市、汽车旅店、车辆销售行、百货商店、电脑配件商店、汽车配件商店、印刷厂、纸箱厂、饭盒厂、胶带厂、进出口公司、建筑公司、房地产公司、旅游公司、摩托车组装厂等等。如今在委内瑞拉，华侨华人在传统的行业（如超市、餐饮业）仍独占鳌头，占有相当比例，他们实行家庭式的传统经营模式，但是生存空间越来越小。以前华侨华人只居住在几个大的城镇，现在他们已经遍布全国大小城镇，连边远地区也有华侨华人的足迹。古巴华侨华人的生存状态并不乐观，因为古巴实行社会主义国有制经济，在1962—1968年的国有化运动中，华人的商店、工厂、种植园乃至街头小摊档一律被

① 李春辉、杨生茂主编：《美洲华侨华人史》，北京：东方出版社1990年版，第612页。

② 邱立本：《拉丁美洲与加勒比地区的国际移民——兼论中国移民的生存发展空间》，《华侨华人历史研究》2007年第3期。

没收。这种国有化式的计划经济不利于华侨华人的生存与发展。由于美国对古巴的经济封锁与制裁和计划经济的低效率，古巴经济一直落后，物资匮乏，如今哈瓦那中国城一片萧条。在巴西，当代华人经济颇具规模。巴西最具规模的纺织厂、炼油厂、化工厂、塑胶厂和面粉厂均由华人的“三江帮”（即原籍江苏、浙江、上海的华人）控制。20 世纪 50 年代移入巴西的港澳台华人大多数从事百货零售业、进出口产业和商品批发业。来自广东的华人多从事餐饮业。由中国内地移入的华侨华人约占巴西华社总人口的 60%，他们中的 60% ~70% 从事批发业，10% ~ 15% 从事进出口贸易。①

北美洲的华侨华人大多在高科技公司、高等学校研究机构、管理公司、金融公司或政府内工作，他们大都受过良好的教育，而拉丁美洲的华侨华人受教育水平无法与北美洲的华侨华人相比，他们大多自己经营一些小规模的产业，独立生存。由于拉丁美洲整体上经济发展滞后，华侨华人的经济前景并不是很乐观。

3. 拉丁美洲华侨华人的政治参与

整体来讲，拉丁美洲华侨华人的政治参与水平并不高，华人难以融入当地主流社会，但是华人也正在逐渐与当地社会融合。要融入一个地方的主流社会就必须参与当地的政治。华人精英在拉丁美洲的政治参与方面也取得了较好的成就。1959 年，华裔戴丁贵被提名为牙买加议会委员。1962 年，陈英豪成为牙买加独立后新国会的议员。在巴西，2000 年，威廉巫成功当选为圣保罗市议员，2006 年又当选为巴西联邦众议员；2010 年，李少玉当选为巴西圣保罗市首位华裔女议员。为了融入当地社会并保护好华侨华人在拉美的利益，华侨华人应当积极参与当地的政治。

（六）非洲

中国与非洲交往的历史由来已久，近代的考古在非洲大陆发现很多

① 庄国土、黄新华、王艳：《华侨华人经济资源研究》，国务院侨务办公室政策法规司，2011 年。

中国古代的瓷器、丝绸，还有钱币等，可以追溯到唐宋时代。但是，中国人大规模地移民非洲是19世纪后半叶的事情。南非、马达加斯加、毛里求斯、留尼汪是华人在非洲的四个主要聚居地。现如今，南非、毛里求斯、留尼汪均为非洲最发达的地区，而马达加斯加是发展较为落后的地区。

1. 非洲华侨华人移民简史

北京大学李安山教授认为，早期非洲华侨包括两部分人：自由移民与“契约华工”；其中，“契约华工”占早期非洲华侨的绝大部分。1598年，荷兰人将毛里求斯变为自己的殖民地，并将反抗其殖民统治的印度尼西亚居民流放到毛里求斯，这其中就有中国人。之后法国与英国统治该岛，法国与英国的殖民者为了弥补劳动力的缺乏，有计划地从中国引进“契约华工”。据学者李卓凡统计，自1840年至1844年，毛里求斯从加尔各答、新加坡和其他地方招募了8 000～9 000名中国移民。留尼汪在1643年成为法国的殖民地，法国人在岛上开辟种植园，奴隶贸易在法国被禁止以后，法国政府开始引进“契约华工”。1882年，法国从上海为留尼汪岛招去2 101名华工。从1885年到1901年，留尼汪政府共从福建招募华工3 000人。南非是一个矿产十分丰富的国家，金、铬、钻石和白金的生产量均占世界第一位。英国人于1806年开始进入南非，并在南非开采矿产。英国人在1899—1902年的英布战争中获得胜利，从此确立了英国在南非的统治地位。19世纪末发生在南非的“淘金热”使得大批的华工进入南非的矿场。据李安山考证，自1904年至1906年，南非金矿共输入华工约63 000～64 000人。自18世纪中叶至1910年，非洲共从中国引进劳工约142 000人。这是世界华人苦力贸易的一部分。“契约华工”在非洲为当地的经济建设、铁路修建作出了重大的贡献。

如同其他地方的“契约华工”，华人劳动力在非洲也遭受种种的暴力与不公。西方雇佣者视华人为奴隶，对华工进行最残酷的剥削。华工工作环境恶劣，矿主提供极差的饮食与住宿环境，很多华工因此生病而死在他乡。从第一次世界大战到1929年世界经济危机爆发这段时期是华人在非洲发展的稳定时期，在此阶段，华人的经济状况逐渐变好，华人人口持续增加。1929 年世界性的金融危机对非洲华侨华人的生存状况打击很大，经济萧条，难以为继。但在中国八年抗日战争中，非洲的华侨华人仍踊跃捐助，力争为祖（籍）国的抗战事业出一份力。“二战”结束之后，由于中国国共内战以及 1950 年代的社会主义改造运动对中国人的生活影响很大，这一时期，有不少中国人移民到非洲。如马达加斯加在 1941 年时华人人口为 3 630 人，到 1961 年达到 8 900 人。1944 年毛里求斯有华人 9 701 人，到 1972 年达到 22 817 人。① 南非在 1950 年颁布《种族集团分居法案》，华人在此后成为法案的受害者，被列为“非白人”、“非南非人”。直到 1984 年，南非宪法才规定，华人可以享受与白人同等的待遇。1980 年代之后，来自中国台湾、香港和东南亚地区的华人资本开始进入非洲，尤其是南非，伴随而来的是大量的华人进入非洲。1976 年南非为了吸引台湾资本，为台商制定了各种优惠政策，如提供一定的安置费、七年的补贴性租金、往市区的低廉运费、优惠的房屋租赁等，有经济学家称之为“世界上种族隔离制度国家最为慷慨的措施之一”。1992 年中国与南非恢复正常的贸易伙伴关系，1998 年中国与南非建立正式的外交关系。自 20 世纪 90 年代起，来自中国内地的新移民逐渐占据非洲华侨华人的大多数。以南非为例，在约翰内斯堡唐人街共计 81 家华人店铺中，除了少数由香港人、台湾人经营外，其余 76 家均为内地华商所有。②

学者张振江认为，目前来自中国内地的新移民内部差距很大：2000 年之前的华人大多为中国内地在南非公司的管理人员，他们在教育程度、语言、资金等方面具有明显的优势；而在 2000 年之后，涌入南非的华人来自中国各地，特别是来自福建的零售商和农民，他们在受教育程度、社会地位、技术和资金方面没有任何优势。前者多集中在大城

---

① 李卓凡：《西印度洋华侨史》，转引自方积根编：《非洲华侨史资料选辑》，北京：新华出版社 1986 年版，第 221、160 页。

② 万晓宏：《南非华人现状分析》，《八桂侨刊》2007 年第 1 期，第 28 页。

市，而后者则散居在乡镇和农村。[1] 第二次世界大战之后，在非洲的老华侨的心态渐渐由“落叶归根”转为“落地生根”，他们加入所在国的国籍，并渐渐融入当地的生活。但是，很多20世纪90年代之后涌入南非的中国内地新移民只是把南非当作一个生财致富的地方，而没有把这里当成自己新的故乡。尤其是来自福建农村的那些新移民，他们只是在这里寻求一种更好的生活而已。

纵观整个非洲华侨华人移民史，中国人从“苦力”渐渐成了工商业者，有些在教育界、政法界颇有成就。华人的生存境遇发生了很大的变化，但是仍有大部分华人处在社会的底层或者产业链的底层。

2. 非洲华侨华人的经济概况

非洲华侨华人的生存手段与世界其他地方华侨华人的生存手段类似，华侨华人在所在地以经商为主。根据莫次男的调查，1929年马达加斯加共有成年华侨1 728人，其中从事商业的有1 658人，占华侨人数的96%。早在1901年，在毛里求斯就有81.3%的华侨从事商业。1911年，留尼汪有82.5%的华侨从事商业。华侨在当地以开小型的店铺为主，经营杂货。20世纪70—90年代，大批的台湾商人到南非去投资，这批华侨由于具有资本和技术优势，改变了传统中国人只以开杂货铺为主的谋生方式。他们成为当地的投资者，给当地带来了就业机会，促进了当地工业水平的发展。在非洲的华侨华人中，新侨民占据其中的绝大多数。在南非，新华侨占据当地华侨华人的90%；在马达加斯加，有2/3是新侨民。论者原晶晶认为，当前非洲华商的特点有：①非洲个体华商的基本特征为“行业高度集中，资金高度分散”，华商主要集中在低技术、低成本的零售业与餐饮业上；②非洲华商根据中国国内产业的集群优势，在当地形成庞大的营销网络，带动中国轻工业产品出口到非洲，“中国制造”在非洲无处不在；③非洲华商尚处于起步阶段，但其实力正在增强。中国新侨民的加入，成为非洲当地商业流动的一个重

---

① 《世界侨情报告》编委会：《世界侨情报告2012—2013》，广州：暨南大学出版社2013年版，第222页。

要环节，带动了当地经济的发展。

3. 非洲华侨华人的政治参与

在20世纪80年代之前，非洲华侨华人几乎无任何政治参与的行为，但随着华侨华人受教育程度的提高、经济条件的改善，还有最重要的是华侨华人参政意识的增强，在非洲的一些华侨华人精英也主动参与当地的政治。1946年之后，留尼汪成为法国的海外省，20世纪80年代之后，在2万名华侨中保留中国国籍的仅有800余人。詹姆斯·曼卡姆于1976年当选为塞舌尔共和国第一任总统，其祖籍为广东顺德，有1/4的中国血统，中文名为陈文咸。在毛里求斯，华人参政的状况较其他地方更好。现在毛里求斯共有华侨华人4万多人，占毛里求斯总人口数的3%，自1968年毛里求斯独立以后，大部分的老华侨都加入了毛里求斯国籍，每届毛里求斯政府为了表示对华人的尊重，都保留一个部长职位给华人，在毛里求斯担任过部长职务的有朱梅麟（地方行政部长，其女朱志筠曾任驻华大使）、李国华（旅游部长）、钟律芳（司法部长，后任驻华大使）、曾繁兴（文化部长）、陈念汀（司法部长）和邓学升（青年和体育部长）等。[①] 非洲华侨华人的组成部分以新侨民为多，他们大部分是以发展经济为主，很少顾及当地的政治，也鲜有政治参与的行为。

三、影响海外华侨华人发展的因素

通过以上对华侨华人在海外生存与发展的历史综述，可以将影响海外华侨华人发展的因素简单归为内因与外因两类。

（一）内因

1. 华族的族群特性

华族勤奋、隐忍、吃苦耐劳的内在特性直接影响了海外华侨华人的

① 巫秋玉：《客家文化在海外的传承与发展——以毛里求斯客家华人为例》，《八桂侨刊》2009年第1期。

生存与发展。华侨华人的勤奋、吃苦耐劳的精神使得资本主义列强纷纷到中国来招募华工，华工工作效率高、守秩序的优点均得到了雇主的认可。世界各处的铁路修筑都有华侨华人的影子，美国、加拿大、墨西哥横跨北美的大陆铁路工程大部分由华侨华人完成，非洲、拉丁美洲、欧洲的铁路修筑也有华工参与。铁路修筑极其艰苦，但华工能顺利完成，与华人的勤奋和不惧艰险是有关系的。

2. 华族的政治文化特质

政治文化是一个民族在特定时期流行的一套政治态度、信仰和感情。① 华人往往少谈政治，这是一种非参与型的文化。故华人在海外往往只是“经济人”而非“政治人”。作为一个少数族裔，如果没有积极主动地参与政治，就有可能在政治生活中被边缘化。② 华侨华人对政治的冷漠使自身很多正当权益受到损害。

（二）外因

1. 世界经济的发展

西方资本主义的生产模式与自由市场经济的创立造就了人类自 16 世纪以来持续性的经济增长。原材料的开发、商品的交换运输、交通路线的修筑等都需要大量的劳动力资源。西方资本主义经济的发展促进了华侨华人的移民。当经济发展良好时，华侨华人移民速度快；当经济发展遇到危机或停滞时，华侨华人移民速度则会放慢。例如，1929 年的世界经济危机使得很多华侨华人不得不回到中国；2008 年金融危机与 2009 年欧洲主权债务危机之后，西方发达国家均增加了移民的限制和要求；“二战”以后，世界经济的飞速发展极大地促进了华侨华人的移民，造就了华侨华人的新移民群体。在美国，华侨华人新移民和在美华裔的第三代、第四代均受过良好的教育，融入了美国社会的主流。

---

① ［美］阿尔蒙德：《比较政治学——体系、过程和政策》，北京：东方出版社 2007 年版，第26 页。

② 曹云华、许梅、邓仕超：《东南亚华人的政治参与》，北京：中国华侨出版社 2004 年版，第 7 页。

2. 华侨华人居住国原住民的种族主义意识

华侨华人居住国原住民的种族主义思想往往会造成海外排华运动，并且政治家会借此制定排华法案，如澳大利亚在1960年代之前所采取的“白澳政策”是典型的种族主义政策，这不利于海外华侨华人的生存和发展。

3. 中国政治经济发展的落后

中国政治经济发展的落后构成了强大的推力，把华侨华人推向世界各地。宋代以后中国的发展放缓，专制统治束缚了中国的发展。当西方在发展“科学”与“民主”之时，中国在大兴“文字狱”，撤销宰相制度，加强专制统治。西方的兴起，再加上中国进步的缓慢、政治的不稳定，使得国人在国内生活不得安宁，故避而走向海外，谋求幸福生活。

影响海外华侨华人生存与发展的因素是多样性的，有些因素有利于海外华侨华人的发展，有些因素则不利于海外华侨华人的发展。华侨华人是一个优秀的族群，应积极发展自身，扬长补短，为中国梦贡献自己的一份力量。

第七章
中国海外新移民浪潮

自从1978年改革开放以来，越来越多的中国人走出国门，跨向世界，涌现出一浪高过一浪的海外移民热潮。我们不能单纯地、孤立地看待这种现象，而应该把它放到全球化和区域化中去考察。最近几十年，全球化和区域化是两种并行不悖的发展趋势，全球化和区域化推动了货物、资本和人员的自由流动，从而推动了全球性的移民大潮，中国人向海外移民的热潮是全球移民大潮中的一个组成部分。在全球化和区域化的推动下，将会出现两个大趋势：一是传统民族国家的观念和作用将会日益淡化和下降；二是主权国家政府的很多职能将会越来越多地让渡给其他组织和机构，包括非政府组织、跨国性的合作组织等。正是这两大趋势，加上信息技术和现代交通技术的高度发达，缩小了时间和空间的距离，使我们这个世界变得越来越像一个地球村。

一、中国正在出现第三波海外新移民浪潮?

最近一段时间以来，关于中国富人和中产阶级大量移民海外的报道成为新闻热点和人们茶余饭后讨论的主要话题，“根据胡润研究院（Hurun Research Institute）与中国银行（Bank of China）联合发布的一份研究报告，中国14%的高净值人群希望移民，将资产转移至国外。在他们看来，相比美国、加拿大和澳大利亚等传统安全港，新加坡正迅速成为热门的移民目的地”[①]。北京因私出境中介机构协会统计数据显示，2009 年到美国投资移民的 EB－5 类签证（美国为吸引各国有钱人入籍，规定最低投资 50 万美元，即有资格申请美国绿卡）的中国申报人数已经翻了一番，从 2008 年的 500 人上升到超过 1 000 人。2008 年 10 月—2009 年 9 月美国批准的 EB－5 类签证移民总数，已从 2008 财年的 1 443 人升至 4 218 人，其中七成左右来自中国。在 2009 年，加拿大投资移民全球目标人数为 2 055 人，中国内地的名额占了 1 000 名左右。北京因私出境中介机构协会会长齐立新指出，以投资起步价 40 万加元（约 235 万人民币）计算，仅 2009 年，即使只按“门槛标准”计算，从中国流向加拿大的财富至少 23.5 亿人民币。《南方周末》记者潘晓凌、特约撰稿人阎靖靖等人在《中国精英移民海外进行时》一文中指出：“在相对少数的投资移民之外，技术移民是一个更为庞大的群体。近十年申请各国技术移民的数量与投资移民相比，大约为 20∶1……过去十年，随着各移民接收国政策的放开，中国越来越多的知识精英与财富精英入籍澳大利亚、新加坡、美国。如今，对于几乎所有一线城市的中产阶级而言，一个集体感受是，每个人身边都有起码一个朋友正在或已经办理了移民。”

他们还认为，自 1978 年以来，中国海外移民出现了三次浪潮：“各种数据表明，自 20 世纪 70 年代末、90 年代初期的两拨移民潮以来，中国改革开放之后的第三拨移民高潮在进入新世纪的十年中已呈愈发汹涌之势。不同于第一拨混杂偷渡客的底层劳工和第二拨国门初启之时的‘洋插队’，新世纪移民潮的主力由新富阶层和知识精英组成。高端群体、庞大数量和趋势化发展构成了不容忽视和必须面对的问题：中国是否正在经历社会中坚阶层的集体流失？”

中国与全球化研究中心主任王辉耀也持上述观点。他在《〈中国国际移民报告 2012〉综述》中指出：“中国改革开放以来可以说经历了三

① ［英］尤里·本德尔：《通往新加坡的新丝绸之路》，（英国）《金融时报》，2012 年 4 月 6 日。

次移民高潮。第一次移民潮是20世纪的改革开放之初，国门打开了，中国开始了第一次大规模的移民，很多有海外关系的人纷纷出国团聚或移民，包括很多去了港澳台地区和东南亚及欧美等国，还有大量的留学生。第二次移民潮是20世纪80年代末到20世纪末，许多发达国家在这个时期开始向中国吸收技术移民和投资移民，特别是大量吸收来自中国的技术移民。第三次移民潮就是21世纪以来到目前正在发生的第三次移民浪潮，其特点为精英移民，包括大量的投资移民和技术移民，也包括大量的留学生出国学成后被发达国家吸引人才转化为移民。这三次浪潮各有不同，第一次浪潮出去的很多是有海外关系或早期出国的留学生；第二次浪潮是大量在国内受教育，直接以技术移民方式出国的，包括部分投资移民；而第三次移民浪潮则是大量的投资移民，带着大量的财富，包括以大量的留学生、留学生家长为主的技术移民，而且重点是以美国为首的发达国家。30年前，移民加拿大的中国人大约2/3是亲属移民，目前2/3的移民是通过申请留学签证和工作签证、技术移民和投资移民的技术人才、专业人士、投资者和企业家。”

自1978年改革开放以来，中国出现了大量的海外移民，为了与以前的华侨华人相区别，人们习惯上把1978年之后移民海外的中国人及其后裔叫做“新华侨华人”。到目前为止，这部分人有500万~600万人之多。

应如何看待近年来一浪高过一浪的中国人移民海外浪潮？我们认为，应该把这个现象放到当前国际社会的大背景中去考察。最近10多年来，经济全球化和区域化的趋势也在加速，在全球化和区域化的推动下，全球性的人口跨国移动正在加速。国际移民组织出版的《世界移民报告（2011年）》指出，尽管出现了全球经济危机，但是近年来的全球移民浪潮并没有走向衰退。向发达国家移民的浪潮确实有所减缓，例如，进入美国的移民从2009年的1 130 818人减少至2010年的1 042 625人，进入英国的移民从2008年的505 000人减少至2009年的470 000人，进入西班牙的移民从2008年的692 228人减少至2009年的469 342人，进入瑞典的移民从2008年的692 228人减少至2009年的469 342人，进入新西兰的移民从2008年的63 910人减少至2010年的

57 618 人，然而，从全球的范围看，移民浪潮并没有降温，反而不断高涨。全球国际移民人口在 2000 年为 1.5 亿人，2005 年为 1.91 亿人，2010 年达到 2.14 亿人，换句话说，在 2000 年，全球每 35 个人中就有一个移民，而到了 2010 年则提高至每 33 个人中就有一个移民。在过去 10 年，移民占全球人口的比例从 2.9% 提升到 3.1% 。[①]经济全球化和区域化促进了人口、货物和资本在全球范围内的自由流动，因此，可以说国际移民浪潮是经济全球化和区域化的必然产物，是不以一国领导人的意志为转移的必然规律，作为一个正在快速发展和正在加速走向世界的大国，中国应该以积极的态度看待新一轮的国际移民浪潮。

有人惊呼，近年来出现的“精英移民”，尤其是一大批富人和中产阶级移民海外，将会导致中国精英流失和资本流失，会使中国的经济社会发展受到严重影响。我们认为，这种担心其实是不必要的。中产阶级喜欢移民，不是只有中国才出现的一个孤立现象，它是全球性的现象。例如，在英国也同样出现中产阶级移民海外的现象，英国内政部（Home Office）称，在移居海外的英国公民中，中产专业人士占比很高，且这个比例呈不断升高的趋势，这一局面可能会导致英国本土专业技术人才短缺。在 2010 年移居海外的英国公民当中，将近一半的人之前担任专业技术或者管理职位，大多数人已明确了在移民之后四年或更多时间里将要从事的工作。具体来说，专业人士在 2010 年英国对外移民中所占的比例约为 48% ，而 1991 年这一比例只有 37% 。[②]必须承认，从短期看，富人和专业技术人士向海外移民的确会造成移出国资本流失和人才流失，但是，从长远看，积极的意义大于消极的意义。在全球化和区域化的条件下，人才和资本都是自由流动的，哪里有机会，它们就往哪里流动。中国自改革开放以来，引进了大量的海外资本，西方许多跨国公司在中国投资的同时，也把大量的海外技术人才和管理人才带到中国，正是这些海外资本和海外人才的移入，成为中国经济社会高速发

① IOM, *World Migration Report* 2011: *Communicating Effectively about Migration*, 2012.

② （英国）《金融时报》（中文网络版），http://www.ftchinese.com,2012 年 11 月 8 日。

展的重要动力。今后，随着投资环境和经济社会环境的不断改善，中国必定能够大量吸引海外资本和人才服务于现代化建设。

撇开新移民浪潮产生的原因及其对中国国内的影响不谈，作为华侨华人研究工作者，我们看到的更多是其积极意义。中国的海外新移民浪潮将为海外华人社会补充新鲜血液，提升海外华人社会的品质；它有利于中华文化走向世界，为中华文化在全世界的传播提供更多的渠道；它将会对今后中国与世界的关系产生重大而深远的影响，为正在和平发展的中国更好地融入世界发挥桥梁的作用，引导世界更好地了解和认识中国。正如北京大学光华管理学院客座教授贾尔斯·钱斯所说："事实上，经济学家认为，放宽劳动力迁移限制，是经济增长的关键因素之一。在多种经济机会出现后，经济增长需要多种不同的劳动力，而这只能来自于国外。从1990年代初开始，无数中国劳工前往东南沿海地区，他们的纪律性和辛勤工作，为中国制造业和出口的奇迹创造了前提。与此类似，一波波涌向美国的说英语、教育水平高的印度移民，为加利福尼亚州软件业的成功作出了至关重要的贡献。谁能说中国的对外移民不好呢？移民能促进中国经济的多元化，同时能促进中国文化的全球化。随着中国持续发展、经济增长、对世界开放，中国对外移民是不可避免的趋势，正像越来越多的外国人，在中国提供的经济机会的吸引下，正在前往中国一样。再者，随着他们学习说汉语，欣赏中国自身丰富的文化和'生活质量'，他们也会选择留在中国生活。再者，随着中国的环境逐步改善，外国对华移民数量可能上升。移民是不可避免的趋势，而且对于一个全球化世界的经济与文化繁荣来说，正在变得越来越重要。"①

二、个案分析

（一）华人新移民在泰国的生存与发展状况

泰国华人社会实际上由两部分人组成：一部分是1949年以前移民

① （英国）《金融时报》（中文网络版），http://www.ftchinese.com，2012年9月7日。

到泰国的老一代移民及其后裔，他们是泰国华人社会的主流，我们现在说的泰国华人社会，主要是指这一部分人；另一部分，也就是常常被研究工作者忽视的一群，那就是新华人。泰国新华人目前还不是泰国华人社会的主流，只能说是泰国华人社会的边缘，但是从长远的、发展的观点看，这个群体对泰国华人社会的影响却是重大而深远的，他们正在逐步融入泰国华人社会的主流。与泰国老一辈的华人移民不同，新华人有着自己特殊的文化教育背景、移民动机、生活与工作经历，这些特殊性赋予了他们在文化适应方面的许多特点。

1. 泰国新华人的构成

泰国新华人的成分比较复杂，主要由以下四个次文化群体组成：

第一个次文化群体，是中国在1978年实行改革开放政策之后，通过各种方式移居到泰国的新移民。这部分人一般都接受过较高水准的教育，有不少还是大学毕业，他们目前在泰国也多从事各种专业工作。这部分人究竟有多少，是一个比较难确定的问题。

第二个次文化群体，是目前居住在泰北山区的当年国民党军残余和随军撤退的一些云南籍平民及其后裔。1949年国民党从中国大陆溃退时，有一部分国民党军撤退到中缅边境，之后又辗转来到泰国境内，成为难民，后来加入泰国国籍，成为泰国公民。目前，这部分人有七八万人。

第三个次文化群体，是来自中国台湾地区的华人新移民。据泰国盘谷银行业务董事长顾问、《新中原报》董事经理兼执行总编辑林宏（第二代泰籍华裔）估计，台湾地区约有12万~13万移民进入泰国，他们多是企业家及企业高层管理人员。台湾企业在泰国的投资起步比较早，约在20世纪70年代就开始了，随着台湾企业在泰国的投资不断增加，居住在泰国的台湾移民队伍也逐年发展壮大。

第四个次文化群体，是在20世纪六七十年代从越南、柬埔寨、老挝移民到泰国的华人难民。印支战争时期，越南、柬埔寨、老挝华人受到严重冲击，有一部分华人移民到加拿大、法国和欧美各地，还有一部分则去了泰国，约有10万人。

据林宏的估计，上述四部分人加起来有 40 万～50 万人。后三部分的人数是比较好估计的，关键是如何估计第一部分，即从中国内地来的新移民人数。[①] 由于资料限制，本书只分析第一个次文化群体的新移民。

2. 从中国内地到泰国的新华人

1978 年以来，从中国内地和香港等地迁移至东南亚国家（主要是菲律宾、泰国、新加坡）的华人新移民不断增加，他们成为当地华人社会的重要补充。新加坡学者纪宝坤认为，“从一种较为猜测性却很重要的观点来看，日益增多的中国移民流向诸如新加坡、菲律宾、泰国、柬埔寨、老挝和缅甸等国，可能迟早会对中国与东盟的关系提出新挑战和带来新问题”。

1978 年以后有多少华人新移民流入东南亚国家，这是一个很难确定的问题。纪宝坤在一篇文章中谈到，在东南亚国家中，新加坡、菲律宾和泰国可能是接受华人新移民最多的国家，因为这些国家均曾经先后制订过吸引外国人才的计划，尤其是菲律宾和泰国，通过“吸引投资移民计划”接收了不少中国新移民。“虽然这些国家已在上述安排下通过家庭团聚条款而接纳了中国内地人，但有关他们人数的资料却仍然难以获得。”“菲律宾允许日益增多的、主要来自福建省的中国人移居菲律宾，这些移民往往是通过广泛的家庭关系而到来的。很大部分的中国新移民从事贸易并进行了投资。”“泰国近几年也接受了日益增多的中国内地人，有意思的是，其中包括一些由于职业或贸易的原因而首次来到泰国的专业人员和商人。过去的中国移民主要来自华南的潮州，而这些新移民则有所不同，他们来自中国的另一头，包括毗邻的云南省。”

比较一下上述三国的新移民类型，也是很有意思的。到新加坡的中国新移民，可能是留学生移民居多，而到菲律宾和泰国的中国新移民，可能是贸易移民和专业工作者居多。在泰国曼谷和其他一些大中型城

① 转引自钟锡金：《泰国潮语 15 年后消失——林宏先生谈新移民冲击》，（马来西亚）《南洋商报》，2002 年 1 月 12 日。

市，到处都可能碰到一些中国新移民，他们可能是华文教师、音乐工作者、书法家、文艺工作者等。

笔者认识一位柴姓女青年，20 多岁，已经在泰国居住了 8 年。小柴在广州出生、长大，父亲是潮州人，母亲是广州人，父亲在她读初中时病逝，于是，在泰国曼谷做生意的叔叔便把她母亲、她和姐姐三人接到泰国生活。小柴到了泰国之后，努力学习泰语和英语，很快便能够熟练地说这两种语言，还上了泰国与英国的大学联办的专修学院，拿到大专毕业文凭。现在，小柴懂中泰英三种语言，拥有语言方面的优势，很容易找到比较好的工作。目前，她在一家台资企业担任管理人员，月薪 2 万多泰铢，工资算是较高的。小柴现在还拿中国护照，但已经拥有在泰国工作的许可证，可以在泰国长期居留和工作。目前，小柴和母亲、姐姐一起，仍然住在曼谷唐人街的叔叔家，她说，等她和姐姐积蓄到一笔钱之后，便把母亲接出去，另外买房子居住。笔者告诉小柴，现在广州发展很快，一些在外资企业工作的年轻人的月薪也可以达到她目前在泰国的水平，甚至超过她，询问她是否愿意回广州居住和工作。小柴表示，她在泰国生活了这么长的时间，已经习惯了泰国的生活方式，不打算回去了。像小柴这样能够精通中泰英三种语言的人才，在泰国并不多见，尤其是能够精通中文的更是凤毛麟角，因此，小柴目前在泰国可谓如鱼得水。

笔者在泰国朱拉隆功大学做访问学者期间，还认识一位从潮汕地区来的华人刘姓青年，20 多岁。小刘的运气就没有那么好了。他来曼谷约两年，是来投靠亲友的。小刘高中毕业后，先后在深圳、广州打工，都不满意，后来决心来泰国闯一闯，在朱拉隆功大学附近的一家餐馆里打工，收入很低。小刘告诉笔者，泰国没有像他想象中的那样好赚钱，他在这里干得并不愉快，主要是没有什么技术，泰语也说得不太好。

还有一位姓艾的女教师，30 多岁，来泰国前在云南一家大学的中文系任教。她辞去国内的工作，来泰国寻找机会，在曼谷东方书院教中文。艾老师告诉笔者，她目前的月收入有 3 万 ~4 万泰铢，比起当时在云南工作时的收入高多了，因此，她还打算继续在泰国发展。艾老师说，她同时在几家中文学校教课，还兼职一些其他工作，每天都是起早摸黑，比起国内来可以说是辛苦好几倍，一个人做了几个人的工作。虽然如此辛苦，但她并没有怨言，觉得这是为自己工作，再辛苦也心甘情愿。

泰国的《泰国风》杂志社在2007年曾经做过一个叫"新移民文化论坛"的电视专题节目，邀请了10多位在泰国曼谷地区工作和生活并在事业上取得成功的新华人谈他们移民泰国的经历和体会，从一个侧面反映了新华人在泰国的文化适应过程，现实录如下①：

红峰（来自山东，泰国某学院院长）：我们这些人与1978年以前的移民的差别，我认为有三点：第一，交通工具不同。过去的移民都是坐船来的，坐红头船，起码要三个月，今天恐怕到泰国来的人都是坐飞机来的。第二，受教育程度不同。当年，中国兵荒马乱，中国的移民过来，以潮汕地区为主，由于地少人多，下南洋属于生活所迫，是来谋生的。而新移民大多数在中国受过一定的教育或相当的教育，到这里来，希望开拓一个全新的生活，寻找一片新的天空。第三，目的不同。过去从中国出来，只有一条路，只能逃，后来三逃两逃，成了今天的移民。恐怕当时也没有想到这么高尚，我要下南洋，我要干什么，没有，就是找一条活路。今天恐怕大多数人，非常有目的性，要改变自己过去的生活环境，要实现自己的人生价值。虽然新老移民之间有上述三点差别，但是，新老移民之间也有一点是共同的，就是中国人自古以来，其实是一个包容的民族，他们不会仅仅局限在自己的祖国，而是希望走出去，看看外国的天空怎么样，看看外面的世界怎么样。等到走出去了以后，把自己改变了，也改变了周遭，改变了世界。

玛林（来自北京，泰国某公司董事、总经理）：中国人都揣着一个

① 根据泰国佳发电视台节目主持人、《泰国风》杂志总编辑吴小菡提供的电视节目《新移民文化论坛》光盘资料整理，由硕士研究生贺永华负责文字整理，有删改。本书引用上述资料已征得吴小菡同意，在此谨致谢意。

梦想、一个理想，想出去走得更远一点，看更多一点，能够完成自己的一个梦想、一个理想。如果说老一辈的华侨他们很辛苦，那么我们这一代也是如此！我从北京来到泰国的时候就是空空的两只手来，可以说身无分文。来到这么一个完全陌生的环境，语言又不通，环境也不熟悉，人脉也没有。在这种非常陌生的环境下，应该怎么样生存下去？要牢牢地抓住一切机会。你不能老是想你过去的辉煌历史：我过去在中国是什么样的身份、什么样的背景、什么样的地位。当时，我记得一个朋友说了一句话，这句话让我牢记一辈子：“你清高，是什么高贵的出生，这个社会是个非常现实的社会，你每天背着书包挤公共汽车，你的自尊怎么体现？”我觉得她说的也不是没有道理。苍天不负有心人，我可以这么说，老天是非常公正的，我的努力跟我的付出也得到了成正比的回报。我不在乎别人讲什么你是做什么保健按摩的，我觉得这些当时对我来说都不重要，我不在乎这些。我只是想用我自己的能力完成我自己的梦想。所以我在酒店这个地方大概待了六七年的时间，这段时间铺垫了我的新移民道路。也就是说，我今天能够有一个比较稳定的收入，能够有一份自己喜爱的事业，当然不只我一个人，每个人都历尽了千辛万苦。这是一种心灵上的磨炼，我们每个人都是受过煎熬的。

我们在海外的成功，除了第一是健康的身体，第二是完整的家庭，第三呢，我想才是事业的成功。有些人说，我们到了另外的国度以后，移民到其他国家，原有的一切，包括高级职称、文化上的优越感、社会尊重等，都失去了。我碰到很多能够体现泰国国民素质高的事情，我觉得这个与佛教信仰和整个教育程度是有关的，因为我们中国确实有我们特殊的国情，从解放开始，各种运动接踵而来，我们经历了无数大大小小的运动，整个一代人就是在这种环境下成长起来，没有用一种非常好的形式来解决问题和处理人际关系。我移民泰国已经 11 年，从情感上我非常依恋这个国家，非常留恋这个国家，也很爱她，爱这里的文化，爱这里的民族，爱这里的人民。

恐平（来自海南，泰国某公司董事、总经理）：我是 1982 年到泰国的，比大多数新移民都来得早，20 多年了。来泰国之前在一个歌舞团工作，这在国内是一个非常理想的工作。那个时候是全中国的人都想出国，有出国的梦想，那时我们团的人走的特别多。我自己本身的条件很好，国外有亲戚，其中有许多是在泰国。当时呢，其实没有想来泰国，是想到香港，因为我姨妈在泰国，去探亲以后就走不了了。因为泰国到香港是不能办签证的，所以就只能留在泰国。那时是非常辛苦的，也不会说泰语，像聋子，像哑巴，又不识字，又不懂话，很困难，很悲惨。因为我是学舞蹈的，所以我一开始在泰国华人社会做一些事，给他们表演中国舞蹈。一有华人社团邀请，我就去参加，没有报酬，也不要报酬，那时不懂得要钱。经历多年的奋斗之后，我觉得非常喜欢泰国。虽然来了 20 多年，我好像还是一个真正的中国人，一点都没有改变，文化随着我们这些人自然就过来了。我觉得这样也是对祖国作一些贡献，也是给泰国社会作一些贡献。

临奕（来自广东汕头，泰国某公司董事长）：我周围的朋友很多都是从中国来的移民，在这里有一二十年时间了，而且大部分都事业有成，有些人发了财，有些现在人都不在了，有些生活还很艰难。我从中总结了一点：跟本地人结婚的那些新移民，90% 以上生活都很好。这是一个规律——跟本地人结婚会发财，不管是男的还是女的。那么反过来呢，假如夫妻都是从中国过来的，这类人要生活好一点，反而要难一点。所以我跟我的朋友说，假如你没有结婚，又想在海外创业，还是到这边找一个当地人结婚。这里面涉及法律、文化、社会背景等。

谈到我移民的动机，我的祖辈在泰国，是 500 年前到泰国的。但我为什么选择到泰国呢？从客观上讲，首先，我的前辈在这里已经有多年的基础；再就是我当时移民之前，已经是一家国有企业的总经理，我手下有 4 家分公司，曾经是汕头 80 年代的改革者，那时我整天生活在掌声和鲜花之中。当时我选择出国，主要原因是感到人生还不满足，想到海外闯一番天地。我们是第一批站在改革开放前沿的人，经过海外 20 年的发展，我们这一帮人都认为这一条路走对了，我们在海外学到了在中国学不到的东西。刚从中国出来的时候，我们也碰到很大的困难，我们在汕头当时生活条件很优裕，来到海外，生意基础、社会基础都没有了，我差不多有一年时间做不到一单生意。我堂堂一个中国国有企业的老总，来到泰国第一年，简直不知道做什么。对于新移民而言，最难克服的问题，首先是心理障碍。你来到一个国家，一定要爱这个国家。你不要有包袱，要丢掉优越感，你如果总是高高在上，总是念念不忘你在中国有着什么背景，那么你在海外就很难发展。我们大家都知道，泰国是一个佛教国家，95%的人都信佛。我们来到泰国这个佛教的国度，首先看到的就是微笑，其次就是他们对人很宽容，人与人之间很友善。泰国人的这种心态和我们原来在中国受教育形成的那种心态就有文化差距。我从小在中国读过书，下过乡，当过兵，我们从小所受的教育是不提倡宗教，无神论者。我认为我来泰国最大的改变是精神方面的，我们信了佛，懂得了人怎么帮助别人自己才会进步，我把帮助别人当作自己的一种乐趣。我能够用我的能力给社会作出一点贡献，我在报答社会，这就是我到海外20年来，从泰国文化里面受到的一点教育。

寒中位（来自湖北，泰国某语言文化学院院长）：我是在1990年来泰国的，差不多18年了，想起来也很快。我们在中国出生长大，改革开放以后又移民到国外，可以说我们这一代人的经历应该就是比较承前启后的。来到泰国以后，我觉得我们这一代人都在不断地挑战自己，因为我们自己在中国受教育和成长的环境很特殊，我们刚好是在“文化大革命”中成长起来的一代人，我们在学校学的知识是非常少的。所以来到泰国以后，我觉得我们在泰国所学习到的东西很多，老一辈华侨，他们身上的美德，他们为什么会成功，他们为什么能够有今天，在泰国的华人能有今天的社会地位，我觉得引以为豪。我们是后面来的，前辈已经给我们做过很好的榜样。也就是说，老一辈华侨，他们在泰国这边开创了这样一个局面，给我们树立了很好的榜样。

我来泰国做过很多的职业。最早在报社，在《中华日报》做一个侨团记者，后来有机会到中华总商会，做公关和联络的工作，后来开始做展览公司，然后又做进出口生意、农产品生意，后来又在泰中文化经济协会工作。我们已经介入泰国人的社会，还做一些与政治有关的工作。我们是协助而不是自己去做，我们是作为一个衔接，作为一个促进中泰友好的新人群体。因为我们从中国过来，对中国情况会了解一点，所以有机会帮助促进中泰经济文化交流。后来我就开始办学校，促进泰国的华文教育。到今天我也没有做什么很好的成绩，真是很愧对大家，但是我自己是不断努力，挑战自己。我来泰国之前就是当老师的，因为不喜欢当老师才来泰国，但现在的我还是要当老师，我很喜欢当老师，我觉得发展华文教育对我们可以说是一个很好的时机。中国的强大，中国经济的发展，给我们一个机会。我们自己身上有许多毛病，到了泰国之后才发现，才体会到。来到泰国以后，我们从老一辈华侨身上学到什么是礼貌，什么是为人的修养。因为和他们的侨领接触得很多，所以这一点我体会很深刻。与老一辈华侨不一样，我们移民到泰国是为了发展自己，为了有一个更好的追求，改革开放以后，我们这一代人想看看外面的世界是什么样的。

正艳（来自广东梅州，泰国某大学客座教授）：我来泰国的原因，是原单位不同意我调动工作，那时作为一个国家公务员调动工作是很困难的，经过了半年时间都调不成，所以心里就产生了走的想法。那个时候对海外其实没有什么概念，当时在脑子里，好像觉得资本主义国家跟自己是格格不入的。但是，为了寻找一种新的出发点，找一个能更好地发挥自己专长的地方，才来到泰国。当时脑海里有一个念头，我要走的话，就到一个不用商调表的地方。来到泰国以后，给我一个感觉是超出了我原来的想象。我一直都说，泰国这边的民俗风情，给我留下最深的印象，就是比较包容、温和，我觉得最苦恼、最难接受的就是那种人与人之间的关系：明争暗斗，钩心斗角。我很喜欢泰国，有三个原因，第一是民情民风，第二是气候，第三是这里的水果特别多，我特别喜欢。说句实在话，移民来到泰国，并没有像原来想象的那样，得到自己想要的那种环境，就是能够给我全心全意搞美术创作的环境，从这一点上应该说是很失望的。但是，我从其他各方面得到了很多，我觉得这个社会给予我的和我所付出的应该说还是平衡的。我觉得我也许有一点占便宜的，就是我会讲潮州话，在这边尤其是曼谷地区讲潮州话的老华侨很多，这方面也许给我一个比较好的过渡吧。我当年来泰国的时候，领导是拼命阻止的，因为当时我在我们广东省也是属于后起之秀吧，就是在美术上被大家都寄予厚望的人。来到这边后，确实这方面是很失望的，没有得到自己想要的那种创作环境。但是，我在泰国也算是有所作为，发挥了我的专长。我现在被泰国的国立大学——兰甘杏大学聘请为客座教授，开设了中国书画课程。我还为泰国的很多所大学，包括法政大学、诗那卡琳大学、军官预科学校、科技学校等义务教授中国画技等课程，还开设中文培训班。如果说我们原来在中国受了一些文化艺术上的教育，在这边也算是能够发挥一点作用吧。

3. 新华人的地位与作用

新华人是泰国华人社会的一支新生力量，他们为泰国华人社会注入了新鲜血液，使泰国华人社会具有了更大的活力和朝气，他们也为泰国的经济社会发展作出了重要的贡献；同时，新华人也是促进中泰经济文化交流与中泰友谊的一支重要力量。

首先，新华人对泰国华人文化的复兴起到了积极的作用，是活跃在泰国华人文化战线上一支重要的生力军。其作用可以从以下两个方面看：

一方面，他们补充了泰国华人文化队伍。与老一代移民不同，华人新移民一般都受过较高的文化教育，大学以上文化程度的人不在少数。在泰国等东南亚国家，华人新移民活跃在华人文化的各个领域，包括书法、音乐、绘画、华文教育、华文文学创作、华文报刊等方面。由于历史和现实的许多原因，东南亚华人文化在20世纪80年代之后正面临后继无人的境况，各个领域都非常缺乏专门人才。以华文报纸为例，笔者走访过泰国的一些华文报社，发现那里都是60岁以上的老华文工作者在办报，他们在那里勉强维持，因为年轻人一般都不太懂中文，很难聘请到合适的年轻华人。《新中原报》最老的编辑，年龄高达 80 多岁仍然坚守岗位，就因为报社缺少中文人才。甚至连泰国一些著名大学中文系毕业的华人青年的中文程度也不高，仅靠泰国本身的华人下一代，根本无法满足各个领域对中文人才的需求，而华人新移民正好填补了这个空白。笔者在泰国考察期间，发现泰国的中华音乐艺术非常繁荣，各种华文歌唱团体如雨后春笋般涌现，深入调查以后才得知，原来各个华文歌唱团体的音乐教师、指挥等专门人才，都是近年来从中国内地移民到泰国的，他们在繁荣泰国中华音乐艺术方面功不可没。

另一方面，华人新移民又是泰国华人文化的消费者。以华文报纸为例，在大多数东南亚国家，本地土生土长的华人青年一般都看不懂华文报纸，也不太愿意看华文报纸，华文报纸的销量很低。此前，在泰国一共有 6 份华文报纸，办得都很艰难。一份华文报纸能有 1 万份以上的销量就相当不错了。而目前，据说泰国华文报纸的日销量有 10 多万份，读者约有 40 万人（这个数字可能有一些夸大）。近年来泰国的华文报纸仍然能够维持下去的主要原因在于不断扩大的华人新移民成为这个国家华文报纸的重要读者群。随着华文教育在泰国的复兴，艰难挣扎的华文报纸有可能出现新的生机。

其次，新华人促进华人社会从传统的商业领域向其他领域拓展，实现了职业的多元化，有利于华人更好地融入当地主流社会，参与当地的生活。由于历史的原因，东南亚各国传统华人一般都喜欢在商业领域拓展，很少进入到其他专业领域，这种职业上的偏向极大地束缚了华人社会，限制了华人参与政治和融入当地主流社会的空间。新华人正好弥补了老一代华人移民的缺陷，他们广泛地从事当地的各种职业，尤其是专业工作居多，这种职业上的特点为他们更好地融入当地主流社会和参与政治生活提供了很大的便利。这就是新华人参与政治的积极性比老一代华人要高得多的一个重要原因。

最后，从泰国新华人移民成长和生活的背景看，他们兼有两种文化，即中华传统文化和泰国传统文化，这种多元文化特征赋予他们更宽阔的胸怀和眼光，使他们更有包容精神，他们将是今后促进中泰友谊发展的一支生力军。

与泰国占主体地位的传统华人相比，新华人具有以下四个特点：

（1）保持较多的中华文化。除了第三个次文化群体之外，其余三个次文化群体的新华人一般都能够说华语，有较高的华文水平。所以，今后泰国华人社会的中华文化传承，将主要依靠这些新华人。

（2）新华人一般都接受过较高的文化教育，因此，他们在泰国所从事的工作也比较多元化，且多是从事各种专业工作、管理工作。而传统的泰国华人，一般都是经商的居多。

（3）新华人的来源地比较复杂，他们中有许多人来自中国的内地，而传统的泰国华人主要来自中国广东的潮汕地区。正如林宏所说："潮州人在泰国华侨中原占80%，经过100多年，目前已融入主流社会，如江河之水注入大海，一去不复回。另外一批台湾人在第三代至第四代之后，将会成为华裔社会的主流，在10年后，华社的潮州人色彩消退，变成百分之百的泰国人。"因此，他得出结论："潮语15年后会在泰国消失"，"15年后，较纯正的潮州人将没有台湾人那么多"，"外来新移民人数不断增加，云南人与不愿返回马来西亚的前马共成员，都有很好的华文基础。泰国会讲潮语的潮州人，人数日渐减少，相反的，有华文基础并以普通话交谈的新移民人数却不断增长，因此，再过15年，潮州话可能已不在泰国流行了"①。

（4）在文化适应方面显得更加开放、包容，这是从上述三个特点中产生出来的。由于他们一般都受过良好的教育，因此，他们在与当地人打交道时更有底气，更有自信心。此外，他们所从事的各种专业工作有利于他们更好地融入当地主流社会，更快在当地主流社会站稳脚跟。老一辈华人移民及其后裔大部分都是生活在社会底层，往往要艰苦奋斗几代人，才能在移居国站稳脚跟，只有一小部分成功者才能跻身于当地主流上层社会。而新华人移民借助他们的文化和专业工作优势，往往能

① 转引自钟锡金：《泰国潮语15年后消失——林宏先生谈新移民冲击》，（马来西亚）《南洋商报》，2002年1月12日。

够在较短的时间内取得显著的成绩，迅速进入当地主流上层社会，成为当地主流社会精英。学者陈建荣在对6位泰国新华人做过一段时间的个案考察之后得出结论：“对于移民来讲，文化的保留与融合是一对正反的变量。对泰国新移民这方面的考察结果很有意思，他们表现出比老移民更愿意融入当地社会的心态，除案例6的陈先生外，其他5人基本上都用不到10年的时间融入泰国社会，他们能说一口流利的泰语，而且他们的小孩已经不会说中文了，而这个过程对老移民来讲则要经过两三代人的时间才能完成。”

目前，新华人仍然处于泰国华人主流社会的边缘，但是，他们的潜力很大，一旦能够在泰国扎下根来，就一定能够开花、结果。因此，我们不可低估泰国新华人的力量，他们对于今后泰国华人社会的发展和中泰关系的发展都将发挥重要的作用。林宏认为，新华人最大的贡献可能是在文化方面：“这些移民促成了一个条件，让海外的中华文化、中文媒体能够继续发展下去。”① 我们在此作一点补充，那就是新华人移民的贡献首先表现在文化方面，但又不仅仅在文化方面，他们对移居国、祖（籍）国乃至对全世界的贡献是全方位的。

（二）华人新移民在南非的生存与发展状况

1. 南非新华侨华人的构成

目前南非约有35万华侨华人，其中约有1/3是已经加入了当地国籍的华人。南非新华侨华人由两部分人组成，一部分是20世纪70年代之后由台湾、香港地区迁入，另一部分是从中国大陆迁入，而后者是主要的组成部分。据估计，近年来，南非平均每年增加中国大陆新移民约1万人，新移民人数已经超过20万人，占南非华侨华人总数的80%。他们大都集中居住在首都比勒陀利亚、开普敦、布隆方丹和商业中心约翰内斯堡、德班、伊丽莎白港等地，其中又以商业中心约翰内斯堡最

① 转引自钟锡金：《泰国潮语15年后消失——林宏先生谈新移民冲击》，（马来西亚）《南洋商报》，2002年1月12日。

多。南非老华侨多采取传统方式经营杂货店或开设中餐馆。中餐馆散布各地，数目繁多，水平参差不齐。而新华侨华人从事的行业则比较多元化，包括房地产、金融业、商业服务业等。华侨华人的商业活动一般从小生意做起，范围遍布南非的边远地区以及所有农村地区和移民聚居区，经营手段灵活，实物交易普遍，各种货物基本能满足顾客的日常需要。

相比而言，来自台湾、香港地区的新移民主要是投资和技术移民，其经济活动超出了原来华侨华人经济的范围，以经营纺织、电子、电器等行业为主。台湾移民大批到南非是在 20 世纪 70 年代中期到 90 年代中期，从 1976 年开始有许多台商前来投资设厂，引来不少台湾人在这里定居。在 1980 年代末期与 1990 年代初期，南非陷入经济困境，期待借由台湾、香港等外资企业前往投资，以刺激经济发展，故自 1980 年代后期开始，华人移民尤其是台湾移民急剧增加。到了 1990 年代初期，台湾平均每年约有1 500人移民南非；此波移民潮自 1994 年即趋缓，且在 1997 年后台湾移民每年仅有 100 余人。2005 年，台湾移民南非人口又增为 406 人。据台湾方面的统计，目前台湾移民及其后裔有 1 万多人。

2. 南非新华侨华人的生存与发展状况

从 1978 年中国实行改革开放之后大批来到南非的新华侨华人移民可以分成两部分：

（1）有文化、有知识，受教育程度较高的人，包括留学生、大中型国有企业的管理者。他们在南非经过几年或十几年的艰苦奋斗之后，一般都获得成功。这部分人人数不多，但可以说是新华侨华人移民的精英和中坚力量。

（2）福建、浙江青田人。近年来，到南非的非法移民比较多，这部分人大多数是福建人，也有一部分是浙江青田人。他们人数较多，但居住比较分散，还不能形成一股集中的力量。这些人文化程度不高，起点比较低，往往从最底层干起。但早期来到这里的，也有不少人取得成功，越是后面来的人，就面临越多困难，他们要面对更多的竞争，也要面对当地国家不断恶化的环境。他们大多数是文化水平较低的农民，一般都是往中小城市甚至是农村迁徙，先是一个人来，站稳脚跟之后就把老婆孩子一家人接来。许多人在农村地区定居，办一个小商店，就能养活一家人，甚至还有不少剩余，积蓄下来就往老家寄钱，在家乡盖楼房、投资等。有许多人最初并不是来南非，而是曲线移民，先去比较容易进去的其他非洲国家，尤其是南非的邻国，然后再通过各种途径来到南非。南非与其邻国有漫长的边境线，很长一部分是高山，很多移民不怕艰难险阻，越过崇山峻岭，来到南非，可以说是经历了重重生死难关。

由于许多华人来到南非都是白手起家，但最后都取得了成功，于是引起当地政府和民众的嫉妒和不满，他们觉得华人占用了当地丰富的资源，利用当地廉价的劳动力取得成功。有许多当地人提出，要对华人从事的行业和职业作出一些限制，例如，只允许华人从事商业批发业务，至于商业零售业务应该留给当地人，华人不应该利用自己强大的财力垄断一些行业。当地人这种看法显然是不公平的，也是有偏差的，他们只看到了问题消极的一面而忽视了积极的一面。华人为住在国与当地社会的经济发展作出了很大的贡献，以居住在南非小城镇甚至是农村地区的华商为例，这些华人开设的小商店，极大地活跃了当地的市场，成为沟通城乡、保障乡村边远地区的商品供应、发展地方商品经济的一支不可或缺的重要力量。华人在广大农村不发达地区经营商品零售业，他们建立的商业网点，活跃了落后的农村商品经济，保障了供给，这些农村地区的华人移民在自己发财致富的同时，也为南非广大农村地区的经济发展和商业繁荣贡献了一份力量。当然，华侨华人在自己努力创造财富的同时，也应该全面顾及当地人的感受，如提供更多的就业机会，更多地照顾当地的穷人等等。

三、市场竞争、种族矛盾还是文化冲突？

2013 年 2 月 17 日，新加坡有 2 000 多人举行和平集会，以表达对国家长期人口规划的不满。据新加坡《联合早报》报道，新加坡国会在2月8日通过修正的人口白皮书动议后，人口议题在民间所引发的强烈情绪继续发酵。出席集会的12名演讲者批评政府的移民政策“将影响下一代，持续引进外籍人士以增加人口的决定也可能削弱国家身份认同感”，“人口的增加将使基础设施不胜负荷”。从表面上看，这次集会行动的主要目的是批评政府刚刚通过的人口政策，但是，实际上这主要是针对中国新移民。新加坡人对最近几年来持续增加的中国新移民一直存在各种各样的看法，批评者一般认为，中国新移民抢了新加坡人的饭碗，挤占了他们的福利，还给新加坡带来许多诸如治安不稳、失业率增加等社会问题。这次集会行动，可以说是一些新加坡人对持续增多的中国新移民不满情绪的总爆发。新加坡是一个法治国家，民众对中国新移民的不满情绪可以通过正常的集会、游行等合法行动表达出来，但是，如果换成是另一个政局不稳、经济停滞不前、法制不健全的国家，这种不满情绪就有可能被一些极端的政治势力所利用，演变成一场大规模的排华事件。因此，对类似的事件不能不提高关注和警惕。

近年来，一些欧洲国家的政府也出现了针对华商的各种执法行动。如2009年6月16日西班牙加泰罗尼亚自治区警察总局发起的代号为“WEI”的行动。最为典型的当数西班牙警方于2012年发动的“帝王行动”。“帝王行动”及后来的一系列执法行动极大地压缩了华商的生存空间。西班牙华商可谓是“屋漏偏逢连夜雨”，本来就处在经济危机的重压下，现在又要面对政府与警察各种严厉的执法行动。西班牙华侨华人协会主席叶玉兰女士坦承，2012年是极为不容易的一年：“对西班牙华商来说真是一个多事之秋。欧债危机对西班牙的影响这么大，给在西班牙做生意的华商带来了很大的损失。在2012年前10个月，30%的华商有一点赚，30%的华商维持现状，30%的华商生意亏本。特别是10月16日，西班牙的‘帝王行动’以后，给整个华商和侨民的损害是很大的，当时华商的生意就下降了70%，整个中国人的批发市场就很萧条、很冷清。”西班牙华侨华人协会常务副主席毛峰在谈到西班牙华商经营的特点时，特别提到了华商“家庭式”经营的优点和弊端所在：“因为中国人在这里的历史不久，很多公司其实都还是家庭式的。家庭式的公司成立速度很快，运作速度也很快。但是其缺点就是管理水平跟不上。从自律的角度来说，可能没有西班牙人公司那么有力度。所以华商要加强自身建设，遵守西班牙当地的法律法规。”①

西班牙华商当前面对的困难与挑战，是整个欧洲华商的一个缩影。最近一段时间以来，关于欧洲其他国家的华商受到当地政府的严厉盘查，在各种执法行动中受到严重打击的新闻报道接二连三。是政府为了转嫁经济危机，转移人民的视线，把华商作为其政策失败的“替罪羊”，还是华商中的确有一些人违规、违法，触犯了当地的法律？我们认为，上述两方面的原因都是存在的。在欧债危机的严重冲击下，欧洲各国的日子都不太好过，各个阶层的人民都受到严重打击，而华商作为一个少数族裔的商人群体，在欧洲特别引人注目。总体而言，与当地人相比，欧洲华商的日子过得相对比较优裕和从容，这当然会引起当地人的攀比和嫉妒，当地人可能忽略了华商吃苦耐劳、艰难困苦的一面，只看到一些华人出手阔绰、一掷千金、快速积累财富的一面。一些极端的政治势力和政治人物，拿华商作为攻击的对象，借以提升其形象，赢得选民的好评，而作为民选政府，理所当然地要“顺应民意”，采取各种打击措施。至于华商自身，也要从类似的事件中深刻反思，认真总结经验和吸取教训，守法经营、有序竞争和自觉融入本地社会。

也有人从东西方文化差别的角度进行解读，认为“帝王行动”等一系列针对欧洲华商的行动是东西方两种文化的差别造成的矛盾和冲突。由于文化背景不同，对法律的理解也不同，造成了许多难以避免的误解和矛盾。例如，中国人传统的经营理念是“薄利多销”，在外国人看来则是倾销行为，是不公平竞争；中国人传统的理财观念是“积少成多”、“积谷防饥”，而在外国人看来则是不消费，是吝惜；中国人把勤奋工作看作是一种美德，不分节假日，一周工作七天，而在外国人看来则是不懂得享受。欧洲华侨华人社团联合会主席王寿松指出：“在欧洲的中国人，大部分来自温州。青田因为紧邻温州，青田人在国外也称温

---

① 《西班牙帝王行动重创华商　侨领建议华人集体维权》，北京国际在线，2013 年 1 月 8 日。

州人。温州人在欧洲，大多数是做餐馆生意、开小百货店的，做的是小本买卖，习惯面对面的现金交易，赚的都是辛苦钱、血汗钱。有时为了避税，也为了进出货等买卖方便，他们习惯把钱存放在家中，积累到一定数额后再想办法带回国内。说他们偷漏税，有可能；说他们洗黑钱，可能性不大。这是中西文化差异造成的误解。”①

中国人自古以来就有移民的传统和习惯，历史上汉族人的发源地只是在黄河中下游一带，正是因为移民，“闯关东”、“走西口”、“下南洋”，促成了中华民族的大融合，形成了当今中国的地缘格局。从外部因素看，最近30多年来的中国人海外移民热潮是全球化和区域化推动下的产物；从内部因素看，则是中国人移民历史长河中的一个片断，也许中国人的血液中天生就有移民的因子，正是这个因子，促使许多中国人产生了向海外移民的冲动，他们对更加美好生活的追求和向往是任何力量都无法阻挡的，全球化和区域化激活了中国人这个传统因子，为他们走向世界提供了条件。中国人走向世界各地，为世界各地的发展与繁荣，为沟通中国与世界作出了重要贡献，与此同时，他们也面临一个问题，那就是如何融进这个自己原来并不熟悉的世界，如何与这个世界打成一片。在这个融合的过程中，理解、和谐、合作是主流，但是，也会产生各种各样的误会、矛盾、纠纷甚至是冲突。导致中国海外移民与当地社会发生这些误会、矛盾、纠纷和冲突的原因很多，可能是文化冲突、种族矛盾、市场竞争，在各个国家，情况千差万别，不能一概而论。近年来一些欧洲国家针对华商所采取的各项法律行动，对世界华商是一个警示，那就是必须遵守当地法律，依法行事，依法经营，实现三个转变——经营方式的转变、生活方式的转变和法律观念的转变，以尽快融入当地社会，让全世界真正相信，中国政府是一个负责任的政府，对自己的人民负责，对世界负责。

① 《中华工商时报》，2012年11月23日。

第八章
海外华人权益的保护

一、明清时期海外华侨华人权益保护政策的演变

明朝采取的侨务政策不是要保护海外华侨华人，而是要压迫海外华侨华人、损害他们的利益，如为了加强其专制统治而实行“海禁”政策，“片板不许入海”。明朝的统治阶级对华侨的国外谋生基本上采取限制和敌视的态度。清兵入关以后，清政府继承了明朝政府对待华侨华人的态度，极力限制华人的出境与入境。顺治四年（1647）七月，清廷颁诏：“广东近海，凡系漂洋私船，照旧严禁。”① 顺治十二年（1655），清政府规定：“沿海省份，应立严禁，无许片帆入海，违者立置重典。”② 顺治十八年（1661），清政府又强调：“福建、浙江、江南三省所禁沿海境界，凡有官员兵民违禁出界贸易及盖房居住耕种田地者，不论官民，俱以通贼论处斩，货物家产俱给告发之人。”③ 康熙二十二年（1683），清政府攻下台湾；康熙二十三年（1684），清政府规定：“凡直隶、山东、江南浙江等省人民请愿在海上贸易捕鱼者，许令乘载五百石以下船只往来行走。”④ 康熙四十二年（1703），清政府规定：“各处商船往东洋者必定由定海镇所辖之要汛挂号而出。往咬吧、吕宋等

①②③ 分见《清世祖实录》第三十三卷、第九十二卷、第六十二卷。
④ 《古今图书集成》，祥邢典、律令部汇考48。

处之船，必由澎湖南澳所辖之要汛挂号。”[①] 康熙五十一年（1712），清政府规定：“久居海外者，该督抚行文外国，解回立斩。”[②] 康熙五十六年（1717），清政府规定：“凡商船照旧东洋贸易外，其南洋吕宋等处不准商船前往贸易，于南澳等地方截住，令广东、福建沿海一带水师各营巡查，违禁者严拿治罪。”[③]雍正六年（1728），雍正帝说：“朕谓潜出不归之人，既不乐归中国，不许复归内地。”[④] 乾隆九年（1744），清政府规定：“内地人已在番娶番妇，生有子女，与夷人结有姻娅，并庐墓田业，情甘异域者，令安插彼地，永远不许入口，以后如有商民在彼私娶番妇者，照例杖责。”对于华侨在国内的权益，清政府不是予以保护而是加以迫害，华侨在国外的权益同样得不到清政府的保护。

鸦片战争以后，清廷认识到中国与西方的差距，此时少数开明的中国人意识到必须改变“祖宗之法”，效法西方，向西方学习。魏源提出“师夷长技以制夷”的理念。清政府此时也认识到保护好海外华人的权益并争取利用华人的资源是有利于清政府的统治和中国的发展的。因此，清廷逐渐改变了以前迫害、限制华侨的政策，开始设立领事馆，加强对海外华人利益的保护，并且制定保护华侨权益的各种法令。从此，海外华人无人保护的时代遂告结束……领事馆沟通了海外华人与祖国的联系；一些不公正的待遇，通过驻外使领人员的努力，也可以在一定程度上解决。[⑤]

清政府对于华侨的态度由敌视走向保护，其中一个最重要的动因是清政府想利用华侨所具备的先进的力量，发展国家的实业和国力。1893年，清廷最终废止了海禁条例。1909 年 3 月，清政府颁布了中国历史上第一部国籍法《大清国籍条例》，以血统主义为原则，只要父母一方为中国人，则其子女即为中国人，不论定居国内还是国外。凡“生而父

① 《古今图书集成》，律令部汇考 57。

②③《皇朝通典》第八十卷：刑制。

④ 《圣祖实录》第二百七十一卷。

⑤ 高士华：《晚清驻外使馆的建立在华侨史上的作用》，《华侨华人历史研究》1991 年第 3 期。

为中国人者"、"生于父死之后，而父死时为中国人者"、"母为中国人而父无可考或无国籍者"均视为具有中国籍的中国人。[①]《大清国籍条例》对于保护华侨、制止殖民当局的任意欺凌有积极作用，它是清政府护侨政策的一个重要层面，也是其侨务政策重大转变的重要标志。

二、民国时期中国政府对海外华侨华人权益的保护

中华民国肇始之时，国民政府的侨务政策继承了清末时政府对华侨保护的态度。孙中山先生称华侨乃"革命之母"，海外华侨华人对中华民国成立过程中所作出的重大贡献促使国民政府尽力保护海外华侨华人权益。

1912 年 1 月，孙中山出任中华民国临时大总统，其在随后的 3 月即颁布诸多用以保护海外华侨华人之权益的法令，如《令内务部编定禁卖人口暂行条例》、《大总统令广东都督严行禁止贩卖猪仔文》、《大总统令外交部妥筹禁绝贩卖猪仔及其保护华侨办法》、《关于福建设立管理华侨事务的"暨南局"令》。

1912 年 12 月，南京国民政府发布《布告闽粤等省保护华侨文》，责成闽、粤地方政府认真保护归侨："闽、粤各省人民，懋迁为业，转徙海外者，所在多有。以彼久居殊域，犹复眷怀祖国，先后来归，乃地方有司，往往抚辑无力，致情意每多隔阂。前清末造，亦有保护侨民之议，而奉行不善，实效未彰。方今民国肇兴，凡属中华国民，咸得享同等之权利。所有闽、粤等省回国侨民，应责成各该省都督、民政长，通饬所属，认真保护。其有藉端需索，意存侵害者，务当随时查察，按法严惩，俾遂侨民内向之诚，益彰民国大同之治。特此布告。"[②] 北洋政府为了保护赴欧的数十万华工，于 1917 年 9 月颁布了《侨工事务局暂行条例》，设立国务院侨工事务局；并于 1918 年颁布《侨工出洋条例》和《侨工合同纲要》，指出：华工是中国公民，是因战争需要而由中国

① 《大清宣统法令》（第三册），第 11 页。

② 章伯锋、李宗一：《北洋军阀（1912—1928）》（第二卷），武汉：武汉出版社 1990 年版，第 1365 页，转引自庄国土：《东南亚华人社会的形成和发展》，厦门：厦门大学出版社 2009 年版，第 177 页。

政府派遣去欧洲的公民，他们在欧洲各地享有国内公民所享有的各项权益；华工进入欧洲领土，他们在法律上是具有独立人格权的人，任何协约国集团的国家都不得歧视、怠慢和侵害他们；战争结束后，华工是否愿意回国，由他们自己选择，政府不得强迫或干预。①

1923 年，孙中山在广州建立广东革命政府，孙中山就任非常大总统。孙中山令内政部组建专门处理侨务的"侨务局"。同时，广东革命政府也相继颁布了《侨务局章程》、《侨务局经理华侨注册简章》、《内政部侨务局保护侨民专章》等涉侨法律、法规，以保护华侨的合法权益。侨务局的职责为：保护回国华侨，办理华侨子弟回国就学问题；保护旅外华侨之内地家属及财产事项；引导华侨回国游历内地及其招待事项；提倡并奖励华侨回国兴办实业事项；鼓励华侨举办慈善公益事业；介绍华侨有关中外产品贸易；襄办华侨选举国会议员；办理海外华侨教育及学校注册；保护海外华侨设立的商业会所及其他公用、公共团体事项；调查保护华侨工商业、生活、工作状况；调查华侨户口及有关国籍问题；负责处理华侨内部纠纷事项；办理劳工移植海外事项；负责办理向华侨募捐等事项。并且法律规定，侨务局在负责处理上述各项事宜时，遇有重大问题如华侨在海外遭洋人凌辱、财产被侵占等无法单独办理时，应"斟酌情形呈由内政部长"并由内政部长"咨商外交部及驻外领事馆"共同办理，有关方面不得推诿不办。②

1928 年 1 月，南京国民政府在行政院下属之行政院设立侨务局，专管华侨事务。1928 年 9 月，南京国民政府建立直接隶属于行政院的"侨务委员会"，以统筹华侨事务。此一时期，国民政府先后颁布《华侨回国兴办实业奖励条例》，举办"华侨革命义捐"登记，设立"华侨招待所"，改组"暨南大学"。南京国民政府积极推行华侨教育和华文媒体建设，鼓励华侨回国投资。1933 年，南京国民政府侨务委员会成立"救济失业华侨委员会"，以救济、保护失业的华侨及其侨眷。1939

---

① 中国侨务通论课题组：《中国侨务通论》，广州：暨南大学出版社 2012 年版，第 87 页。

② 《陆海军大元帅大本营公报选编》（1924 年），转引自毛起雄：《孙中山先生侨务立法思想与实践》，《华侨华人历史研究》1990 年第 2 期。

年中国国民党五届六中全会，作有如下提示："海外侨胞为抗战建国力量泉源之一……抗战期间，其重要性尤倍于往日。关于侨务，最重要者，为谋保障侨胞之安全及发挥侨胞之物力之力，以用于抗战之事业。目前海外时有排华及虐待华侨之事发生（如暹罗），除负责机关业已进行援助外，今后仍须直接间接继续努力，设法交涉改善，并尽量筹谋安抚回国侨胞之办法，使居留海外者得有安全之保障，其已回国者更能安心工作。"① 1947 年，南京国民政府颁布《中华民国宪法》，宪法第二十六条、第六十四条及第九十一条分别赋予华侨在国民大会、立法院、检察院的代表权，以宪法之效力保护华侨的参政权。此外，《中华民国宪法》中之"基本国策"亦有保护华侨权益之申明，如第一百四十一条规定："中华民国之外交，应本独立自主之精神，平等互惠之原则，敦睦邦交，尊重条约及联合国宪章，以保护侨民权益，促进国际合作，提倡国际正义，确保世界和平"；第一百五十一条规定："国家对于侨居外国之国民，应扶助并保护其经济事业之发展"；第一百六十七条第二款规定："国家对'侨居国外国民之教育事业成绩优良者'予以奖励和补助"。

三、中华人民共和国对海外华侨华人权益的保护

在抗日战争结束后的国共内战中，国民党军队败北，而中国共产党建立了中华人民共和国。

在中华人民共和国成立初期，国共两党都视华侨为重要的政治资源，因此，国共两党都积极争取海外华侨华人的支持，以挫败对方。1949 年第一届中国人民政治协商会议颁布的《中国人民政治协商会议共同纲领》第五十八条规定："中华人民共和国和人民政府应尽力保护国外华侨的正当权益。" 1954 年，第一次全国人民代表大会在北京召开，而在 1 141 名代表中，有华侨、归侨代表 30 名。1954 年颁布的《中华人民共和国宪法》之第九十八条规定："中华人民共和国保护国

① 夏诚华：《民国以来的侨务与侨教研究（1912—2004）》，新竹：玄奘大学海外华人研究中心 2005 年版，第 42 页。

外华侨的正当的权利和利益。”

侨汇是海外华侨华人与中国保持经济联系的重要方式，中华人民共和国成立之初，便建立保护侨汇的制度。1950 年，国家制定关于侨汇政策的若干基本原则：①便利侨汇，国家办理侨汇的机关是服务性质，不是营利单位；②侨汇工作统一由银行管理，邮政局协助；③民营侨批局接受国家银行指导，服从国家统一法令；④侨委系统各华侨服务站加强为侨汇服务及提高效率。[①] 中华人民共和国成立后制定了一系列保护华侨权益的政策和法令。例如，1950 年 11 月 6 日政务院发布《中央人民政府政务院关于土地改革中对华侨土地财产的处理办法》，其中第六条为：“华侨及其家属在农村中出租小量土地者，均按土地改革法第五条的规定处理。如本人出国前原系劳动人民，其出租土地虽超过当地每人平均土地数 200%，其超过部分的出租土地，亦得酌情照顾，不予征收”；第七条为：“华侨及其家属在农村中占有大量土地，部分出租，部分自耕和雇人耕种，构成半地主式富农成分者，按土地改革法第六条关于半地主式富农的规定征收其出租土地。如只占有小量土地，部分自耕或雇人耕种，部分出租者，其出租部分虽超过自耕或雇人耕种部分，仍应照本办法第六条的规定处理，不应认为半地主式富农”；第八条为：“居住国内农村中的华侨家属、无地少地及缺乏其他生产资料者，一般应分给与农民同样的一份土地及其他生产资料。如有经常的侨汇收入，且因缺乏劳动力而不能也不愿从事农业生产者，可按具体情况少分或不分”；第九条为：“经证明确华侨革命烈士，其家属居住农村者，应同样享受土地改革法对烈士家属所规定的优惠待遇”。1955 年 2 月 23 日，针对一些基层行政机构对保护侨汇政策贯彻不足，国务院发布《关于贯彻保护侨汇政策的命令》，该命令规定：①侨汇是侨眷的合法收入，国家保护侨汇政策不仅是国家当前的政策，而且是国家的长远政策。②在动员侨眷参加各种合作社，进行爱国储蓄，购买公债时，必须贯彻完全

① 庄国土：《中国政府对归侨、归眷政策的演变：1949—1966》，《南洋问题研究》1992 年第 3 期。

自愿的原则。任何个人或团体不得向侨眷强迫借贷，不得积压侨汇，不得擅自检查侨批和以任何借口变相侵犯侨汇。凡有侵犯侨汇事情发生，必须分情节论处；对于有意挪用、侵吞、冒领、盗取侨汇和敲诈侨眷的不法分子，必须依法制裁。③侨眷有使用侨汇的自由，任何人对侨眷把侨汇用于生活方面，包括用于举办婚、丧、喜、庆等事，不得干涉。④国家鼓励华侨和侨眷把侨汇投入生产或者向国家投资公司入股，同时鼓励华侨、侨眷修建房屋，各级地方国家行政机关对此应给予便利。

另外，其他相关的法律法规还有：1956 年 6 月 7 日，中共中央转发统战部的《关于国内侨务工作的方针任务及若干问题的意见》；1956 年 8 月 18 日，国务院转发中央侨务委员会、内务部的《关于在选举中改变华侨户主地主成分的意见》；1956 年 9 月 21 日，中共中央组织部拟定《关于华侨学生入党入团问题的意见》；1957 年 3 月 6 日，国务院转发中央侨务委员会的《关于加强对归国华侨职工、干部的团结教育工作和适当照顾其生活的请示报告》。在《关于加强对归国华侨职工、干部的团结教育工作和适当照顾其生活的请示报告》中，国务院华侨事务委员会提出了针对华侨的"一视同仁，适当照顾"的"八字方针"。

第二次世界大战以后，中华人民共和国政府鼓励海外华侨加入所在居住国的国籍。1955 年 4 月，周恩来在印度尼西亚会见爪哇侨领时说："诸位要知道，世界上有人对新中国侨民存在戒心，怀疑他们会不会在当地搞颠覆活动……印（尼）、中两国订立了解决双重国籍问题的条约，就很容易消除掉这些怀疑。"[①] 1959 年 3 月 16 日，方方在全国政协委员和民主党派人士座谈会上发表了《关于华侨工作方针政策问题的报告》，提出了著名的"三好"政策："华侨自愿加入侨居国国籍，很好，我们赞成并鼓励他们为所在国的独立和繁荣富强而努力；如华侨自愿保留中国国籍，同样好，我们则教育他们遵守侨务政策，帮助侨居国发展经济建设，主动搞好和当地人民的友好关系；如华侨愿意回国来，也好，我们要引导他们和国内人民一道，参加祖国社会主义建设。"1960

① 中国侨务通论课题组：《中国侨务通论》，广州：暨南大学出版社 2012 年版，第 9 页。

年，陈毅副总理兼外交部部长在中国政府和印度尼西亚政府签订关于两国政府解决华侨双重国籍问题的条约时表示，中国政府一向认为华侨具有双重国籍是不合理的，因为这不利于华侨的切身利益，而且有可能被那些敌视我们两国友好的势力利用来进行挑拨和破坏活动。

改革开放以后，中国共产党十一届三中全会否定了“文化大革命”中“以阶级斗争为纲”的政策路线，转到以经济建设为中心。海外关系重新被认定为是好的关系，华侨华人的利益保护再次被重视。20 世纪 80 年代初期，中国政府开始正确对待海外关系，进行拨乱反正，复查、纠正“文革”中出现的归侨、归眷冤假错案，清理人事档案，处理“文革”中查抄的财物，保护华侨知识分子，归还华侨房产，帮助归侨、归眷解决住房和子女生活问题，等等。1982 年 12 月 4 日，第五届全国人民代表大会第五次会议通过且在 1982 年 12 月 4 日的全国人民代表大会上公告、公布施行中华人民共和国的第四部宪法。该《宪法》第五十条规定：“中华人民共和国保护华侨的正当的权利和利益，保护归侨和侨眷的合法的权利和利益。”同时在《宪法》第八十九条第十二款规定，国务院行使“保护华侨的正当的权利和利益，保护归侨和侨眷的合法的权利和利益”的职权。由此，海外华侨、归侨、侨眷的合法权益得到宪法最高原则性的保护。《中华人民共和国全国人民代表大会和地方各级人民代表大会选举法》第六条规定：“全国人民代表大会和地方各级人民代表大会的代表应当具有广泛的代表性，应当有适当数量的基层代表，特别是工人、农民和知识分子代表；应当有适当数量的妇女代表，并逐步提高妇女代表的比例。全国人民代表大会和归侨人数较多地区的地方人民代表大会，应当有适当名额的归侨代表。旅居国外的中华人民共和国公民在县级以下人民代表大会代表选举期间在国内的，可以参加原籍地或者出国前居住地的选举。”由此，确立了华侨、归侨、侨眷的参政权。

1989 年的国务院侨务工作会议上，中共中央提出了涉侨的“一视同仁，不得歧视，根据特点，适当照顾”十六字方针。方针规定：“保护归侨、归眷的合法权益，适当照顾归侨、归眷的特点，发挥他们与海外有广泛联系的优势，为建设有中国特色的社会主义祖国而团结奋斗。”①

现在，中国的发展迎来了一个新的阶段。国力的提升使得中国政府能更加有效地保障海外华侨华人的利益。而且，海外华侨华人自身发展良好，其社会地位、经济地位、受教育水平在第二次世界大战以后都得到了极大的提升。

四、海外华侨华人与中国的海外利益

国家利益是国际关系中的一个核心概念，对任何一个国家来说，这个概念都是不可回避的。随着世界经济与政治的不断深化发展，国家利益的内涵也需要不断深化发展。随着中国的不断和平发展，中国将参与到世界事务中，并发挥积极的影响和作用。在这种影响力不断扩大的背后，中国的国家利益范畴也在不断扩大。近年来，中国学界开始关注“中国海外利益”这个概念。总体来看，现阶段国内涉及“中国海外利益”主题的研究主要分为两类：第一类是对“中国海外利益”的概念和内涵进行阐述；第二类是对“中国海外利益”进行分类论述。在概念类文章中，学者对“中国海外利益”的概念有两种观点：一种是认为中国海外利益是中国国家利益的延伸，如张曙光将中国海外利益分成核心海外利益、重要海外利益、边缘海外利益三个层次。② 另外一种观点则认为，中国海外利益是一种新型的国家利益。如苏长和认为，中国海外利益是指中国政府、企业、社会组织、公民通过全球联系产生，在中国主权管辖范围以外存在的，主要以国际合约形式表现出来的中国国家利益。③在对“中国海外利益”进行分类论述的文章中，学者们多从“财”和“物”，以及“海外利益内涵探讨”等方面进行论述。如苗迎纯、钱学文、汪段泳等人曾从对外投资、能源等方面对“中国海外利益”进行论述，但还未对海外利益中的“华侨华人”进行研究。

---

① 中国侨务通论课题组：《中国侨务通论》，广州：暨南大学出版社 2012 年版，第 99 页。
② 张曙光：《国家海外利益风险的外交管理》，《世界经济与政治》2009 年第 8 期。
③ 苏长和：《论中国海外利益》，《世界经济与政治》2009 年第 8 期。

（一）软实力、海外利益、海外侨胞之间的关系

1. 软实力与海外利益之间的关系

软实力是国家权力的外延，而海外利益是国家利益的外延。软实力是约瑟夫·奈在20世纪90年代提出的概念。随着中国在国际体系中的影响力不断扩大，近年来，中国学者开始广泛关注软实力的研究。纵观国内学者对软实力的概念定义，总体而言可以分成两类：一类认为，软实力是非物质性的力量，它是与硬实力（政治、军事等）相区分的，是一种无形的力量，包括意识形态、文化及价值的吸引力；另一类认为，软实力是国家硬实力的延伸，是与国家硬实力发展密切相关的一种软力量。学术界对海外利益的定义也分为两类：一类观点认为，海外利益是一种相对独立的新型利益，指的是在国家利益范围外的利益范畴；另一类观点认为，海外利益是国家利益的延伸，是国家利益范围的扩大。新现实主义认为，权力是实现利益的手段，即国家权力是实现国家利益的手段，换句话说，国家利益是通过国家权力来实现的。按照这个逻辑，软实力是实现海外利益的重要手段之一，海外利益是通过硬实力和软实力来实现的（如下图所示）。

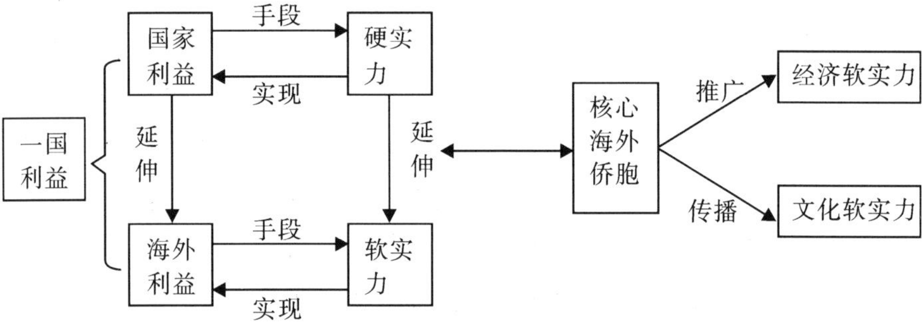

一国国家利益与海外利益的关系图

2. 软实力与海外侨胞的关系

海外侨胞是中国软实力的“承载者”，是经济软实力的“推广者”，

是文化软实力的“传播者”。随着海外华人社会的发展壮大，越来越多的华人开始参与到居住国的政治中，华人积极参政不仅有利于保障华人社区的利益，更有利于当地政府对中国外交政策和政治意图的理解，因此，他们扮演着“解释者”的角色。华商一直是东南亚地区经济发展的重要力量，中国的市场规模和经济模式将会随着华商与中国经济相互依赖的不断加深而变得更具吸引力，因此他们扮演着“推广者”的角色。随着中国经济的高速发展，汉语在世界各地成为热门的语言，中国孔子学院在世界范围内的建立，使得更多的海外侨胞，甚至是外国人开始学习汉语和了解中国传统文化，因此他们也扮演着“传播者”的角色。总而言之，海外侨胞是中国软实力的“承载者”，是中国经济软实力和文化软实力在世界范围内推广和传播的核心力量。

（二）海外侨胞通过对软实力的承载实现海外利益

1. 海外侨胞与中国政治实力的构建

中国的政治实力主要体现在两个方面：一个方面是华裔积极参与居住国的政治，另一个方面是对中国政治和政策的理解。这两个方面是相互影响、相互促进的。

由加拿大怀雅逊大学公布的报告表明，华人最为积极参与政治。在有色族裔参政方面，华人在议会参政席位是 10 个，人均席位是 0.75，是有色族裔参政中最为积极的一支力量。联邦政府将会增加议席人数，届时，将会有更多的华裔政客进入议会参政。

洛杉矶加州大学亚美研究中心的《美国亚裔政治年鉴》指出，在美国联邦、州、县、市的亚裔官员超过 3 000 人，创下了历史之最。其中有多位华裔政客位居高职，包括：加州主计长江俊辉、联邦众议员赵美心、内阁成员能源部部长朱棣文和原商务部部长骆家辉等。“华裔参政版图”将不断刷新。

华裔参政的新发展，既有利于海外华人地位的不断提高和华人社会的团结，也有利于加强海外对中国政策和社会的理解，促进国家关系正常有序发展。

2. 海外侨胞与中国经济软实力的推广

华商是华侨华人中最有代表性和最有影响力的群体，他们也是中国经济软实力的重要载体。20 世纪 80 年代以来，华商网络的成功受到了广泛的关注，特别是东南亚的华商表现尤为优异。中国改革开放以来，海外华商积极开展和扩大对华投资，促进了中国经济的发展。在改革开放初期中国引进的外资中，华人资本占有重要的地位，只是在最近几年，由于西方的跨国公司扩大了对华投资，海外华人资本在外资中的比重才逐步下降，但仍然占有举足轻重的地位。世界上一切资本都是逐利的，哪里有利润，资本就往哪里流动，华人资本也不例外。我们说华商是中国经济软实力的载体，是因为在全球化和区域一体化的时代，华商是最活跃的群体之一，他们在促进全球化和区域一体化的过程中，扮演了非常重要的、积极的角色，他们为中国的经济现代化、全球化和区域一体化，发挥了重要的作用，是中国经济现代化的驱动力量，是促使中国加入全球化和区域一体化的引路人。

在中国"走出去"的战略背景下，越来越多的企业和个人到外国投资。据统计，2003—2009 年，中国的海外直接投资总额达到 413.8 亿美元，投资覆盖地区从 2003 年的 135 个增加到 2009 年的 173 个。[①] 海外投资难免会涉及跨国经营中政策、文化方面的障碍，因此，中国企业的海外扩张战略可有效利用华商网络，得到有效的资讯和帮助，选择预期效益稳定、投资风险小的项目，减少因经验不足而遇到的挫折。

华裔参政数量的提高也有利于中国经济软实力的推广。2011 年 8 月 1 日至 13 日，美国商务部商业咨询委员董继玲女士、美国马里兰州众议员李凤迁女士、加拿大多伦多市议员李振光先生等 16 位美加参政华人访问中国，并到访了北京、福建和四川等地；关丽珍在当选为美国加州市长后表示，其首要目标是率团访问中国，扩大奥克兰与中国的多方合作，呼吁中国企业来奥克兰投资。海外参政华人访华，不仅扩大了

① 《中国对外直接投资统计公报》，转引自：《中国海外利益研究年度报告（2008—2009）》，第 187 页。

双边经贸往来的空间，也提升了华人海外参政的实力和主流社会对华人政客的关注度。

3. 海外侨胞与中国文化软实力的传播

华人社团、华文媒体和华人学校被称作是海外华人社会的“华人三宝”，事实上，它们也是中国文化软实力的“三宝”。在提到华人学校和华文教育的时候不得不提及中国的孔子学院。据统计，自中国在2004年建立第一所孔子学院以来，孔子学院发展迅速，截至2012年，中国已经在108个国家和地区建立了400所孔子学院。随着中国孔子学院数量的增多，各国了解中国文化的机会，以及各国与中国的交往也随之增多，中国的文化软实力得以传播。

（三）中国海外利益保护中的护侨问题

首先，要加强对现有国际机制的研究，研究如何运用现有的国际机制，对海外侨胞进行更加有效的保护。现有的国际机制，包括国际法、国际公约、国际惯例以及联合国等国际组织，是维护海外侨胞利益的重要手段和途径。随着中国成为一个世界大国，其参与的国际事务将会越来越多，在海外工作、投资移民、学习和旅游的国人也将会遍及全球，要学习利用现有的国际机制，保护和发展国家在海外的利益，尤其是保护海外侨胞的人身安全和财产安全。

其次，要对发达国家侨民保护政策进行比较研究。欧美国家以及有较多侨民在海外的国家包括日本、印度等国，它们在领事和侨民保护方面有一套比较完善的应急管理制度、撤侨和护侨政策，值得中国研究和借鉴。学习和借鉴其他国家这方面的经验与教训，是为了建立有中国特色的领事和侨民保护制度，更好地维护和拓展中国的海外利益。

再次，要对维护和拓展海外侨胞利益的相关政策进行合理设计。应该对可能出现政治动荡和排华的国家进行深入研究，并且制定相应的领事和侨民保护政策。中国的投资往往集中在亚、非、拉等地区，而这些地区容易发生政治、经济动荡。因此，应加强对外国问题的综合研究，尤其是要加强对那些华侨华人主要聚居国的政治、经济、文化和华侨华人政策的研究。因此，应该对有大量华侨华人的国家进行甄别，分析研究相关国家发生危害华侨华人利益事件的可能性，对主要的华侨华人聚居国的经济、政治风险进行预测和评估，并且提出应对的策略。

此外，还需完善对海外华侨华人进行保护的法律界定和规范。

总之，中国的和平发展将会对海外华侨华人产生深远的影响，中国国际地位的提升也会使海外华侨华人的社会地位得到提升。今后将会有更多的人跨出国门到海外发展，成为跨越中国和外国的“跨国人”，也将会有更多的华人参与到居住国的经济和文化生活当中，这些人都将是中国软实力和海外利益的承载者与核心力量。总之，研究中国的海外利益，必须研究人，包括走出国门的中国公民，已经长期在海外居住的华侨，已经成为居住国公民的华人或华裔。中国在和平发展和走向世界大国的过程中，将会催生更多的华侨华人，而越来越多遍布全球的华侨华人又将进一步促进中国的和平发展与走向世界。

五、海外华侨华人国内正当权益的保护

华侨权益涉及国外正当权益和国内正当权益两个部分。华侨国外正当权益的保护机制比较复杂，涉及祖（籍）国的领事保护制度、住在国的法律保护以及诸如《联合国宪章》、《世界人权宣言》、《公民权利和政治权利国际公约》等国际法、国际条约多方面、多层次性的保护。华侨国内正当权益的保护相对简单一些。下面将先探讨海外华人在国内之正当权益的保护问题。海外华侨所具备之公民权、参政权、受教育权、财产权、专利权、出入境权利还有华侨的侨捐、投资等都要受到中国政府的保护。

华侨之公民权主要涉及华侨身份界定的问题。1990 年 9 月 7 日第七届全国人民代表大会常务委员会第十五次会议通过的《中华人民共和国归侨侨眷权益保护法》第二条规定：“归侨是指回国定居的华侨。华侨是指定居在国外的中国公民。”1980 年 9 月 10 日，第五届全国人民代表大会第三次会议通过了《中华人民共和国国籍法》，本法第三条规定：“中华人民共和国不承认中国公民具有双重国籍”；第五条规定：

“父母双方或一方为中国公民，本人出生在国外，具有中国国籍；但父母双方或一方为中国公民并定居在外国，本人出生时即具有外国国籍的，不具有中国国籍”；第十三条规定：“曾有过中国国籍的外国人，具有正当理由，可以申请恢复中国国籍；被批准恢复中国国籍的，不得再保留外国国籍”。1984 年，国务院侨办印发《关于华侨、归侨、华侨学生、归侨学生、侨眷等身份解释（试行）》的通知，其第二条规定：“国外定居”是指“已取得所在国的居留权，或虽未取得所在国居留权而事实上已在当地居留谋生”。2005 年，《国务院侨办关于对华侨定义中“定居”的解释（试行）》第一条规定：“定居是指中国公民已取得住在国长期或永久居留权”；第二条规定：“中国公民虽未取得住在国长期或者永久居留权，但已取得住在国连续5 年（含5 年）以上合法居留资格，并在国外居住，视同定居”。2006 年，浙江省人民政府发布的《浙江省华侨权益保障暂行规定》第二条规定：“华侨是指已取得住在国长期或者永久居留权；以及虽未取得住在国长期或者永久居留权，但已取得住在国连续5 年（含5 年）以上合法居留资格，并在国外居住的中国公民。”

2009 年4 月24 日，国务院废止了1984 年印发的《关于华侨、归侨、华侨学生、归侨学生、侨眷等身份解释（试行）》的通知与2005 年发布的《国务院侨办关于对华侨定义中“定居”的解释（试行）》通知，取而代之的是《国务院侨务办公室关于印发〈关于界定华侨外籍华人归侨侨眷身份的规定〉的通知》。

华侨是中国公民，其作为中国之公民应具备持有“中华人民共和国居民身份证”的权利，但是按照当前中国之居民身份证法，海外华侨无权申领居民身份证。2003 年6 月28 日，第十届全国人民代表大会常务委员会第三次会议通过的《中华人民共和国居民身份证法》第一条申明：“为了证明居住在中华人民共和国境内的公民的身份，保障公民的合法权益，便利公民进行社会活动，维护社会秩序，制定本法”；第九条规定：“香港同胞、澳门同胞、台湾同胞迁入内地定居的，华侨回国定居的……在办理常住户口登记时，应当依照本法规定申请领取居民身份证”。1986 年的《中华人民共和国公民出境入境管理法实施细则》第七条规定：“居住国内的公民办妥前往国家的签证或者入境许可证件后，应当在出境前办理户口手续。出境定居的，须到当地公安派出所或者户籍办公室注销户口。短期出境的，办理临时外出的户口登记，返回后凭护照在原居住地恢复常住户口。”

华侨是中国公民，其有权参与中国的国家事务，如拥有政治参与的权利。《中华人民共和国全国人民代表大会和地方各级人民代表大会选举法》第六条规定：“全国人民代表大会和地方各级人民代表大会的代表应当具有广泛的代表性，应当有适当数量的基层代表，特别是工人、农民和知识分子代表；应当有适当数量的妇女代表，并逐步提高妇女代表的比例。全国人民代表大会和归侨人数较多地区的地方人民代表大会，应当有适当名额的归侨代表。旅居国外的中华人民共和国公民在县级以下人民代表大会代表选举期间在国内的，可以参加原籍地或者出国前居住地的选举。”中华人民共和国第十一届全国人民代表大会常务委员会第十七次会议于 2010 年 10 月 28 日修订通过《中华人民共和国村民委员会组织法》，其第十三条规定：“年满十八周岁的村民，不分民族、种族、性别、职业、家庭出身、宗教信仰、教育程度、财产状况、居住期限，都有选举权和被选举权……户籍不在本村，在本村居住一年以上，本人申请参加选举，并且经村民会议或者村民代表会议同意参加选举的公民。”

1990 年 9 月 7 日通过的《中华人民共和国归侨侨眷权益保护法》是国家通过立法的途径保障华侨、归侨、侨眷在国内正当权益的最主要形式。1993 年，国务院修订颁布了《中华人民共和国归侨侨眷权益保护法实施办法》；2004 年 6 月 4 日，国务院第 53 次常务会议通过了新的《中华人民共和国归侨侨眷权益保护法实施办法》，其第四条强调：“县级以上地方各级人民政府应当重视和加强归侨、侨眷合法权益保护工作。县级以上人民政府负责侨务工作的机构应当组织协调有关部门做好保护归侨、侨眷合法权益的工作，并组织开展本行政区域内归侨、侨眷权益保护的法律、法规执行情况的监督、检查。县级以上人民政府有关部门应当在各自的职责范围内做好归侨、侨眷合法权益的保护工作。”

海外华侨华人在中国大陆的投资权益与投资所得应当得到中国政府的保护。1990 年 8 月 19 日国务院发布第64 号命令，即《国务院关于鼓励华侨和香港澳门同胞投资的规定》，该规定的主要内容就是保护华侨在中国境内的投资权益，促使华侨在中国投资。该《规定》第七条规定：“华侨、港澳投资者在境内的投资、购置的资产、工业产权、投资所得的利润和其他合法权益受国家法律保护，并可以依法转让和继承”；第八条规定：“国家对华侨、港澳投资者的投资和其他资产不实行国有化”；第九条规定：“国家根据社会公共利益的需要，对华侨、港澳同胞投资企业实行征收时，依照法律程序进行并给予相应的补偿”；第十条规定：“华侨、港澳投资者投资获得的合法利润，其他合法收入和清算后的资金，可以依法汇往境外”。同时，第二十条规定，当华侨、港澳投资者在中国境内发生合同争议后，当事人可申请调解，或者仲裁，或者向人民法院提起诉讼。华人投资权益与收益权益的保障，有效地促进了海外华人在中国大陆的投资。

在新的历史时期，中国政府非常重视保护华侨华人在国内的利益，这使华侨华人在中国境内的利益得到了法律的保障。保护华侨华人在中国国内利益最重要的措施是建立完善的法治制度，且公民的基本权利应是政府保护的对象之一。维护华侨华人在国内的正当权益，有助于他们实现自己的自由与幸福，也有助于实现中国梦。

六、海外华侨华人国外正当权益的保护

海外华人不具有中国国籍，所以在宪法和法律层面没有基于华人身份而专门保护其权益的专门规定。但是华人作为一个与中国有着特殊关系的群体，他们与中国政府的关系是特殊的，中国政府应给予其在投资、兴办企业、教育、税收等方面的特殊优惠待遇。

政府有效保护海外华侨华人主要有以下几种方式：①依据居住国的法律，为自己的损失寻求法律救济；②当居住国之政府与司法体系不能为被侵权人提供保护和救济时，华侨应当借助中国政府的力量，为自己

的权益辩护，故中国应建立健全保护机构，如国务院侨办、外交部在海外设立的使领馆，各地的侨联单位等，都是代表中国政府在海外护侨的基本单位；③完善立法，中国虽然颁布了《中华人民共和国归侨侨眷权益保护法》，但是还没有一部针对海外华侨权益保护的法律，相关单位如“全国人民代表大会华侨委员会”应尽快完善立法，为海外华侨权益的保障提供法律程序和司法救济；④加入有利于保护华侨海外权益的国际公约，如中国政府已在1979年加入1966年订立的《公民权利和政治权利国际公约》。

此外，领事保护制度也是一种重要的保护机制，而所谓的领事保护是一个主权独立的国家对其公民所应负的重要责任。1979年，中国政府加入了1963年制定的《维也纳领事关系公约》，该《公约》第五条第一款规定：“领事职务包括于国际法许可之限度内，在接受国内保护派遣国及其国民——个人与法人——之利益”；第八款规定：“在接受国法律规章所规定之限度内，保护为派遣国国民之未成年人及其他无充分行为能力人之利益，尤以须对彼等施以监护或托管之情形为然”。

2011年11月外交部公布的最新的《中国领事保护和协助指南》的第五部分对此作了如下的规定：“领事保护是指中国公民、法人的合法权益在所在国受到侵害时，中国驻当地使、领馆依法向驻在国有关当局反映有关要求，敦促对方依法公正、妥善处理，从而维护海外中国公民、法人的合法权益。实施领事保护的主体是政府，在国外是驻外使领馆。中国目前有260多个驻外使领馆，他们都是实施领事保护的主体。”该《指南》第五部分第二条规定：“凡是依照《中华人民共和国国籍法》具有中国国籍者，都可以得到中国政府的领事保护。也就是说，只要您是中国公民，无论是定居国外的华侨，还是临时出国的旅行者；无论是大陆居民，还是香港、澳门和台湾同胞，都是我们提供领事保护的对象。”

华人作为一个特殊的族群，保护自己在住在国的权益有多种途径：

第一，华人必须积极参与住在国的政治，为自己争取代表权，发出自己的声音。积极参政是海外华人自我保护的一个重要途径。成立于1949年的马来西亚华人公会（以下简称“马华公会”）是马来西亚最具华人特色的政党，马华公会的宗旨之一就是要“推动华人大团结”。马华公会作为一个具有民族性特色的政党，代表着华人权益的表达。[①] 近年来，北美华人积极参政并取得了很好的效果。2012 年 6 月在赵美心国会议员的推动下，美国国会通过了《排华法》道歉案，这可以说是华人在美国争取权益平等的重大胜利。

第二，通过组建社团，增强华人族群的力量，维护华人族群的权益，1969 年在旧金山成立的“华人权益促进会”，由社区行动积极分子和学生成立，目的是为在很多行业无法享有平等机会的华裔争取权益。华人权益促进会（以下简称“华促会”）是一个专门为了保护华人权益而成立的团体，其目的是争取符合华人、亚裔社区需要之计划、政策和立法，并改变或消除那些有害和歧视的计划、政策和立法。华促会的权益工作包括研究和分析影响服务人口的政策，社区外展和教育，为立法者和政府管理者提供技术援助，以及在不同的种族和族裔社区建立争取权益的网络、开展争取权益的运动。华促会的核心民权议题包括语言权益、移民权益和种族正义[②]。

第三，海外华文媒体的建立和发展也有利于保护华侨华人的权益，如印度尼西亚的《千岛日报》，于2000 年创办，总部设在印尼的第二大城市泗水。创办者、报社社长张明开先生谓“其办报的宗旨就是争取和维护华人正当权益，促进各族和谐共处，共创国家社会的繁荣”[③]。

中国自改革开放以来，综合国力不断增强，终于摆脱了被他国侵略、奴役的命运，而海外华人也在为中国当代的发展感到骄傲与自豪的同时，赢得了荣誉，获得了保护其海外正当权益的坚强后盾。

---

① 曹云华、许梅、邓仕超：《东南亚华人的政治参与》，北京：中国华侨出版社 2004 年版，第 307 ~ 308 页。

② http://www.caasf.org/zh - hant/% e6% 9c% 8d% e5% 8b% 99% e9% a0% 82% e7% 9b% ae/% e7% 88% ad% e5% 8f% 96% e6% ac% 8a% e7% 9b% 8a/。

③ 虞宝竹：《印尼〈千岛日报〉：维护华人权益》，《军事记者》2011 年第 7 期。

第四编

侨力为国：新时期华侨华人与中国梦的实现

第九章
华侨华人投资与中国经济发展

伟大的梦想，源于现实的土壤。实现民族复兴的中国梦，是近代以来中华民族肩负的历史使命。它是从改革开放30多年的伟大实践中走出来的，是从中华人民共和国成立60多年的持续探索中走出来的，是从近代以来中华民族170多年发展历程的深刻总结中走出来的，也是从对中华民族5 000多年悠久文明的传承中走出来的。中国梦逐渐成形的过程，就是中国不断发展前行的过程。历史实践证明，实现中国梦的必然要求和根本途径就是要坚持“发展是硬道理”的战略思想，不断夯实实现中国梦的物质文化基础，加快社会经济发展。

实现中华民族伟大复兴的中国梦是海内外华侨华人共同的心声和梦想。这一伟大梦想从晚清时期开始，而后逐步形成发展。中国近现代史表明，海外华侨华人不仅在推翻封建王朝和开展民主主义革命当中，而且在近代以来国家经济建设当中，都扮演了不可替代的独特角色，发挥了积极的重要作用。除了某一特定时期之外，华侨华人始终没有中断过对中国经济建设的关注与支持。因此，长期以来，无论是研究华侨华人与祖（籍）国关系，还是研究中国经济的近代化和现代化进程，华侨华人与中国社会经济发展的关系始终是最重要的研究内容之一。

目前，国内关于近代以来华侨华人与中国经济关系的研究颇多。总体而言，由于华侨华人与中国经济关系和中国的政治演变密不可分，故一般将近现代华侨华人与中国经济关系的历史发展划分为以下几个阶段：晚清时期、民国时期、中华人民共和国时期，而中华人民共和国时期一般又分为新中国成立至改革开放和改革开放后两个阶段。

一、晚清时期华侨华人投资与中国民族经济萌芽

中国人移居海外的历史，可上溯至先秦时期，距今已有 2 000 多年。先秦时期，中国人主要移往东亚和东南亚地区，由于当时的交通不便，他们与大陆几乎没有经济联系。唐代，中国社会发展处于鼎盛时期，中外交流发达，许多人迁移至朝鲜、日本以及西亚和东南亚地区。宋代，随着商品经济的发展以及航海、造船技术的提高，中国商人频繁出入南中国海、印度洋、波斯湾等地。明清时期，航海业进一步发展，中国政府的海禁政策废除后，刺激了私人海外贸易的发展，成为当时人们移居海外的重要动力。与此同时，西方殖民势力开始渗透东南亚地区，急需大量劳动力，这也推动部分中国人移民海外。但总体而言，1840 年鸦片战争以前，中国出去的人少，且多为小商人，他们与中国大陆的经济联系主要是贸易往来，经济方式相对单调，范围较小。

鸦片战争后，西方列强敲开了中国大门，2 000 多年的封建经济体系迅速瓦解，中国被迫卷入资本主义世界市场，成千上万的契约华工和自由华工流散到美洲、欧洲、大洋洲、非洲、东南亚等地，直至新中国成立，此阶段为中国历史上规模最大、分布最广、影响最深的海外移民时期。据估计，这一时期出国并定居海外的人数接近 1 000 万，其中 80% 迁居东南亚。与以往移民不同，这一时期的移民主要是群体性移民，劳工成为移民的主体，其次是商业移民和政治性移民。海外华侨经过数代人的辛勤劳动、艰苦努力，逐渐在居住国立足并发展壮大。他们的实力在世界各国尤其是东南亚经济中占有重要地位。至晚清，海外华侨经过历代的发展积累，已经具备了一定的经济实力。

清政府利用华侨资本的思想萌发于洋务运动初期。19 世纪 60 年代，清政府发起洋务运动，但资金短缺成为主要的发展障碍。由于清政府对西方垄断资本存有敌视与恐惧心理，不愿意让其进入中国，故开始把目光瞄准另一种海外资本即华侨资本。当时的洋务派官僚在与西方各

国的交往中，逐渐对海外华侨的经济实力有了一定认识。1877 年底，晚清政府在新加坡设立了第一个领事馆，接着在华侨旅居的国家和地区都设立了领事馆。这些领事官员定期向总理衙门汇报华侨的经济状况和所在国的经贸信息。为了全面、详细了解南洋和大洋洲华侨的经济状况，1886 年清政府组建了以王荣和、余瓗为首的特使团，赴南洋和大洋洲考察华侨的经济状况。同时允许各省制定侨资政策，吸引华侨资本。

中日甲午战争后，清政府进一步意识到海外华侨对推动中国社会经济发展以及实现国家、民族富强的重要性，态度逐步从之前的“弃侨”转向“护侨”，并制定和实施了一系列保护华侨投资的政策与措施。1895 年 8 月，光绪帝颁布的振兴工商的谕令，首先考虑到海外华侨和华侨资本，该上谕称：“南洋各岛暨新、旧金山等处中国富商在侨寄者甚众，劝令集股，必多乐从”，同时规定，引进侨资“一切仿照西例，商总其事，官为保护”。[①] 1898 年，清政府在沿海设立保商局，专门保护归国华侨的利益。清政府引进侨资的政策措施主要体现在以下几方面：第一，授予海外华侨领袖较高的官职，利用其影响宣传政府的引资政策；第二，派遣招商使团赴海外华侨聚居地进行招商引资活动；第三，实行奖励“商勋”和“惠商”政策，提高侨商的政治地位；第四，组建海外华侨商会，维护侨商利益；第五，对归国华侨投资的企业给予专利和免税优惠，等等。出于推动经济发展和因惧怕而抵制西方国家资本的目的，晚清政府日益重视吸引华侨资本。在侨资政策的制定与具体实施中，清政府将引进侨资与保护海外华侨利益紧密结合，同时注重从政治、经济上激励、拉拢华侨领袖，发挥其示范、引导作用。从注意华侨的经济实力到吸引侨资投资政策的出台，这一过程既是清政府观念转变的认知过程，又是其利用华侨资本抵制西方列强资本，维护民族经济独立的具体实践过程。

当然，华侨资本的形成、壮大和海外侨胞的爱国情怀是晚清引进侨资政策得以实施的客观社会条件，而政府对海外华侨的保护与重视极大

---

① 朱寿朋编：《光绪朝东华录》，北京：中华书局 1958 年版，第 3637 页。

率先回国投资挽救民族工业的马来西亚华侨张振勋

地激发了海外华侨的民族主义思想与热情，增强了华侨的中国归属意识和“中国情结”。晚清华侨在海外事业取得发展之后，多数回国投资，建设家乡，捐资兴办公益事业。中国近代民族工业形成与发展过程中的许多纪录都是由华侨创造的。1862 年，秘鲁华侨黎氏在广东创办万兴隆商行，揭开了华人投资中国的序幕。1872 年，南洋商人陈启沅在广东南海创办的继昌隆缫丝厂则被认为是中国民族资本主义之发端。

据统计，1862—1911 年，华侨投资国内企业约 351 家，投资金额折合人民币约 5 515 万元，① 主要分布在闽、粤两地，集中在商业、交通运输业、金融业等行业。这些华侨企业对于抵制西方垄断资本的经济侵略，维护近代民族经济独立，改变中国封建经济体系，刺激中国民族企业的兴起与发展，推动中国近代化的历史进程起到了一定作用。

二、民国时期华侨华人投资与中国经济发展

民国以后，华侨华人捐助祖（籍）国和家乡的热情大为高涨。这一方面是因为 20 世纪初，海外华侨的民族主义意识逐步兴起，对中国的认同感大大加强。这种民族意识在孙中山出任中华民国总统后更是达到了高潮。同时，海外华侨组织纷纷成立，华侨社会也以亲缘、地缘等关系组建各类社团组织，这使海外华侨华人的凝聚力增强，一批华侨华人实业巨子有能力也有热情为家乡发展和社会公益事业多作贡献。另一方面，当时国民政府的侨务

晚清时期由福建晋江华侨创办的企业

① 吴杰：《中国近代国民经济史》，北京：人民出版社 1958 年版，第 14～15 页。

政策比较重视海外华侨，国内又大力开展城市化建设，急需资金支持，而国外资本主义却遭遇世界危机，经济发展不景气。因此，民国以后，华侨个人和社团在投资、捐赠家乡和祖国建设方面发挥了更大作用。

国民政府延续了晚清政府侨务政策的许多精神与做法，重视海外华侨资本的引进及其权益保护。1926 年 10 月，国民党中央执委会与各省党部在广州举行联席会议，通过了《国民党最近政纲》，其中第九部分列举了三项有关侨务的政策："设法使华侨在居留地得受平等待遇"；"华侨子弟归国求学，须予以相当便利"；"华侨回国兴办实业，须予以特别保护"。[①] 政府因势利导，积极鼓励华侨回国投资，协助他们兴办实业。1929 年 2 月，国民政府立法院制定了《华侨回国兴办实业奖励法》。该法是国民政府奖励华侨回国投资的第一部法律，规定对于回国兴办工、商、电、矿、农、林、渔、牧、交通以及其他经政府准许的事业，可给予以下奖励，"①安全之保障；②资本及债票之保息；③补助金之给与；④运费之减免；⑤公有土地之优先租用或公有荒地之优先承垦；⑥技术上及经营上之指导与协助；⑦特殊困难之救济；⑧承购国营公营事业工厂之优待；⑨荣誉纪念品之颁发"[②]。即使在抗战期间，中国的工业受到毁灭性的打击，东南沿海地区的工业丧失殆尽，国民政府仍然通告海外侨胞，鼓励并协助他们回国兴办实业，欢迎华侨投资西南大后方，开发国家矿产资源。

总之，虽然民国时期国内政治动荡，但华侨回国投资并未中断，仍积极参与中国民族经济建设。这一时期的经济关系可以分为五个阶段：①初步发展阶段（1912—1919）：投资企业 1 402 个，投资额 7 100 万元，主要投向工业、商业、交通运输、金融、房地产等；②继续发展阶段（1919—1927）：投资企业 5 904 个，投资额 16 574 万元，主要投向房地产、金融、工业和商业等；③高潮阶段（1927—1937）：投资企业 12 253 个，投资额 25 065 万元，主要投向房地产、商业、工业和交通业等；

①② 华侨革命史编纂委员会编：《华侨革命史》（上），台北：正中书局 1981 年版，第 106、119 页。

④衰落阶段（1937—1945）：行业投资企业1 271个，投资额2 801万元，主要投向房地产、农矿业和商业等；⑤回升阶段（1945—1949）：投资企业4 687个，投资额6 011万元，主要投向房地产、商业、交通业和工业等。[1] 从当时华侨回国投资的发展变化来看，华侨民族主义情绪高涨，积极回国投资，但国内政局稳定与否涉及投资回报等根本利益，对华侨投资有重要影响。在1927—1937年国民党统治相对稳定期，华侨投资发展较快，但之后受日本侵华和国共内战，政局不稳定因素的影响，急剧收缩。总体而言，这一时期的华侨投资仍集中于资本主义发展较快的沿海城市，且涉及的行业广泛，为当时国内经济复苏，推进中国资本主义的工业化、商业化、都市化以及农业专业化起到了一定的积极作用。

澳洲华侨郭乐及其兄弟1918年创办的上海永安公司

华侨捐献的部分汽车

华侨踊跃认购国民政府发行的救国公债

三、新中国成立初期华侨华人投资与中国经济复苏

新中国成立后，国家一穷二白，百业待兴。1952年1月，中共中

① 谭天星：《华侨华人与中国社会经济发展》，《八桂侨刊》1994年第4期。

央发布的《中共中央关于海外侨民工作的指示》，分析了新中国建立之初各侨居国的情况及华侨的反应，进而指明当前新中国侨民政策的中心点是保护华侨正当权益，为华侨服务，收容被迫回国难侨，鼓励华侨回国投资。接着，党和政府也在引进侨资方面制定了一些具体的政策和措施，对华侨回国投资起到了具体的引导和指导作用。中侨委在第一次侨务扩大会议上拟定了有关华侨回国投资的几个原则：①华侨回国投资，其经营方式得采取私营、公私合营方式；②凡是有利于国计民生者，华侨均可投资，但是根据华侨的资力、技术及其他具体条件，以从事赢利较快的企业为宜；③对华侨投资的优待问题，按《共同纲领》第三十条，对鼓励与扶助有利于国计民生的私营经济事业的政策予以规定。

新中国华侨投资先驱黄洁

同时，为了适应中国公有制经济的建立与发展，政府对华侨及华侨资本逐步制定了一些新的政策，主要包括华侨在国内的私营工商业的社会主义改造和鼓励华侨回国投资兴办实业两个方面。原则上根据华侨对原企业的占有情况承认华侨在现企业中的股权，按年领取股息。1956 年 6 月，中共中央转发统战部《关于国内侨务工作的方针任务及若干政策问题的意见》，规定辅导华侨投资的方针为：根据国家经济计划的需要，照顾投资人的愿望，以国家经营的投资公司为主，采用合作经营或公私合营的形式，并可允许个别的私营经营，主动引导他们有计划地逐步改造为社会主义企业。按照以国家经营的投资公司为主的指导思想，新中国成立后国家大力扶植华侨投资公司。国家对资本主义工商业进行公私合营，侨资企业改制，华侨在国内直接投资企业的渠道被封闭。1957 年，在广东、福建组织“华侨工业股份有限公司”的经验基础上，成立了全国性的“华侨投资总公司”，以各地的华侨投资公司为分支机构，先后在广东、福建、广西、云南、山东、辽宁、上海、武汉、南京等 11 个省市分别设立华侨投资公司，以募股、信托的方式吸收海外侨资参与经济建设。同年，国务院还颁布了《关于华侨投资于国营华侨投资公司的优待办法》。至 1963 年，各华侨投资公司兴建的厂矿（场）企业共有一百余家。到 1970 年被撤销为止，华侨投资公司共吸收华侨投资金额 5 700 万美元。总之，新中国成立至 1966 年“文化大革命”之前，在中国计划经济体制下，不允许华人直接经营企业的客观环境不能适应华人资本的发展，故华侨大规模的国内投资相当少，总额约 1 亿美元。①

1958 年，马来西亚归侨王明园、王庆辉、吴信义等投资兴办的侨星化工厂

之后，文化大革命全面开始。由于“左”的路线的干扰和破坏，国内政治秩序混乱，经济濒临崩溃边缘，侨务工作也成了“重灾区”。有“海外关系”者成为被打击的对象，这样严重挫伤了海外华侨关心和参与祖国经济建设的积极性。所以，直到改革开放政策实施以前，海外华侨华人在中国大陆的投资几乎处于中断状态。

① 林金枝：《海外华人在中国大陆投资的现状及其今后发展趋势》，《华侨华人历史研究》1993 年第 1 期。

四、改革开放以来华侨华人投资与中国经济振兴

1978 年 12 月 18 日至 22 日，党的十一届三中全会胜利召开。此次会议重新确立了党的思想路线和政治路线，作出把工作重点转移到社会主义现代化建设上来的战略决策，并富有远见地提出了对党和国家各个方面的工作进行改革的任务。之后，侨务领域包括华侨投资政策也随着全国各行各业的全面拨乱反正，出现了重大转折。作为中国改革开放的总设计师和新时期侨务政策的开创者和奠基者，邓小平十分重视发挥华侨华人在对外开放中的带头作用和桥梁作用。1979 年 1 月 17 日，邓小平在邀请工商界知名人士胡厥文、胡子昂、荣毅仁、古耕虞、周叔弢等到人民大会堂福建厅谈话时说道："现在搞建设，门路要多一点，可以利用外国的资金和技术，华侨、华裔也可以回来办工厂，吸收外资可以采取补偿贸易的办法，也可以搞合营，先选择资金周转快的行业做起。"此后，他还对华侨华人投资的性质作了分析："我们国内还是全民所有制，或者集体所有制。也还可能包括一部分华侨的投资，这部分也可能是资本主义经济的形式，但是绝大多数华侨都是带着爱护和发展社会主义祖国这个愿望来的，与纯粹的外国投资不同。"① 邓小平准确地把握了当时国内外形势，充分认识到华侨华人在中国经济建设中的重要地位，将华侨华人与中国的对外开放联系起来，并正确阐述了中国现行的公有制与华侨投资的私有制之间关系的实质性问题，给来中国大陆投资的华侨华人吃了颗定心丸。从此，中国对外开放打开了一个突破口，迎来了海外华人资本来华投资的大热潮。

（一）改革开放以来海外华商在中国大陆的投资发展历程

1. 起步阶段（1978 年至 1991 年）

利用外资包括侨资发展中国经济，是邓小平改革开放思想的核心内容之一。实行改革开放后，中共中央、国务院领导高屋建瓴，充分认识

① 《邓小平文选》（第二卷），北京：人民出版社 1994 年版，第 156、235 页。

到广东、福建两个著名侨务大省海外华侨华人和港澳台同胞多的优势，因地制宜地把广东省的深圳、珠海、汕头和福建省的厦门四地设为经济特区。1983 年，中共中央、国务院发出关于加强利用外资工作的指示，指出："利用外资、引进先进技术，对加快我国社会主义现代化建设具有重要的战略意义……关于对华侨和港澳台同胞在国内投资给予特殊的优惠，由国务院侨务办公室会同有关部门制定具体办法，报国务院批准。"① 之后，1985 年 4 月 2 日和 1990 年 8 月 19 日，先后颁布了《国务院关于华侨投资优惠的暂行规定》和《国务院关于鼓励华侨和香港澳门同胞投资的规定》，对华侨（包括港澳台商）来华投资给予了诸多优惠。

1983 年 7 月 8 日，深圳宝安县联合投资公司发行中国第一张股票

按照目前的统计惯例，海外华人资本来中国大陆投资一般包括香港、澳门、台湾及其他地区的华商投资。据此，这一时期海外华商在华投资总额超过 180 亿美元，② 主要投向广东和福建沿海地区，尤以珠江三角洲和闽南金三角地区为甚。其主要原因有：一是地缘因素。经济特区都在这些地区，且这些地区毗邻港澳台及东南亚，交通便利；二是亲缘因素。这些地区是大多数海外华商的故乡，华商可以更好地将社会资本转化为经济资本。但由于当时国内经济发展水平相对较低，投资环境

① 《中共中央、国务院关于加强利用外资工作的指示》，1983 年 9 月 3 日。

② 林金枝：《海外华人在中国大陆投资的现状及其今后发展趋势》，《华侨华人历史研究》1993 年第 1 期。

与条件尚不完善，缺乏引资经验，加之海外华商对中国的开放政策与相关法律制度的了解不够，因此，华侨华人对中国大陆的投资速度较慢且规模较小，投资项目多为中小型企业。

2. 快速发展期（1992 年至 1997 年）

20 世纪 90 年代之初，国际格局发生变化，苏联解体，社会主义陷入低潮。中共党内一些人对社会主义的前途缺乏信心，对党的基本路线的信仰发生了动摇。对此，邓小平同志先后赴武昌、深圳、珠海和上海视察，沿途发表了重要讲话，强调要坚定不移地贯彻执行党的“一个中心、两个基本点”的基本路线，坚持走有中国特色的社会主义道路，要抓住当前有利时机，集中精力把经济建设搞上去。邓小平南方谈话为中国改革开放发展指明了方向。1992 年，党的十四大进一步明确提出了围绕社会主义市场经济体制的建立，加快经济改革步伐；进一步扩大对外开放，更多更好地利用国外资金、资源、技术和管理经验；调整和优化产业结构，高度重视农业，加快发展基础工业、基础设施和第三产业等十项重要任务。这表明中国政府将继续坚持改革开放的基本国策，加快改革开放步伐，开创对外开放的新局面。

大量侨资企业落户中国大陆

与此同时，东西方冷战对抗格局结束后，东南亚国家对华关系日益改善，不再排斥华人大企业家和企业集团到当地投资，这使双方经济合作的项目逐年增多。另外，随着两岸关系的进一步改善，台湾地区和大陆的联系逐渐增多，台商在大陆的投资也迅速增长。这一时期，中国政府制定并颁布了多项进一步引进和管理外资的法规法令，如《中华人民共和国外资金融机构管理条例》（1994 年）推出财税、金融、投资、外贸等一系列改革措施，对外资的管理逐渐与国际惯例接轨，这使中国吸引外资的环境与条件大为改善，也为华商创造了对华投资的良机，进一步增强了海外华商的投资信心，使中国再次掀起了海外华商来华投资的高潮。据统计，1991 年，使用华人资本还只有 30.38 亿美元；1992 年就猛增到 90.24 亿美元，较 1991 年约增长 197%；1993 年继续猛增到 220.04 亿美元，约较前增长 144%。这一时期，外商实际使用直接投资金额达 1 967.94 亿美元，其中华人投资占 69.89%，约为1 375.39亿美元，平均每年达 200 多亿美元。①

OCT-LOFT 创意文化园

（原为深圳华侨城东部一片厂房，是深圳改革开放之初大量引进“三来一补”企业的产物）

3. 调整与成熟期（1998 年至今）

这一时期，中国对外资全面开放的格局已形成。在继续改善投资环境的同时，中国政府逐渐将引资重点转向高新科技领域，引导外资投入国内薄弱产业部门的建设中。引进外资的重点已不仅是为了解决国内建

① 郑义绚：《华侨华人资本对华投资对中国经济发展的作用》，对外经济贸易大学硕士学位论文，2006 年。

设资金的不足，更是为了配合产业调整和升级，提高技术水平，形成有国际竞争力的产业门类。中国政府在原有基础上又出台了多部有关外商投资的政策法规、指导目录、管理办法。1998 年 4 月的《中共中央、国务院关于进一步扩大对外开放，提高利用外资水平的若干意见》对利用外资的认识提升到一个新高度："利用外资为改革开放和社会主义现代化建设服务，是邓小平理论的重要组成部分，是对外开放基本国策的重要内容，是建设有中国特色社会主义经济的伟大实践之一。"① 1999 年的《国务院关于扩大外商投资企业从事能源、交通、基础设施项目税收优惠的规定》、2002 年的《指导外商投资方向规定》等，向外商开放了更多的投资领域，吸引更多海外华商来华投资。此外，2002 年，国务院侨办还制定了《涉侨经济案件协调处理工作暂行办法》，目的在于依法维护海外华侨在国内投资的合法权益。据统计，1998 年至 2012 年，中国实际利用外资总额为9 717.63亿美元，如果按华人资本所占比例 50% ~60% 推算，这一期间引进海外华资约为 4 859 亿 ~5 831 亿美元。②

总而言之，中国政府自改革开放以来，制定和颁布了大量吸收和利用外资的法规条例，其中有许多法规条例涉及华侨投资问题，并专门制定了华侨回国投资的《指导外商投资方向暂行规定》和《指导外商投资方向规定》。同时，各省、自治区、直辖市认真贯彻落实国家的侨资政策，根据当地的实际情况，因地制宜地制定和颁布了吸引外资包括侨资的法规条例，或制定了具体的实施办法，有效地吸引了大量海外华人资本投资当地经济建设。关于海外华商到中国大陆投资总数，目前尚未见到权威而确切的统计数字。因为他们当中既有独资企业者，又有与外商、港澳台商合资或合作的企业者，还有参股国营企业者。据侨务部门统计，截至 2004 年 7 月底，中国引进外资创办的三资企业达 49 万多家，其中由华侨华人和港澳同胞投资创办的约占 70% （34.3 万家）；中

① 《中共中央、国务院关于进一步扩大对外开放，提高利用外资水平的若干意见》，1998 年 4 月 14 日。

② 根据商务部中国投资指南网数据计算所得。

国实际利用外资5 000多亿美元，其中华侨华人和港澳台同胞投资额占中国实际利用外资额的60%以上，即3 000多亿美元。[①]另有学者统计，从1978年底至2005年底，中国累计吸收外资约6 224亿美元，其中华商或华商主导的投资约达4 170亿美元，占投资总额的67%。此间，中国累计批准设立外商投资企业55万余家，其中华商（包括港澳台商）企业约占70%。[②]如果以此为基础，根据近几年外资吸收情况，按华人资本所占比例50%~60%推算，那么，自改革开放以来，海外华商在中国大陆投资总额为6 000亿~7 000亿美元。

（二）海外华商在中国大陆投资特点及趋势

1. 投资总量大幅增长，企业规模不断扩大

华商在中国大陆投资规模的变化不仅反映在累计投资总量上，而且表现在华人企业的规模和单个项目的投资金额方面。20世纪90年代以前，来中国大陆投资的海外华商特别是东南亚华商基本为中小企业，且不少华商前来投资往往是先在香港注册，再以港商身份进入内地。随着中国与东南亚国家关系的全面改善，一些世界著名的华人企业家，如马来西亚的郭鹤年、郭令灿，印度尼西亚的林绍良、李文正，菲律宾的陈永栽、郑周敏，新加坡的黄祖耀、李成义、林增，泰国的郑明如、陈龙坚、张锦程等，纷纷前来考察和投资，使中国的华商投资呈现出规模多元化，大企业、集团化企业投资趋势。他们大都投资于基础产业和基础设施等大型项目，进行大规模的成片土地开发。有关资料显示，新加坡、马来西亚、泰国、印度尼西亚、菲律宾等国华人财团的对华直接投资金额，1992年达16亿美元，超过1979—1991年的总和，到1994年突破了百亿美元大关。泰国正大集团是来华投资最早、投资项目最多的华人财团，它与马来西亚郭氏兄弟集团在华的投资额最多，两者的投资总额均超过40亿美元。印度尼西亚三林集团在中国投资工业、地产、

---

① 李海峰：《迎接全国华商组织的蓬勃发展》，《侨务工作研究》2005年第1期。

② 沈丹阳：《华商企业对中国大陆的投资现状及发展趋势》，《中国外资》2006年第9期。

第十二届世界华商大会四川—世界华商交流合作会暨项目签约仪式

金融、酒店业超过 15 亿美元。[1] 2013 年 8 月 26 日，在中国四川成都召开的第十二届华商大会上，华商签约 241 个项目，总投资额达 1 323 亿元。[2]

2. 投资领域不断拓展，投资结构日趋优化

20 世纪 90 年代以前，华商在中国内地的投资领域比较单一，主要集中于轻工业、纺织业、服装加工业、皮革业以及宾馆服务业等。90 年代以后，中国政府调整产业政策和投资导向，鼓励外商投资工业、农牧渔业、交通业、能源业、邮电业等生产性项目。1992 年，中国政府再次作出产业结构调整战略，鼓励发展第三产业。因此，海外华商迅速向第三产业拓展，包括商业、房地产业、金融业、旅游业等领域。近年来，随着中国产业政策的进一步调整，海外华商在高新科技领域，如生物、医药、通信等领域，以及基础设施建设方面的投资比例皆有所增长。另外，服务业领域也成为海外华商企业投资的新热点，包括商业、物流业、教育业、医疗业、咨询业等。

3. 投资地域不断扩大，东西南北四面延伸

早期华侨华人的投资多集中在东南沿海一带侨乡以及广州、上海、北京等一些大城市。随着中国对外开放地区范围的不断扩大，投资环境、投资法规的不断完善，海外华商投资呈现出由东向西、由南向北、由沿海向内陆、由祖籍地向非祖籍地扩展的发展趋势，逐渐形成了沿海、沿江、沿边地区和广大内陆地区的多层次、全方位的投资新格局。近年来，随着国家西部大开发战略和振兴东北战略的实施，华商在西部各省和东三省的投资大幅增加。华商投资区位的变化为中国北部及中西

① 薛勇：《改革开放以来海外华商在中国大陆的投资及其作用》，《党史研究与教学》2006 年第 6 期。

② 《四川借力华商大会签约 241 个项目 总投资额 1 323 亿》，http://www.chinanews.com/zgqj/2013/09－26/5327722.shtml。

部地区的发展提供了资金支持。1983 年，华商投资的 73.3% 都集中在中国南部沿海地区，但到 2006 年，这一比重下降到了 25.2%；长三角地区华商直接投资的比重则从 1983 年的 3.8% 攀升到 2006 年的 43.2%，在全国华商直接投资中占比最多；环渤海地区也表现出了较强的吸引华商直接投资的能力，2006 年，华商直接投资的比重达 22.6%，在划分的七大区域中位列第三。但是，尽管改革开放已有 30 多年，华人资本在华投资依旧不平衡，东南部地区由于地缘、亲缘、业缘关系及早期政策优惠等原因，在外资吸引上占主导地位，但西部、东北部地区具有丰富的劳动力和自然资源，加上国家政策支持，比起东南部地区在产业转移、产业升级等方面具有更大吸引力和后发优势。随着中西部、东北部地区投资环境的改善，华人资本投资“重东轻西、南重北轻”的格局将逐步发生改变。

4. 投资方式多样化，经营模式多元化

海外华商在中国大陆投资除了采取独资、合资方式之外，还有补偿贸易、收购中国企业、投资参股、购买境外中国债券等方式，其中既有直接投资，也有间接投资。为了扩大投资规模，不少华商还进行联合投资。如东南亚华商与港商合作，对中国大陆进行投资。华商企业在投资方式与管理模式上不断实现传统与现代相结合，在投资趋向上实现本土与国际相结合，这使华商企业具有一定的比较优势和抵御风险的能力。同时，海外华商的在华投资经营模式也朝多元化发展。如泰国正大集团从农牧业起家，设立饲料工厂，如今已经涉及商业零售、机电制造、金融、生物制药、石油化工、房地产等十多个行业。印度尼西亚金光集团除通过旗下中策公司大规模收购中国国有企业并对其进行现代化改造外，还广泛投资纸浆和纸品、银行、房地产、粮油食品和农林、港口等行业。投资行业及经营模式的多元化发展一方面进一步壮大了企业集团的经济实力，但另一方面，有的企业集团由于投资规模过大，投资项目太多，使得资金周转困难，甚至难以为继。当前，许多华人企业集团已重新强调核心产业战略，更加重视加强企业集团的核心竞争力。

（三）华侨华人投资对中国经济发展的历史作用

遍布世界的海外华商已经成为国际资本市场中一支不可忽视的重要力量。中国改革开放30多年，取得了举世瞩目的巨大成就，其中，海外华商投资发挥了重要作用。华侨华人不仅为推动住在国的国家经济发展发挥了积极作用，也为中国的改革开放和经济发展作出了重要贡献。海外华资对中国经济发展的重要作用主要表现在以下几方面：

1. 缓解资金短缺问题，促进中国经济的改革开放

新时期，中国改革开放政策的一个重要内容就是制定吸引外资（包括华侨投资）的政策。作为典型的发展中国家，中国在改革开放初期的资金短缺现象十分严重。海外华人资本可谓是极大地缓解了这一压力。如前所述，自1979年改革开放以来，海外华商在中国大陆投资总额为6 000亿~7 000亿美元。海外华侨华人和港澳台同胞积极参与中国的经济发展，在中国现代化建设事业中发挥了不可替代的作用，邓小平同志称之为中国大发展的“独特机遇”。同时，鼓励海外华侨华人以及港澳台同胞参与中国经济建设，维护其合法权益，也是中国对外开放政策的重要组成部分。

2. 带来先进技术和管理理念，带动生产效率的提高

海外华侨华人和港澳台同胞在向中国大陆投资的同时，也带来了高新技术和先进的管理经验，特别是在光纤光缆、电子、通讯、微机、汽车、自动化仪表等高新行业，外资企业带来的先进技术，大大加速了中国技术更新、技术升级的速度，缩小了同外国先进技术的差距。同时，

许多海外侨资企业在品牌意识、信息、风险体制、融资和管理方面较国内企业更具有优势，直接带来了产业技术、人力资源和社会需求的创新效应。另外，大部分海外华侨华人，尤其是新华侨华人既有西方教育背景，又熟悉中国的国情，对中国企业管理的缺失与弊病有一定了解，总结出一套独特而适用的管理方法，使中国数以百万计的管理人员学到了国际先进的管理经验，为企业的改革和管理提供了较好的范例，整体上有利于经济结构的改善、劳动生产率的提高，并最终带动了中国整个经济水平的实质性提高和经济社会的进步。

3. 增加财政和外汇收入，扩大对外贸易规模

改革开放30多年来，中央政府和地方政府的财政收入一直保持增长，这与海外华资企业的贡献密不可分。据统计，近年来中国财政收入的近10%来自外商投资企业上缴的税收。① 以1997年为例，全国财政收入为8 642亿元，而华人投资企业的上缴税收约为600亿元，占全国财政收入的7%。在沿海重点侨乡，华人所作的贡献就更为突出了。例如，1997年，广东省财政收入为192亿元，其中1/3是华人投资企业上缴的税收。② 再如2005年，全国财政收入为31 628亿元，外商投资企业上缴税收约3 163亿元。③ 同时，以海外华资为主力的外商投资企业出口创汇增长迅速，1987年至2005年，年增长率达36.145%，远高于全国平均水平的15.121%，且占全国年出口创汇总额的比重不断上升。④

① 蔡德奇、江永良：《华侨华人的新发展》，厦门：厦门大学出版社2001年版，第232页。

② 林晓东：《试论华侨华人和港澳同胞对祖国大陆的投资及其法律保护》，《华侨华人历史研究》2000年第2期。

③ 《中国商务年鉴》编辑委员会编：《中国商务年鉴·2006》，北京：中国商务出版社2006年版。

④ 薛勇：《改革开放以来海外华商在中国大陆的投资及其作用》，《党史研究与教学》2006年第6期。

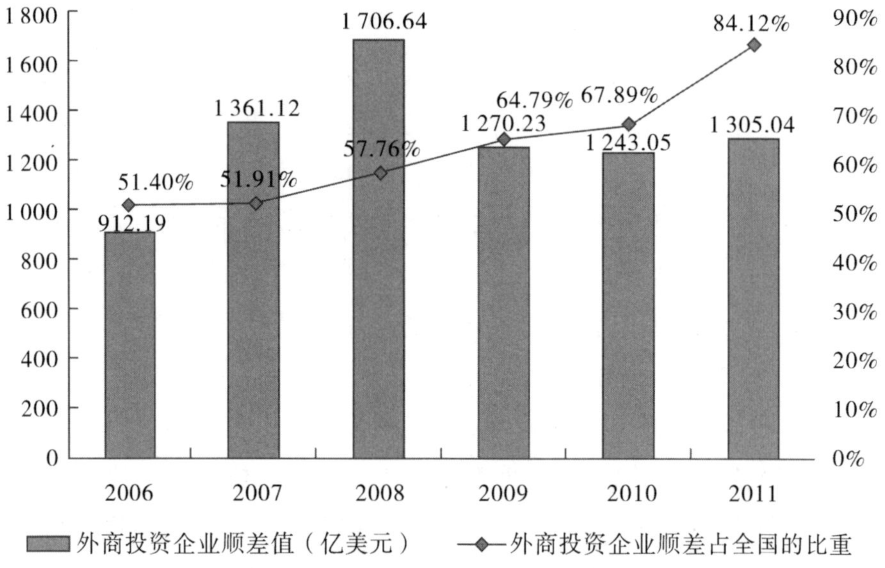

2006 年至 2011 年外商投资企业进出口顺差情况

资料来源：《中国吸收外资 2011 年回顾与 2012 年展望》，http://www.fdi.gov.cn/1800000121_35_122_0_7.html。

与此同时，中国对外贸易规模从 1978 年的 206.38 亿美元增至 2012 年的 38 667 亿美元，[①] 增长了 186 倍。而其中，以海外华资为主力的外商投资企业对中国对外贸易的迅速发展起了积极的促进作用。如从 1982 年到 1996 年的 15 年间，华人投资企业进出口总额从 3.3 亿美元上升至 1 371.1 亿美元，增长了近 415 倍。同时，海外华资企业在国内高新技术领域的投资促进了高附加值、高技术含量制造业的发展，使国内出口商品结构有了明显的改善与优化，提高了出口产品的国际竞争力。

4. 推动产业结构调整升级，促进经济结构的合理化发展

许多国家的经济发展规律表明，当经济发展达到一定水平时，第三产业的发展速度便高于第一、第二产业。改革开放前，中国产业结构的

① 《中国外贸总额首超美国　贸易规模世界第一》，http://money.163.com/13/0210/11/8NBMH8QD00253B0H.html。

主要问题表现为产业间比例失调和内部水平偏低。但20世纪90年代后第三产业市场对外资开放这一政策的实施，为海外华商积极参与第三产业的发展提供了良好的机遇和条件，海外华侨华人开始积极投资第三产业。而海外华商对华直接投资较大规模地集中于第二产业和第三产业，这在某种程度上缓解了中国在产业发展中，第二产业层次较低和第三产业发展不足的问题，推动了产业间的合理化发展。1979年至2003年，外商对华投资投向农、林、牧等第一产业，累计设立企业13 333家，合同外资金额为180.136亿美元，占全国吸收外商直接投资总量的比重分别为2.187%和1.191%；外商投资工业和建筑业等第二产业，累计设立企业350 170家，合同外资金额为6 320.110亿美元，占全国吸收外商直接投资总量的比重分别为75.126%和67.101%。①

5. 加速侨乡城市化进程，促进内陆地区经济发展

海外华商在中国大陆的投资不仅增加了国家财政收入，缓解了就业压力，推动了人力资源开发，提高了劳动者素质，而且促进了地区，尤其是东部沿海地区的上海、江苏、浙江、福建、山东、广东、海南等海外华资重点投入地区经济的迅速发展。在中国东南沿海开放地区，尤其是闽、粤两省的经济特区和侨乡，海外华商的直接投资已经成为社会经济发展的主要资金来源。同时，海外华商投资还加快了侨乡城市化的进程，如广东、福建等省的许多县已撤县建市，城市群带、卫星城镇拔地而起。在往年的中国农村综合实力百强市（县、区）排名中，广东省有南海市、顺德市、潮阳市、番禺市、宝安区、台山市、新会市、揭阳市、廉江市、三水市、花都市等重点侨乡区、市，福建省有石狮市、晋江市、南安市、福清市等市。同时，随着海外华商投资逐步向内陆特别是中西部地区延伸，也进一步推动、加速了这些地区的开发与发展。

“海外华商满怀乡里之情、桑梓之谊，以各种方式来华投资合作，为中国经济建设和社会进步发挥了独特作用。”国务院侨办主任裘援平

① 《中国经济年鉴》编辑委员会编：《中国经济年鉴2004年刊》，北京：中国经济年鉴社2004年版，第391页。

2013 年 9 月在成都召开的第十二届世界华商大会上，高度评价了中国改革开放以来海外华商对中国发展作出的重要贡献，并称中国的发展壮大也将为华商事业的发展带来广阔空间和机遇。经过改革开放 30 多年的高速增长，中国经济既面临继续发展的基础条件和重要机遇，也面临潜在风险和现实挑战，但平稳发展和转型升级的积极因素与亮点逐步增多，各国华商普遍对中国未来发展充满信心。他还“希望广大海外华商抓住中国发展新机遇，在参与中国建设中实现自身更大的发展；也希望华商朋友利用熟悉所在国家和中国国情的优势，继续为促进中外友好交流合作作出贡献”①。

五、21 世纪华侨华人与中国经济转型升级

（一）海外华商综合实力日渐增强

当前，海外华商已成为推动世界经济发展的重要力量，不仅是住在国当地民族经济的中流砥柱，为所在国家的经济发展和社会进步作出了突出贡献，而且是中国经济发展的新动力，成为促进中国与各国发展经贸合作关系、融入经济全球化和区域合作的独特桥梁。2005 年，据中国市场学会分管海外华商服务工作会长助理兼副秘书长张萍女士介绍，海外华商遍布 168 个国家和地区，达 8 700 多万人，拥有的资金高达 2 万多亿美元。② 2006 年，世界杰出华商协会组织对外发布全球“华人富豪 500 强”排行榜的资料显示：华人富豪地域分布较广，包括全球 19 个国家和地区。除亚洲（476 人）之外，美洲是华人富豪最多的区域，有 16 人；欧洲华人富豪有 2 人；大洋洲有 6 人。东南亚地区的华商经济最为活跃，企业数量和富豪人数基本成比例对称；在欧美地区，虽然华商数量众多，但以餐饮业等小规模经营为主。华商资产总量方面，

① 裘援平：《世界华商大会连接中国与世界经济发展》，http://www.chinanews.com/zgqj/2013/09-26/5327408.shtml。

② 《海外华商：中国经济的第二种力量》，http://business.sohu.com/20050627/n226090750.shtml。

2007 年保守估计为 3.7 万亿美元。2008 年，受全球金融危机和经济衰退影响，世界华商总资产比 2007 年减少 1.2 万亿美元，为 2.5 万亿美元，减少近 1/3。2009 年，受新兴市场资产泡沫再起、美元贬值、中国经济率先复苏等因素影响，全球华商企业总资产恢复增长到 3.9 万亿美元，较 2008 年增长 56%；但较 2007 年（3.7 万亿美元）仅微涨 5% 左右。[①] 最近又有估算，截至 2011 年底，世界华商企业资产约 4 万亿美元。[②] 从行业分布看，海外华商已从过去单一的中餐业、制衣业走向外贸、电子、高科技、金融、房地产等领域，华商经济呈现出多元化、科技化和向资本密集型发展的趋势。从区域分布看，亚洲依然是海外华商实力最强地区，占海外华商经济总量的 70% 以上。在香港、澳门、台湾地区及新加坡、马来西亚、泰国、印度尼西亚和菲律宾等地，华商是当地经济的重要支柱。此外，在其他地区和国家，华商也有不俗表现。2010 年公布的《中国侨资企业发展年度报告（2009）》指出，“华商富豪 500 强”与跨国公司地理分布一样，已从东南亚地区扩展到世界五大洲，全球化程度明显提高，在北美洲、南美洲、大洋洲、欧洲地区也拥有一定数量的华商富豪。海外华人跨国公司已成为一种全球现象，在每个大洲中都有华人跨国公司，但各洲分布不均衡：亚洲华人跨国公司有 111 家，位居第一，占总数 73.5%；美洲有 29 家，占总数 19.2%；欧洲有 7 家，居第三位，占总数 4.6%，大洋洲和非洲各有 2 家。[③]

在第十二届世界华商大会上，很多海外华商这样评价世界华人经济。香港亚洲金融集团董事长陈有庆认为，“随着全球经济发展模式的变化，各地华人经济也一直在与时俱进。现时的华人企业有文化、有技术，也越来越有国际眼光，陆续涉足金融、房地产、资讯科技等产业，有的还进入了领先企业的位置，在国际上越来越有影响力”。马来西亚

---

① 中国新闻社课题组：《2009 年世界华商发展报告》，http://www.chinanews.com/zgqj/news/2010/05-20/2293574.shtml。

② 王永乐：《中国对外投资可依靠海外华侨华人帮助》，http://finance.qq.com/a/20111116/003982.htm。

③ 《中国侨资企业发展年度报告（2009）》是国务院侨办委托给清华大学的研究课题。

中华总商会总会长林国璋指出，“海外华商经济发展适应性很强，他们善于利用世界各地人脉网络和信息优势。如今华商企业在经营方面也积极创新、建立品牌，注重专业管理和技术转移，使企业更具持续性，海外华商在所在国的经济发展中发挥举足轻重的作用”。在香港世茂集团董事局主席许荣茂看来，“当下海外华商经济涌现出的新型战略拓展眼光、新兴经济元素和新时代发展定位，是海外华商适应于时代、国家、市场变化发展不断推动自身转型与升级的产物，也是世代更迭、新一代华商在新的海内外市场环境下新思维的展现，是海外华商经济新的生命力所在”。香港豪都国际有限公司董事长屠海鸣则指出，“当今华商经济获得蓬勃发展，同时世界华商经济也在加速转型。散布在各地的华商企业不断将新元素注入传统企业及传统产业中，并以国际化、多元化和资讯科技产业化发展的趋势，展现出新时代华商企业的生命力”①。

此外，海外华商格局近年来还出现一些新的变化趋势：一是移民接收国的华商及其跨国公司迅速成长，已明显超过发展中国家。美国、加拿大、澳大利亚等新移民接收国是海外华人的主要增长点，华商实力日益成长壮大。二是华商科技产业引人注目。华商科技企业迅速成长，科技型华商引领中国科技产业成长，并成功抗击金融风暴。三是新华商与中国大陆“走出去”企业引人注目。中国香港、新加坡前十大华商企业中，都有中国企业上榜，部分企业在金融危机中逆势而上。四是华商与中国大陆关联增强，大多数华商与中国经济实现了共同成长。部分华商通过依托中国贸易在海外成长，另有部分华商源于并扎根于中国本土，以至于人们没有意识到它们是侨资企业。

作为中华民族在海外的延伸和有机组成部分，海外华侨华人在融入海外社会的同时，传承并推广了中华民族的文化，一直充当着中国与世界沟通交流的纽带。他们是促进中国经济向外发展、加强中国与世界各国经济合作及文化交流的重要力量。

① 《全球华商经济圈革故鼎新展“新”姿》，http://news.163.com/13/0923/16/99fkgpbv00014jb6.html。

（二）海外华侨华人将助力中国经济二次转型升级

自1978年党的十一届三中全会后至2006年这段时间的经济转型被认为是中国经济的第一次转型。其焦点主要集中在中国经济体制的改革上，致力于实现由计划经济体制向社会主义市场经济体制的转变。如前所述，在中国经济的第一次转型之际，海外华商对中国大陆的直接投资在贸易规模的增长、产业结构的升级、民营经济的发展、企业管理水平的提高等方面发挥了重要而独特的作用，极大地推动了中国经济的发展，同时也加速了中国经济的国际化、全球化进程，促进了中国经济与世界经济的融合。

2007年以来，受全球金融风暴的影响，美、日、欧等发达国家的经济出现了不同程度的衰退。世界经济的衰退使外部需求急剧下滑，让中国国内经济发展及对外经济都受到不同程度的影响：国内生产总值增速下降；对外贸易方面，进出口双双短暂下滑，利用外资增速明显放缓；金融领域，股市持续低迷，房地产市场不确定性增加，短期资本存在逆向流出的可能性，潜在金融风险明显加大；民生方面，国内就业压力大增，物价持续上涨，城镇居民收入增速下降，居民消费信心不足。全球金融危机冲击了中国经济，而从上到下对加快转变经济发展方式的认识已经统一，实现经济发展方式的转变和优化经济结构，已经成为当前国家经济工作最紧迫、最突出的任务。因此，2007年世界经济危机爆发后中国的经济转型被认为是第二次转型，其重点是经济体制的继续完善、经济发展方式的转变、经济结构的调整升级。① 第二次转型要求把保持经济增长与调整经济结构结合起来，尤其是在对外经济方面，要求把加快国内发展与提升开放水平结合起来，着力形成国际合作与竞争新优势。但是，在转型过程中还存在一些问题和阻碍，这主要包括：经济结构失衡、经济体制不完善、生产要素价格扭曲、科技水平发展低下等。中国经济二次转型过程中仍然有着资金、人才、技术、市场的

① 2010年国务院侨办课题《海外华侨华人与中国经济转型研究》的成果。

需求。

在当今乃至未来，海外华侨华人因其资本、人才、技术、信息、网络、文化等方面的独特优势，仍然是促进中国经济社会发展，实现全面建设小康社会的奋斗目标乃至中华民族的伟大复兴的十分重要、宝贵而独特的资源。随着海外华侨华人实力的不断增强，其影响力不断扩大，定将继续成为中国经济第二次转型的重要推手。

（三）海外华侨华人将助力中国经济“走出去”

21 世纪以来，中国把“走出去”提升到国家战略的高度，积极鼓励和支持有条件的企业“走出去”，更多、更好地利用国外资源和国际市场，同时进一步完善相关政策法规，加强对境外投资的统筹协调，改善服务，加强监管，务求实效。这既是新形势下充分利用两个市场、两种资源的重要途径，也是扩大国际经济技术合作、提高企业竞争力的重大举措。海外华侨华人是连接中国工商业同其居住国居民的桥梁，他们利用自己掌握的信息，为双方提供有价值的商业信息，并对双方的合作进行协调，“大大降低贸易过程中的成本，降低中国进出口商品的交易费用，缩短贸易时间，提高交易效率，提高进出口商品数量，扩大中国进出口贸易和提高中国产品在国际市场上份额”①。近 10 年来，中国大陆的企业，尤其是民营企业与海外华商合作，到第三国发展，形成了互惠双赢的新格局。中国大陆企业采取不同方式与海外华人资本建立合作联盟关系，充分利用华商网络的商业资源，迈出了积极“走出去”的步伐。根据联合国贸发会议《2011 年世界投资报告》，2010 年中国对外直接投资占全球当年流量的 5.2%，位居全球第五，首次超过日本（562.6 亿美元）、英国（110.2 亿美元）等传统对外投资大国。2013 年 9 月，商务部、国家统计局等联合发布的《2012 年度中国对外直接投资统计公报》显示，2012 年中国对外直接投资创下流量 878 亿美元的历

① 孟晓军：《论华侨华人对中国西部大开发的促进作用、动力机制与实现方式》，转自《国务院侨办课题研究成果集萃》，第 1244 页。

史新高，同比增长17.6%，首次成为世界三大对外投资国之一。中国1.6万家境内投资者在国（境）外设立对外直接投资企业近2.2万家，分布在全球179个国家（地区），覆盖率达76.8%，其中亚洲地区的境外企业覆盖率高达95.7%。截至2012年底，中国对外直接投资累计净额（存量）达5 319.4亿美元，位居全球第13位。[①]

尽管如此，中国的对外投资仍然处于起步阶段，与发达国家相比仍有较大差距，仅相当于美国对外投资存量的10.2%。多数企业对外投资的规模不大，尚有实力进行大规模对外投资，且投资额上亿美元的企业是比较少的，海外投资的拓展空间还很大，同时中国海外投资也面临一些国家和地区设置的投资壁垒，海外投资经验仍不足。中国企业“走出去”是大势所趋，但也面临不少挑战，如跨国经营方面的欠缺，对国外政策、风土人情不太了解，售后服务和网络的跟进等。进行海外投资，不仅需要国家政策的支持和自身能力的提高，而且需要海外华侨华人的帮助。他们未来将发挥更大作用：一是参谋和向导作用。中国在进行海外投资的过程中，面对的最大困难不仅在于资金、技术，更在于面对复杂的国际市场环境和住在国众多的利益团体，而这正是海外华侨华人、侨商及侨界社团的优势所在。侨胞长期生活在海外，对当地的意识形态、风俗习惯、语言等较为熟悉，特别是改革开放以来，华商及新侨与国内有着密切的经贸关系，且熟知国内的经贸规则，因此，在协助解决国外的文化风俗问题，更好地融入当地社会方面可以发挥独特的作用。二是辅助和带动作用。融资的困难及缺乏国际经营和管理人才是制约中国大陆企业海外投资的一个主要因素。与海外华商建立合作关系，有利于降低合作伙伴购并资产时因信息不对称而带来的风险，吸纳人才为己所用，也有利于提高海外投资经营管理的质量和效益。三是合作和互惠作用。海外华商最早进入的沿海地区已经成为中国对外投资的重要来源地，海外重点侨区也是吸引对外投资和经济合作的主要区域，可以

---

① 《2012年度统计公报：中国对外直接投资首列世界三甲》，http://news.xinhuanet.com/yzyd/fortune/20130910/c_117297675.htm。

借助海外华商的经贸网络，进行“产品资源在中国、市场销售在海外”，或者是“产品资源在海外、市场需求在中国”的一头在内、一头在外的海外投资，建立双向的贸易互利互惠新关系。四是桥梁和纽带作用。中国政府侨务部门与海外侨胞有着密切的联系，侨商会、海外律师团等工作平台特色鲜明。这使海外华商期待与中国企业合作，发挥各自的优势，以灵活便捷的民间方式，在推动中国大陆企业，尤其是民营企业“走出去”的战略中，发挥桥梁和纽带作用。过去30多年，海外侨胞来华投资，为中国的改革开放与经济发展带来了巨大的推力。今天，海外华侨华人实力更加壮大，人才更加多，地位更加高，作用更加明显，在中国与所在国之间的流动更加频繁；他们，尤其是“新华商”，将助力中国未来30年的发展。

（四）海外华侨华人助力中国经济的路径探讨

改革开放30多年的经济成就凸显了海外华侨华人在推动中国经济发展中的重要性。他们带来的不仅仅是资金，还有很多有价值的东西，如先进的管理理念、管理方法以及运用市场经济规则的经验等，而这些恰恰是中国经济发展中的短板。因此，在中国第二次经济转型的关键时期，政府和侨务部门、侨资企业以及中国本土企业都应本着互利互惠、合作共赢的宗旨，积极加强同海外华侨华人的沟通、交流与协作，充分借助华侨华人这一独特资源优势，助推中国经济二次转型和国家竞争力的提升。具体可从以下几个方面着手：①加快建立完善、高效、有序的国内市场体系，进一步吸引海外华侨华人，特别是高学历、高素质的新华侨华人回国创业。②助力侨资企业转型升级，寻求共赢。引导华商投资中西部地区，利用中西部地区资源丰富、要素成本低、市场潜力大的优势，承接国内外的产业转移。③完善海外华商同中国大陆企业的交流合作平台，发挥海外华人社团、各地侨务部门和侨商组织的作用，利用华侨华人网络，整合各方掌握的信息资源，加强企业间的信息交流，帮助国内企业寻求海外投资机遇，引导华商企业投资国内市场。④加强对老一代华侨华人的关怀，增进同新一代华侨华人的沟通和交流，积极网罗华侨华人中的高级专业人才，吸引新一代华商来华投资创业。⑤为侨、护侨、爱侨。侨务部门应该始终保持为侨服务的工作理念，以保护国家利益和华侨华人利益为根本原则，加强对海外侨胞在华利益的保护力度，及时掌握侨资企业在华发展、海外侨胞在华投资创业遇到的困难和问题，切实保护各地侨胞、侨资企业合法权益，并在认真调查研究的基础上，公平、公正、高效地协调解决侨商的投诉。只有凝聚了侨心，才能更好地发挥侨力，才能更好地发挥华侨华人的特殊优势，促进中国的经济转型。[1]

纵观中国现代化道路的曲折发展，不管其道路如何，华侨华人在其中所起的独特作用都是不可替代的。他们在政治、经济以及文化、教育等各方面积极参与和支持中国现代化运动，推动了社会各方面的现代化进程。至今，海外华侨华人仍然是中国改革开放和经济转型所倚重的重要海外资源。随着全球化时代的进一步发展，中国海外移民趋势也将进一步发展。目前，遍布世界各地的5 000多万中国海外侨胞，以绝对数量稳居世界第一，综合实力明显增强，尤其是新华侨华人的知识背景、综合素质、经济实力等都大大提升，成为一支正在崛起的华人力量。他们既积极参与居住国政治、经济、文化、社会等各领域的建设，又非常关注、参与祖籍国的发展。因此，充分发掘、培育、借助海外华侨华人这一独特的海外资源，对进一步加速中国的现代化进程，推动中华民族的伟大复兴，实现中国梦具有重要的战略意义。

① 2010年国务院侨办课题《海外华侨华人与中国经济转型研究》的成果。

第十章
海外华人专业人士与中国创新体系建设

一、中国创新体系和海外引智工作

改革开放以来，中国社会经济取得了令人瞩目的成绩，人民生活水平显著提高，综合国力明显上升，但经济的飞速发展和社会的繁荣同时也带来了环境严重污染和资源匮乏、能源短缺等一系列问题。为此，树立和落实科学发展观，加快经济发展方式的转变，加快建设创新型国家，是事关中国社会主义现代化建设的重大战略决策，也是关系到中国长远发展与和平崛起的重要问题。

创新是国家竞争力的源泉，国家创新体系建设是提高中国新一轮竞争力的基石。创新人才是建设创新型国家的核心因素。实际上，中共中央、国务院近年颁布和实施的科教兴国与人才强国“两大战略”，科技、教育、人才“三大纲要”，都把人才放在突出的位置，将人才视为保证中国经济长期发展和综合国力稳步提升的关键因素。

在国家创新体系中，来自外部的人才流动和知识、技术转移是本国创新体系的有机组成部分。华侨华人素有“人才库”的美誉。海外华人人才不仅数量多、层次高，而且分布广，遍布经贸、科技、金融、教育和法律等领域。相对国内人才而言，海外华人高层次人才站在当代科技前沿，具有更高的创新意识与活力，深具国际视野，掌握西方国家先进的管理理念，既熟悉自己领域的研究状况，又熟悉国内科学家的思维特点。因此，他们利用这些优势和特点，不仅能够帮助中国提高核心竞争力和自主创新能力，而且能够帮助中国提升现代化经营管理水平，对中国建设创新型国家具有不可替代的作用。改革开放30多年来，国家主要领导人都认识到海外华人中所蕴藏的巨大资源，包括人才资源，并从推进中国的现代化建设角度，提出要重视和利用这些宝贵资源。实际上，在中国政府的积极推动下，海外华人专家积极投身中国重大科研项目的攻关和重点工程项目建设，积极参与国防尖端技术的开发和关系国计民生重大问题的应用研究，积极开拓高新技术产业等，取得了很多具有国际影响力的科技成果，为中国科技自主创新事业作出了重大贡献。

中国作为一个发展中国家，在当前转变经济增长方式，从资源依赖到创新驱动、从招商引资到招才引智的背景下，如何利用海外侨胞的人才和技术优势，加快建设国家和区域创新体系，提升综合国力，是十分值得研究的课题。实际上，中国各级政府和有关部门近年来都大力开展海外引智工作。中组部近年更是启动了国家最高级别的引智计划——“海外高层次人才引进计划”，即“千人计划”；国务院也于2011年制定并颁布《国家侨务工作发展纲要（2011—2015年）》，强调要“按照国家中长期科技、人才发展规划纲要部署，做好海外侨胞高层次人才的联谊、服务和引进工作，实施‘海外人才为国服务计划’”。

下文以当代海外华人（包括留学生）专业人士及其社团为重点，以其所办网站资料及相关报告和侨务部门引智工作总结为主要依据，综合运用国际移民、全球化和跨国主义、族群社会学等社会科学理论，根据近几十年全球政治经济变化的新特点来论述海外华人专业人士阶层的形成及其社团的创建，分析海外华人专业人士及其社团在中国创新体系建设中的作用。

二、海外华人留学移民和技术移民的增长及其社团的创建

（一）海外华人留学移民和技术移民的增长

近几十年来，随着西方国家移民政策的放宽，中国改革开放的不断

深入及随后与市场经济的接轨，中国大陆留学潮持续高涨。根据中国教育部的统计，2012 年，中国出国留学总人数为 39.96 万，较 2011 年增加 5.99 万，增长 17.63%。其中，国家公派留学 1.35 万人，单位公派留学 1.16 万人，自费留学 37.45 万人。2012 年，各类留学回国人员总数为 27.29 万。其中，国家公派留学 1.10 万人，单位公派留学 0.92 万人，自费留学 25.27 万人。从 1978 年到 2012 年底，各类出国留学人员总数达 264.47 万。截至 2012 年底，以留学身份出国的留学人员有 155.34 万人，其中 113.69 万人正在国外进行相关阶段的学习和研究。另外，还有因配偶、子女探亲或移民等事由出境并在国外接受高等教育后留在当地工作的 30 多万人，再加上在港台留学未归或再移民者有 50 万以上，仅来自中国的海外专业人才可能达 100 万以上。①

中国大陆及港台地区留学生人数的不断增长，致使海外华人人口结构发生了重大变化，专业人士的比重不断增大，特别是在美、英、德、法、日、澳等发达国家，其海外华人专业人才主要为中国（包括港台地区）留学生。专业人才以理工类人才为主，主要分布在发达国家，且在北美高度集中，其整体科技实力远超中国大陆。海外同胞在科教领域声誉卓著，迄今为止，获得诺贝尔科学奖的 8 位华人科学家，其研究工作和居住地全部在海外。如在海外华人专业人士最为集中的美国，20 世纪 70 年代至今，中国留美学生人数一直保持占全球中国留学生人数 20% ~30% 的比例。2010 年，美国共向国际学生签发签证 71.5 万个，其中中国大陆学生就超过 11 万个，是 2005 年的 5.85 倍。随着中国具有技术和管理等专长的新移民不断注入、大批留学生毕业后选择留在美国发展以及美国华人后裔受教育程度不断提高等，在美的中国华人专业知识分子阶层已经形成。有人通过互联网查询和数据统计分析来研究美国大学中的华人学者，结果显示，在美国 128 所研究型大学里，在中国大陆出生而目前在美国大学工作的教授、副教授和助理教授一共有

① 《教育部：2012 年我国出国留学总人数为 39.96 万人》，http://liuxue.xdf.cn/wzy/zb/zx/393878.shtml。

4 631 人。其中，教授有 1 227 人，占总数的 26.5%；副教授有 1 353 人，占总数的 29.2%；助理教授有 1 971 人，占 42.6%；此外，还有 80 人没有查到具体的职称登记。人数最多的专业是医学，为 833 人，占到总人数的 17.99%；总人数第二的专业是生物学，为 827 人，占 17.86%；计算机科学 496 人，位列第三，占 10.71%；还有化学 321 人，数学 297 人，电子 272 人，统计学 263 人，物理 181 人，机械 177 人，等等。[①] 在日本，就大学教员而言，日本管理局依在留资格统计的持教授签证者的数量来看，1984 年，在日的中国人持该项签证者仅 64 人，至 2002 年，其总数达 2 437 人。到 2011 年，日本华人专职教授人数达 700 人。[②]

至于全球海外华人人才的数量，目前尚未见到可靠的数据。而据 2000 年 8 月有关部门的不完全统计：旅居国外的华侨华人专业人士约有 60 万，其中相当一部分是中国改革开放后通过各种途径出国留学，学成后留居当地的新一代华侨华人。他们当中的 90% 以上有硕士以上学历，且有 10 万名是博士。随着 21 世纪中国公民出国留学热情空前高涨，留学生总数已突破 200 万人。他们中的大部分在学有所成后，都定居在美、英、德、法、日、澳等发达国家，这使得海外华人专业人士增幅较大。

一般来说，目前 5 000 多万海外侨胞中，海外华人人才规模约有 100 万。这上百万的专业人才大致可分为三类：一是尖子人才。他们在专业和学术上有所建树或掌握关键技术并有所创新，有较高学术知名度，能带领一支团队，有较大社会影响力。就美国而言，这些人才主要分布在政府部门、大学、科研机构以及世界著名的高科技公司实验室。迄今为止，美国有 8 名获得自然科学领域诺贝尔奖的华裔，还有超过 60 名的国家科学院与工程院华裔院士，在美国航天及太空总署

① 王贤文：《美国 128 所国家一、二级大学华人学者资料数据库的建设与分析》，国务院侨办 2011 年至 2012 年度课题。

② 廖赤阳：《当代华人知识分子社团的跨国实践及其理念》，《华人研究国际学报》2012 年第 4 卷第 2 期。

（NASA）工作的华裔顶尖科学家就有300多名。同时，在硅谷，高科技公司的技术主管和实验室主任有35%是华人。另外，在欧洲及日本、加拿大和澳大利亚等发达国家数百所一流大学当中，起码也有上千名华裔终身教授，至少有1万名高精尖人才。在其他机构，也有许多华裔高端人才。例如，2001年时，日本筑波科学城有外国科学家3 352人，其中943人在中国出生。世界500强公司的研发机构以及许多著名高科技公司当中也有很多华裔科学家。可见，海外华裔高精尖人才在中国出生者，总数应在1万以上，最多可能达到3万。①

二是优秀人才。这部分人才主要指那些在国外尚未取得永久性职位，处于向永久性职位（Tenure - Track）发展阶段的人才。其中包括在国外较高水平大学被聘任为助理教授（或相当）以上职务者、在科研单位获得高级以上职务以及在政府和非政府机构中任一定职务者。需要特别指出的是，优秀人才还包括一部分成果出色、产出颇丰的博士后研究人员。据美国方面估计，在美国的政府、大学、研究院和企业任职的中国科学家和工程师有几十万人，其中在美国太空、军事等敏感部门工作的中国专家有2万多人。根据相关资料推算，分布在世界各地的华裔优秀人才可能在25万以上。

三是特殊人才，即中国发展所急需的专才。这类人才不完全以学术、学历、职位划分，而更多地强调实际技能。这些人可能是专家、教授等专业型人才，也可能是工商管理类、金融法律类以及经营型的人才，还可能是学历不高但富有商业才华的创业型人才。在加拿大、澳大利亚的技术移民以及美国HIB工作签证当中，中国移民一直在总额中占10%～20%。在美国，截至2002年，华人在美国创建了大约28.6万家华裔占51%以上利益的企业，再加上其他国家的华人企业主以及活跃于跨国公司的职业经理人，仅仅华裔企业经营型人才已在10万人以上。② 据此估计，海外华裔特殊人才的总量应不少于60万。

①② 王辉耀等：《海外华侨华人专业社团发展报告》，北京：国务院侨办委托研究课题（2010），第37、39页。

（二）海外华人专业社团的建设与发展

近二三十年，随着海外华人社会的演变和技术移民的增加，华人的科技、经济、文化水平不断提高，很多新移民专业人士为了能在生活和事业上相互支持，更好地在居住国立足、发展，成立了众多专业社团。从全球范围来看，海外华人专业社团的分布与世界各国经济发展的程度、产业结构的状况，以及海外华人专业人士的分布密切相关。如美国华人专业人士主要集中在美西加州的硅谷地区、美东的大华府地区、纽约地区及美南休斯敦地区。美国信息科技产业中心——硅谷，信息科技产业发达，有大量华人在此创业或担任技术管理人员，因此，与IT、电子科技有关的华人专业社团大多聚集于此，如硅谷中国工程师协会、华源科技协会等。中国大陆、香港、台湾留学生和专业人士在海外组织的诸多校友会是另一类华人专业社团。有人指出，美国硅谷中，中国大陆留学生社团数量最多的是各种校友会，其发达程度令人吃惊，几乎每所中国大陆重点高校在硅谷都有校友会，会员规模多则数千，少则几百，成为串联硅谷中国大陆留学生的重要纽带。① 在大华盛顿地区，据美国华盛顿华人社团联盟主席刘平中博士介绍，大专院校校友会联合总会里就有50多个校友会。波士顿中国校友会联合总会目前已有南京大学、武汉大学等21所校友会加盟。除大陆专业人士外，港台地区的专业人士也在发达国家建立诸多校友会组织。

目前尚未见到关于海外华人专业社团数量的可靠统计，但有资料指出，截至1998年，美国华人各类社团总数达2 000多个，其中华人科技、经济管理团体有近600个。② 成立于1998年的华盛顿华人专业团体联合会（以下简称“华专联”）是华盛顿地区多个专业领域中，华人专业团体的代表和协调组织。经过十多年的发展，华专联已由组建时的

① 王德禄、赵慕兰、张浩：《硅谷中关村人脉网络》，北京：清华大学出版社2012年版，第139页。

② 刘云：《海外中国留学人员和华人学者的分布状况及其特点》，《科技导报》2001年第11期。

16个成员团体发展到目前的33个成员团体，增长了一倍多。美南中国专家协会联合会于1996年8月底在休斯敦召开第一届联席会议，当时有美南地区12个团体会员，而今已有27个华人专业协会，增长了一倍多。可见，近年来，随着中国大陆留学生人数的快速增长，华人专业社团发展势头迅猛。中国留学生及其学成后归化的专业人士数量在美国各地及各专业、各行业的持续增长，也致使其组建的专业社团在地域、学科、行业等方面的覆盖更广。国务院侨办为开展侨务引智工作，建立了全球华人专业协会协作网。该网所刊出的华人专业协会名单仅为其所引智关注的重点对象，但远未包括全部的华人专业社团。而根据该网所刊布的资料统计，共有221个华人专业协会，其中美国海外专业协会有信息技术方面的协会6个、环保卫生方面6个、生物医药方面10个、其他领域54个，校友会26个，学联会2个，共计104个，占了47%。若以此比例推算，全球华人专业社团的数量约为2 553个。

海外华人专业社团是近半个世纪在发达国家异军突起的新型团体，是全球化时代知识经济飞速发展、全球专业分工协作细化与深入的产物，也是海外华人寻求发展、专业人士群体日益扩大的产物。通观海外华人专业社团，它们都具有以下不同于海外华人传统社团地缘性、血缘性、神缘性等新特点：

第一，从成员构成来看，海外华人专业社团成员的学历高，专业性较强，具有“人才储备库”的特点。海外华人专业社团是由专业人士组成的团体，其成员都受过西方国家的高等教育，从事专业性较强的工作。如2002年成立于圣地亚哥的美国生物医学与制药协会（原名为美中生物技术与制药协会），现有成员1 500多人，他们大多是来自生物技术和制药行业的科技人员及创业者，以及研究所、高等学府的专家学者和学生。

第二，从海外华人专业社团的分布来看，它们大多集中在欧美以及日本、澳大利亚、新加坡等发达国家，这与所在国的法制环境、产业分布、科技发展状况等息息相关。这些发达国家有着世界领先的教育水平和发达的高科技产业，能够培养、吸聚、使用这些专业人才，为其提供很好的工作平台和个人待遇。

第三，海外华人专业社团开展的活动以举办学术论坛、学术讲座，进行学术交流和合作为主。如在硅谷地区，华侨华人和留学生的组织有70多个，但大部分属于专业协会。它们经常举办技术讲座、风险投资介绍会等。美南中国专家协会联合会的宗旨就是促进美南地区中国旅美专业团体之间的深入联系与合作，加强美南地区中国旅美专家、学者之间的学术交流，为中国旅美专业人士在美国社会中的事业发展提供环境和机会。美国华裔医学科学家协会副会长王筠2009年在广州举办的第三届海外华侨华人专业协会会长联席会上介绍，该会的主要活动是促进人才交流、交流医药快讯、举办专家论坛。2007年至2009年，该会出版了36期《人才交流》、36期《医药快讯》，举办了28场专家论坛。

第四，海外华人专业社团非常重视与国内建立联系，帮助推动相关会员回国发展，积极开展与中国相关部门的交流与合作，重视推动所在国与中国进行科技、教育和文化等各类交流。海外华人专业社团以团体的形式直接与国内联系，尤其是与国内招商引资、招才引智等工作进行对口联系，很容易取得共赢。一是通过其“集群效应”，为国内招商引资、招才引智等事业作出贡献；二是可以为有意愿回国创新创业的专业人士提供信息交流、项目沟通的平台和事业发展的机遇。

2013侨界精英创业创新峰会生物医药专场

三、海外华人专业人士及其社团在中国创新体系建设中的作用

众多海外华人专业人士及其社团为促进中国与外部世界的科技、经济和文化交流发挥了重要作用，同时，也为中国在海外发现和引进人才提供了重要的渠道。因此，海外华人专业人士及其社团不仅成为中国联系华侨华人专业人士的重要桥梁，充当了中国与发达国家间交流合作的平台，且对于中国招才引智、经济转型、产业结构优化升级和创新体系

建设，具有特别重要的意义，发挥着海外“人才资源库”、“联络站”的独特作用。

（一）对外招才引智的重要平台

由于海外华人专业人士大多加入海外华人的专业社团，因此，可以说这些组织是海外华人（包括留学生）联系的重要枢纽，是中国招才引智的重要平台。海外华人专业人士分布在世界各国，若以分散的个体形式与国内保持密切联系，这对于国内相关部门以及专业人士自身来说都成本很高；若选择回国创业或发展，尤其是在高新产业领域，往往需要有一个由覆盖产业链各环节的人才组成的团队，还需要得到政府机构适当的政策扶持与项目支持。与之相比，海外华人专业社团往往有着明显的专业群体“聚集效应”，与国内有关部门保持着紧密的联系，其成员覆盖产业链的各个环节，更方便组织成员回国团队创业。

正由于海外华人专业社团具有“人才储备库”的特点，当前，中国广州、珠海、无锡、苏州、天津等地以分布在世界各地的海外华人专业社团为载体，纷纷设置了“海外人才工作站”，目的在于建立一种持续性的海外引智工作机制，以引进更多的海外人才。这些工作站发挥了海外华人专业社团的组织优势，一方面方便与所在国的海外华人人才联系和沟通，及时向各种人才引进计划的“潜在候选人”提供国内的新政策和新信息；另一方面充分利用和发挥自身了解、熟悉海外高层次人才的优势，主动与国内用人单位以及政府引智部门建立联系，发挥铺路搭桥和纽带的积极作用，为他们提供或推荐有意向回国服务的海外人才。如无锡新区自 2010 年起依托各功能园区，陆续建有海外引才工作站 10 个，遍布英国、美国、德国、日本、新加坡等国家。这些引才工作站大多以华人专业社团为载体，如北美中国半导体协会、硅谷华源科技协会、欧洲华人半导体协会、硅谷清华联网协会、中国旅美科技协会等。2010 年 5 月成立于德国慕尼黑的欧洲华人半导体协会引才工作站，是无锡新区 IC 园发展的海外引才工作站。该工作站成立后，在慕尼黑成功举办了中国（无锡）传感产业推介会暨创业恳谈会，取得了良好的成效。该工作站每季度定期举行专业学术报告研讨会，借此向与会人员宣传无锡市以及无锡新区高层次人才相关政策，并通过登报启事及电子邮件等多种方式发布信息，吸引在校华人大学生、博士生以及各类感兴趣的专业技术人员参加会议。工作站以半导体协会为基础，建立了人才档案基本信息库，通过电子邮件及时向注册人员提供各类相关信息，同时，通过与半导体协会合作组织规模不等的联谊活动，搭建人员相互交流的平台。另外，还组织近 20 名欧洲高层次人才来无锡新区进行交流考察，且已有多个项目入驻或在谈。

（二）开展海外科技、经济、文化交流合作的桥梁

海外华人专业人士多年来一直关心和支持中国科技、经济和社会发展，表现出对科学的执着和对祖（籍）国的热爱。他们运用在海外学到的先进技术和管理经验，以多种形式参与中国现代化建设的各项事业，在促进中国改革开放和现代化建设，扩大中国同其他国家在科技、教育、文化、经贸等领域的交流和合作，增进中国人民同各国人民的了解和友谊等方面，发挥了不可替代的桥梁作用。而海外华人专业社团则在协调、动员和组织其成员在各自专业领域等方面与中国相关部门开展交流和合作，具有独特的优势，也发挥了重要作用，是中国开展对外科技、教育和文化等方面交流和合作的重要对象。

20 世纪 90 年代初，由留美学者建立的旅美华人科技协会集合了一批在美国各机构任职的科技人员，以同中国进行科技交流为宗旨开展活动。该会成立以来，积极同国内许多机构建立联系，组团返华交流讲学、合作兴办高科技企业、接待国内专业团组访美、共同举办学术研讨会等。成立于 1995 年、其总部设在马里兰州的美国华人生物医药科技协会在过去的十几年中，与美国及中国有关管理机构、生物医药研发机构和中美企业建立了密切联系，接待了众多来自中国大陆的医药管理部门和企业界的访美代表，并为此组织了有关生物医药的研究开发、旅美科技人员成功经验讲座以及企业管理和政府条例系列讲座等。位于美国加州硅谷的中国留学人员创业协会（简称“中创协会”）成立于 2002

年2月，是全球最为重要的专门从事科技创新创业交流活动的海外华人高科技社团。多年来，中创协会一直与国内各地方政府和相关机构保持良好的合作关系，共同开展科技交流活动，协办大型人才项目交流活动，为海外学人提供回国发展和为国服务的平台。

华专联是在美国登记注册的非营利机构，是华盛顿地区33个华人专业团体的代表和协调组织，也是全美国少有的一个由横跨多个专业领域的华人专业人士组成的综合性团体。华专联成员团体所代表的专业领域涵盖了社会科学、文化教育、信息工程、网络、通讯、计算机科学、电子工程、生命科学、生物医药、现代医学、交通、环境保护、金融投资、财会、法律、工商等方面。该组织的许多成员已成为其专业领域的一流专家或所在企业里的高级主管，更有部分成员在美中两地成功地创建了自己的事业。华专联的宗旨是促进各个旅美华人专业团体之间的跨学科交流，为社区和会员提供专业服务，并维护会员的合法权益；致力于促进中美两国多方位的交流与合作；提倡多元化发展，增进华人与其他族裔的相互理解和相互合作。华专联成立以来，与美中两国各界建立了广泛的联系，开展了多项跨专业交流活动，组织了100多个代表团回国访问考察，多次参加了高科技交流会和各种专业论坛，足迹踏遍了中国的大江南北。同时，连续两年在华盛顿举办的“北美高科技项目和人才交流大会”，吸引了海内外众多企业、政府机构和旅美专业人士与会。

2012 国际人才交流大会

华专联旨在依据美中两国法律，通过各项活动促进美中在经贸、科技和文化等方面的广泛合作，成为美中交流的民间桥梁。在此基础上，它充分发挥旅美专业人士的智力资源优势，利用祖国巨大的市场资源，为旅美专业人士在事业上开创新的天地。华专联参与组织在华盛顿主办“北美中国论坛”，面向美国主流社会与北美侨界，定期介绍、讨论、研究与中国以及美中关系有关的问题和最新发展，并提出政策咨询和建议。华专联协调和动员北美各专业领域华人专家学者的人才资源，为美中两国企业界、社会团体、研究和教育组织以及公共机构提供高质量的研究和咨询服务。

（三）科技创新的重要力量

近几十年来，海外华人专业人才及其社团通过“回国服务”、“为国服务”和“回国创业”等流动方式积极参与中国的创新体系建设。他们以自己的专业和专业团体的优势，通过在国内兼职、接受委托等方式在国内外开展合作研究，并以回国讲学、进行学术技术交流，在国内创办企业，从事考察咨询活动，开展中介服务等形式，为推动中国的创新型国家建设开展各种活动。随着近年来中国经济的快速发展，以及各种相关人才政策和措施的出台，一批批海外高层次人才携带其多年来掌握和积累的技术、资金及理念回国创新创业。2008 年以来，中国实施的规格最高的引智计划——“千人计划”，前八批共有 2 800 多名海外人才入选，其中，华人人才就有2 600多名。2009 年起，人力资源和社会保障部启动实施“海外赤子为国服务行动计划”（简称“赤子计划”），统筹协调各项留学人员为国服务活动。据初步统计，2010 年“赤子计划”的各项活动共吸引各类海外人才回国（来华）服务达上千人次，这些海外人才来自美国、日本、欧洲等几十个国家和地区的 100 多个专业技术领域。这些数以万计的海外高层次人才回国后，奋战在高校、企业等各行各业，他们为中国的科技创新、学科建设和产业升级作出了巨大贡献。

高校“千人计划”的人才在科学研究方面取得了一批标志性的原始创新成果，为中国的科学研究注入了新鲜血液。例如，清华大学“千人计划”海归人才施一公带领研究团队成功解析了世界上第一例细胞凋亡小体的三维空间结构、第一例甲酸离子通道蛋白复合体的高分辨率空间结构、第一例蛋白降解复合体的三维空间结构，在国际生命科学领域产生了重要影响。北京大学“千人计划”海归人才饶毅积极参与重大科学话题的讨论，也一直致力于转基因食品方面的探索和研究，在其科学博客上撰文，力求引导该领域往正确、科学的方向发展。中国科学技术大学潘建伟带领研究团队成功实现了世界上最远距离的量子态隐形传输，比原世界纪录提高了 20 多倍。“千人计划”国家特聘专家、华中科技大学教授李亮牵头组建了国家脉冲强磁场科学中心，近期自行研制的脉冲磁体成功实现了 90.6 特斯拉的峰值磁场，再一次刷新中国脉冲磁场强度的最高纪录，使中国成为继美国、德国后第三个突破 90 特斯拉大关的国家。

国有骨干企业和高科技公司也是华人专业人士奋战的主战场。截至 2010 年，全国已建成各级各类留学人员创业园 150 余个，入园企业超过 8 000家，2 万余名留学人员在园内创业，有效带动了科技创新和产业结构调整，推动了经济发展。[①] 由具有高科技专业背景的海外华人专业社团成员创建的企业，其突出贡献体现在填补中国行业空白，完善中国经济结构，推动中国在新经济、新技术、新能源、互联网、IT、通讯、传媒等诸多领域的发展。值得一提的是，自 2009 年起广东省政府实施了三批创新团队和领军人才引进计划，共有 56 个创新团队和 50 名领军人才入选。其中，创新团队的负责人有 47 人为海外华人，领军人才有 39 人为海外华人，分别占 84% 和 78% 。从美国留学归国的刘若鹏选择在深圳创业，率领自己的

龙泉驿区大学生创业孵化园

① 《回国工作·为国服务·回国创业——我国“三位一体”留学回国工作政策体系初步形成》，http://www.ldgb.com.cn/2010/ e_readnews.asp? NewsID = 129018。

核心团队在深圳成立光启高等理工研究院，成为广东省首批引进的12个创新科研团队之一。两年多来，该院从最开始5位创始人发展到现在数百位同事，他们来自全球40多个国家。两年中，光启已经成为中国超材料技术的领军企业，拥有众多的国家、省、市级重点实验室，逐步实现对超材料领域源头知识产权的覆盖，不断确立该团队在超材料领域的全球领先地位。广东引进的创新科研团队适应了广东省战略性新兴产业发展格局。以第二批引进的团队为例，20个团队涵盖高端新型电子信息、LED、生物医药、新材料、先进制造业、新能源、节能环保等多个关键技术领域。这些科研团队的创新效应助推了广东产业转型升级的大跨越，这主要表现在广东专利申请翻两番；参与制定国家标准3项、国际标准1项、行业标准1项；新增研发新产品9个，累计研发新产品49个。第二批引进的11个团队在核心技术上都实现了突破。[①] 实际上，中国众多高新区、留学生创业园、科技园区内，由海外华人专业人士和留学人员创办或者管理的企业，目前已经成为中国新经济和高科技的主流。

江苏省中小企业科技创业基地

① 《广东“团队式”引才助推产业转型升级实现大跨越》，http://news.xinhuanet.com/fortune/2012-03/12/c_111640244.htm。

第十一章 海内外侨界与中国和平统一大业

华侨华人素有爱国爱乡的历史传统。自孙中山领导的民主革命取得胜利以来，每当中华民族命运处于危难之时，华侨华人都会挺身而出，或慷慨捐资捐物，或亲赴中国战斗前线，在道义、财力和人力上给予全力支持，帮助祖（籍）国人民渡过难关。改革开放以来，随着党和政府把经济建设提到中心议事日程上来，以及国家侨务政策和工作的适时调整，“文革”期间一度中断的海外华人和中国的关系又得到恢复。30 多年来，海外华人的经济投资和社会捐赠有力地推动了中国经济社会的快速发展，引起了政府有关部门和学界的关注，相关的研究成果不断问世。

完成祖国统一大业，是中国政府和人民进入 21 世纪的三大历史任务之一。只有实现祖国的统一，才会有真正意义上的中华民族复兴。实践表明，海内外侨界是中国最广泛的反“独”促统的统一战线，是促进中国统一的重要力量。下面拟以近年世界各地成立的为数众多的中国和平统一促进会和澳门归侨社团为分析中心，对近年华侨华人反“独”促统组织和澳门归侨社团的形成、发展及活动特点进行全面剖析。

一、海外统促会与中国和平统一

近年来，海内外侨界利用自身的优势，多方面、多渠道、全方位地沟通和协调两岸关系，大力维护港澳的稳定和繁荣。他们纷纷成立反“独”促统组织，开展形式多样、声势浩大的反“独”促统活动，沉重打击了各种分裂势力的气焰，也充分显示了海外侨胞强烈的爱国主义热情。

（一）海内外侨界反“独”促统组织的创立和发展

近现代历史经验表明，海外华人与中国的命运休戚相关。一个统一、民主、富强的中国，永远是海外华人的坚强后盾和靠山、经济合作的平台，更是他们在居住国获得荣耀和尊严的基础。几十年来，台湾问题一直是影响中国和平发展的重要问题。尽早实现中国的和平统一，是事关海外华人切身利益的大事。随着 20 世纪 70 年代中美关系的逐渐缓和，中国与世界各国之间的交往不断增多，国际政治环境日渐宽松。在这种背景下，世界各国华人希望祖国统一，纷纷成立了一些以促进中国统一大业为宗旨的社团组织。

美国华侨华人在 20 世纪七八十年代成立了华盛顿中国和平统一促进会（1973）、美京华人各界联合会（1979）、旧金山中国和平统一促进会（1982）、中国统一国际联谊总会（1984）、海峡两岸交流会（1985）等。

华盛顿中国和平统一促进会会徽

1999 年 8 月，欧洲华人张曼新先生发起成立了欧洲中国和平统一促进会（简称“欧洲统促会”），这是第一个洲际反“独”促统组织，开启了反“独”促统和“以侨促统”的新时代。

21 世纪初，随着海外华人政治觉悟的日渐提高，期盼祖国和平统一的愿望日益强烈，海内外侨界掀起了成立统促会的高潮，尤其是 2000 年至 2005 年的 6 年间，全球共成立了 130 多个统促会，约占总数的 75%。这与当前的国际局势密不可分。迄今为止，全球五大洲已有 80 多个国家和地区成立了 180 多个统促会。

这些统促会成立之后，经常联系大陆、港澳台地区以及海外各界人士开展活动，交流见解，谋求共识，对间接传递两岸信息、增加双方了解、推动两岸关系起了重要作用。

（二）海内外侨界反“独”促统组织的特点

1. 结构的系统性

全球 180 多个统促会可分为全洲、全国和地方这三个层次。大凡华侨华人比较集中的地方，都有统促会组织。这是统促会的基层组织。众多基层统促会按国别又分别成立了全国性统促会。如全美中国和平统一促进会联合会已有 15 个团体会员，分布于全美各大都会区。各国统促会再以洲为单位，分别成立洲际统促会组织。如欧洲中国和平统一促进会、全非洲中国和平统一促进会等。

各层次的统促会通过组织上的相互联系和工作上的相互配合，形成上下统属、相互协调的组织系统。在组织架构上，各统促会大多实行理事会制度，上一层次的统促会通常通过吸纳下一层次统促会的会长为统促会理事来实现组织结构上这种统属关系。在实际工作中，下一层次的统促会往往会配合或分担上一层次的统促会的工作。如大芝加哥中国和平统一促进会（简称“芝加哥和统会”）作为全美中国和平统一促进会联合会的团体会员，主要是配合其开展在美国和世界的反“独”促统工作，承担统促会分派的任务，并独立地在芝加哥地区开展相应的日常工作。

2. 成员的广泛性

为实现中国的和平统一，孤立少数“独立”分子，限制“独立”势力在海外华人中的渗透和扩张，扩大海外华人的爱国统一战线，世界各地统促会坚持团结包容的原则，最大限度地团结旅居海外的港澳台侨胞，特别是已经融入当地主流社会的华侨、华人和华裔新生代，因此，各统促会在成员构成上具有广泛性。如澳洲中国和平统一促进会（简称“澳洲和统会”）的成员包括来自中国大陆、台湾、香港和澳门等地区以及东南亚等国不同社会界别的华侨华人，且其理事会成员中，来自东南亚、台湾和大陆地区的各占 1/3。可见，海外统促会是一个包容性较强的组织。就来源地、职业、移民时间或法律身份，以及社会阶层来说，海外统促会的成员来自华人社会的各个方面，既有来自大陆的，又有来自港澳台地区的；既有从事工商实业、科学研究、艺术创作等的华人精英，又有普通的小企业主、餐馆服务员、制造业工人等；既有新老移民，又有土生华人等。

海外统促会不仅广泛吸纳华侨华人，更注重联系众多华人社团，并将它们视为其组织的重要基础，在组织结构上与侨社紧密地对接。如法国中国和平统一促进会（简称“法国统促会”）自2000年成立以来，十分重视侨团的工作，在其促推下，目前，法国的80多个重要侨团都加入了统促会，这些侨团基本包括了法国华人社会的各个方面。此外，有些统促会本身就是由华人社团联合创建的。如阿根廷中国和平统一促进会（简称“阿根廷统促会”），它由不同类型的14个侨团共同发起成立，并由每个侨团派出一位会长、两位副会长担任统促会的理事，实现侨团和统促会在组织结构上的对接。由于这些侨团负责人政治上有影响、经济上有实力、社会上有威望，他们加入理事会，能为统促会更好地通过侨社这一基层组织开展反“独”促统工作提供组织保障。

组织的健全有利于海外统促会团结广大同胞，凝聚侨心，协调和组织华侨华人开展反“独”促统行动，推动祖国和平统一大业。

（三）海外华人反“独”促统活动的特点

1. 工作对象

从工作对象来说，海外统促会根据自身特点，发挥各自优势，以“三个延伸”为主要工作思路，通过广泛的接触、交流和联谊，团结一切可以团结的力量，着力构建全球最广泛的反“独”促统阵线。

（1）向上延伸。为取得反“独”促统的实效，海外统促会积极向上延伸，做好所在地主流社会和主流媒体的工作，争取他们对中国和平统一政策的理解和支持。

如比利时中国和平统一促进会的工作重点是做欧洲议会的工作，积极与比利时上层社会和议会进行沟通和交流。它曾组织200多位华人与议长对话，希望议会坚持“一个中国”政策。又如华盛顿中国和平统一促进会注意和美国国会两院保持经常性沟通，每逢圣诞和新年，都寄上贺信、贺卡，在祝贺节日的同时也寄托了海外华侨华人希望中国和平统一和增进中美友好的理念。

担任莫桑比克中国和平统一促进会（简称“莫桑比克统促会”）会长的江永生是莫桑比克总统的保健医生。他利用与希萨诺总统接触的有利条件，时常把台湾问题的由来及现状介绍给总统，并向其解释中国政府解决台湾问题的方针和政策。2002 年 8 月，希萨诺总统同意出任莫桑比克统促会名誉主席，这在海外统促会中尚属首例。2005 年至 2007 年，莫桑比克统促会聘请了格布扎总统及其他政要任该会的名誉主席、名誉顾问、名誉理事等职。通过他们的带动和影响，当地政府、上层人士和主流社会普遍认同一个中国的政治框架，支持中国和平统一事业。

（2）向下延伸。近年来，海外统促会在积极推动中国和平统一大业的基础上，广泛联系当地华侨华人，不断扩大统促会的社会影响，利用各种机会和场合，向住在国广泛地宣传中国政府和平统一的方针和政策，争取住在国广大民众的支持，推动海外反“独”促统运动的深入开展。众多统促会根据本地区的特点加强与各侨团的联系，以增加交流交往的机会、扩大团结的对象、建设和谐侨社。

随着近年新移民群体的不断壮大，海外统促会还根据新移民的特点，注重在新移民群体中开展反“独”促统工作，在帮助他们尽快适应居住国的工作、生活的基础上，鼓励新移民向所在国政府和人们宣传中国政府的和平统一政策和“一国两制”的内容，坚决反对一切分裂中国的行为及主张。

另外，为保证全球反“独”促统运动持续发展，海外统促会还重视培养年轻力量，以“根在中国，力促统一”为行动主线，以经济、科技等方面的实质性合作为切入点，调动华侨华人中的年轻人参与反“独”促统运动的积极性。

（3）向外延伸。近年来，海外统促会坚持求同存异的原则，努力做好争取亲台社团、台胞社团的工作，最大限度地团结一切反对“台独”分裂、拥护中国统一的各界人士。各统促会采取多种方式加强与台湾同胞、传统侨社的团结合作，通过互访、联谊、茶话会等形式，与他们建立联系、结下友谊，帮助他们解决困难。如加拿大中国统一促进会成立以来，积极动员台湾同胞参加大陆侨社、大陆同胞参加台湾社团，支持两岸三地同胞参加克兰尼社区活动，并邀请国民党和民进党在海外的党员，以及加拿大亲台的议员参加统促会的座谈会。又如巴西里约中国和平统一促进会广泛接触台胞，特别是一些有选票的台胞，希望通过他们了解台湾地区的民意，并尽量争取团结一些有“台独”倾向的侨胞，让他们逐渐了解祖国统一大业的重要性，促使他们转变立场。

海外统促会以共同文化渊源、共同民族感情、共同民族利益为基础，多渠道、多层面地把工作向外延伸到台湾地区，做好台湾民众的工作。在促进与台湾民众的交流方面，各地统促会更是做了大量深入细致的工作，如组团赴台、邀请台胞到所在国访问等，大力推动海峡两岸民间的交往与交流，不断增进两岸同胞的感情，促进台湾同胞对中华民族和中华文化的认同。一些在两岸三地均有贸易往来、合资或投资事业的统促会成员还借经商之便，向台湾地区的业界人士进行反“独”促统宣传。

2. 工作方式

从工作方式来说，以重要会议和现代传媒为重要平台，宣传“和平统一、一国两制”的思想和反“独”促统的理念。

为使反“独”促统工作更加深入民心，海外统促会还开展了形式多样的活动，如召开层次不等、规模不一的全国性、洲际性或全球性大会，发表会议声明或宣言，表明华侨华人反“独”促统的坚决立场等。2000 年夏天，欧洲华侨华人社团联合会秘书长张曼新等侨领发起的在德国柏林召开的全球华侨华人推动中国和平统一大会，在全世界首先提出了“反‘独’促统”的战斗口号，开启了“以侨促统”的新时代。此后，各国反“独”促统运动风起云涌，每年的反“独”促统世界大会和洲级大会相继在华盛顿、东京、悉尼、莫斯科、维也纳、巴拿马、里约热内卢、圣保罗、洛杉矶等地召开，有力地促进了中国的和平统一大业。

传统媒体和现代传媒也都是海外华人宣传反“独”促统理念的一

个重要平台。西非华侨华人积极利用自身的有利条件，组织演讲会与座谈会，自办报纸并免费分发。尼日利亚统促会及当地华侨华人组织发行《西非统一商报》，覆盖尼日利亚的主要城市及周边一些国家，并在当地主要媒体刊登中国政府有关台湾问题的报道、在主要电视频道买下黄金时段播放有关台湾问题的专题节目，宣传中国的各项政策主张。巴西中西部统促会筹资出版《南美侨报》占领舆论阵地，宣传中国的“和平统一、一国两制”政策。巴拿马统促会自办中文报纸《华信日报》，自2003年开始每两周开设一期专栏，刊登两岸关系及促进中国统一等方面的信息、文章。菲律宾统促会在成立之初着手组建的一支由新闻媒体、专栏作家组成的文宣队伍，每当台海发生重大事件时，就充分发挥自身优势，在当地华人报刊上发表评论，揭露“台独”分裂势力的险恶用心，进行猛烈的声讨和挞伐。

3. 工作内容

从工作内容来说，海外华人密切关注台海关系和海内外“台独”、“藏独”、“疆独”等分裂势力的新动向，不断调整工作重点，力求反“独”促统工作具有针对性。

近十年来，针对台湾当局和“台独”分裂势力组织的分裂活动、散布的分裂言论，一方面，海外统促会通过请愿、集会游行、发表声明等多种形式，与其进行针锋相对的斗争；另一方面，海外统促会积极配合中国政府的对台政策，通过举办座谈会、撰写文章等形式拥护和支持全国人大制定的《反分裂国家法》、中台办和国台办的“5・17声明”等，认真学习并宣传中国领导人一系列对台工作的重要讲话精神，坚定地支持中国政府为维护中国主权和领土完整所采取的一切行动及措施。

此外，海外华人还根据海内外各种分裂势力的新情况，在反对“台独”势力的同时，积极开展反“藏独”、反“疆独”分裂势力的斗争。

为揭露事实真相、维护祖国和平统一，西欧、北美、澳大利亚和新西兰的华侨华人及中国留学人员自发组织，举办了多种形式的宣讲活动，向民众诠释真实的中国、真实的西藏。如将CNN、BBC等发表的歪曲“拉萨事件”事实的一批假照片一一识别出来，并在整理后发布到互联网上，及时让世界人民认清真相。

为以“最和平、最理性的方式”抗议德国媒体对西藏问题的歪曲报道，表达汉藏一家、维护国家统一的心声，德国华侨华人在慕尼黑的奥登广场举行了主题为“无声的呐喊”的游行。

针对2009年新疆发生的打砸抢烧暴力犯罪事件，海外统促会相继以发表声明、接受媒体采访等方式，对暴力罪行表示强烈谴责，并坚决支持中国政府为保护人民生命财产安全所采取的一切必要措施，呼吁华侨华人与分裂势力开展斗争，反对国际反华势力对中国社会稳定和民族团结的一切破坏活动。

二、澳门归侨与中国和平统一

澳门位于珠江三角洲西侧，由澳门半岛、氹仔岛、路环岛和路氹城四部分组成，现总面积共29.2平方公里。长期的对外交流和频繁的人口流动，造就了澳门这样一个多元文化特色的城市。下面拟通过相关文献，梳理澳门归侨及其组织的发展历史，探讨其在维护澳门繁荣稳定和促进中国和平统一大业中的主要优势和重要活动。

（一）澳门归侨及其组织的创建

澳门的归侨为来自世界各地的华侨华人。据林清风先生推算，2001年澳门人口总数为436 700人，澳门归侨、侨眷人口总数约74 700人，归侨、侨眷人口占澳门人口的17%；在归侨、侨眷人口中，缅甸归侨人数估计为46 000人，占澳门归侨、侨眷总数的约62%。[①] 另据澳门官方统计，居住在澳门的归侨有50 000多人，约占澳门人口总数的11.4%。[②] 两组数据之所以有出入，是因为其统计方式不同。前者将侨眷人口计算在内，后者却只统计了归侨本人。

---

① 林清风：《澳门人口构成特征及归侨人口初探》，参见林清风、许均铨：《归侨在澳门》，澳门：华人国际新闻出版集团2005年版，第316页。

② 王起昆：《悠悠归侨情，九九迎回归》，http://www.xmqs.xm.fj.cn/qw/dz/003.html。

从归侨的来源地看，亚洲 17 个国家有 40 000 多人，非洲 8 个国家 1 500余人，大洋洲五国 200 余人，美洲 20 个国家各为 2 000 余人，欧洲五国 100 多人。除缅甸、柬埔寨之外，印度尼西亚归侨有 2 000 多人，排名第三；马达加斯加归侨 1 000 余人；秘鲁归侨 600 人；美国归侨 500 人。① 可见，归侨是澳门总人口的重要组成部分，这一点也体现在澳门基本法叙述澳门界别的第 133 ~ 134 条中，它把“归侨”列为一个社会界别。

20 世纪六七十年代，为维护自己的正当权益，解决诸如住房、就业、就学及经济方面等问题，在热心归侨人士的推动和筹备下，各种澳门归侨团体应运而生。据查，先后有十多个归侨社团产生，如非洲互助组（前身为华侨俱乐部，成立于 1962 年前后）、澳门归侨总会（1968）、澳门黑猫体育会（1970）、澳门缅华互助会（1971）、澳门缅甸归侨联合总会（1992）、澳门秘鲁归侨联合会（2010）、澳门越柬寮归侨联谊会（2010）、澳门印尼归侨协会（2011）等。另外，有些社团从名称来看是地缘性团体，但其成员则以来自该地的海外华侨为主。如 1973 年成立的澳门福州三山同乡会，其会员主要有闽籍的缅甸、印度尼西亚归侨。类似的还有 1960 年成立的澳门崇正福利会、1992 年成立的澳门永靖同乡会、1992 年成立的澳门嘉应同乡会等。

总的来说，澳门归侨社团大致可分为两大类：一类是由来自相同国家的归侨组成的社团，如澳门缅华互助会、澳门秘鲁归侨联合会、澳门越柬寮归侨联谊会、澳门印尼归侨协会等；另一类是按归侨年龄、性别等人口自然属性组成的社团，如澳门侨界青年协会、澳门侨界妇女协会等。可以说，随着澳门回归后经济的快速发展，世界各地来澳定居的华人逐渐增多，相应的侨团组织数量也在不断增长。

最初，各归侨社团创立的宗旨大致相同，均以服务归侨需要为主。但随着时代的变迁，各社团也开始面对新形势，与时俱进，不断调整内

① 王起昆：《悠悠归侨情，九九迎回归》，http://www.xmqs.xm.fj.cn/qw/dz/003.html。

部结构和完善内外功能，以便更好地服务于侨界社会。近 40 年的澳门归侨社团，其功能演变大体分为三个阶段。第一阶段是 20 世纪 60 年代中期到 1986 年为止，为澳门侨团的创建时期。初创的侨团，其宗旨大多为发扬团结互助精神，开展福利文教活动，维护归侨正当权益，协助归侨立足澳门社会新环境，重建家园等。第二阶段是从 1987 年至 1999 年为止。此阶段，随着 1987 年 4 月中葡两国政府关于澳门问题的联合声明的签署，归侨社团开始转而关注、参与到澳门的社会事务上来。第三阶段是从 2000 年至今。自 1999 年 12 月 20 日回归祖国后，澳门实行了“一国两制”、“澳人治澳”、高度自治方针，使其发展进入了一个新的历史时期。在新形势下，归侨社团与时俱进，拥护“一国两制”、“澳人治澳”、高度自治的方针政策，支持特区政府依法施政，积极参与特区各项建设；同时也充分发挥归侨的独特优势，密切联系各地侨界，积极推动华人国际经贸活动，大力促进祖国和平统一大业。

澳门归侨总会（简称“侨总”）于 1968 年成立，是澳门最大的归侨、侨眷团体，也是澳门六大社团之一，影响很大。它下辖澳门柬埔寨华侨联谊会、澳门非洲华侨联谊会、澳门侨界青年协会、澳门侨界妇女协会等。该会的负责人中，有很多人是交叉担任社会其他社团的领导职位。例如侨总的负责人在街坊总会、妇女联合会、中华总商会等大界别社团中，也是负责人之一。澳门归侨总会在 1985 年通过的章程中阐明了宗旨，即“发扬热爱祖国传统，维护归侨正当权益，促进归侨团结互助，开展归侨福利文教”。一直以来，侨总始终不渝地以实际行动践行着其宗旨。它曾为争取改善华侨入境、过境条例，方便华侨返澳定居，专门设立了“澳门归侨总会权益委员会”，推派代表前往澳督府交涉。在其不懈努力下，澳葡当局接纳了归侨代表所提要求，宣布修改华侨入境、过境条例，简化手续，减少保证金额。这为当时处于惶惶不安之中的南洋华侨赴澳提供了便利。侨总还从 1972 年起开办各类补习班，以服务归侨。其先后开设了英文补习班 24 期、中文补习班 14

澳门归侨总会会徽

期、普通话补习班8期，并应需开设广东话补习班、葡语初级补习班。到1979年2月，参加各类补习班的归侨总人数达到357人。① 补习班的开设，为当时澳门归侨的生活、工作和就业等提供了有利条件。

澳门缅华互助会是澳门仅次于侨总的第二大侨团。该会的组织结构、规章条例和福利制度都比较完善。其下设理事会、监事会、秘书处、财务部、联络部、总务部、文康部、妇女委员会、颐康委员会、青年委员会等，附属机构有出版委员会、诊疗所、旅游组、青委乐队等。从澳门缅华互助会的组织结构大致可见其组织活动的主要内容。

（二）澳门归侨在中国和平统一大业中的优势

澳门归侨及其社团因其所处的地理位置和特殊身份，在开展侨务统战工作方面具有独特优势。

首先，澳门是两岸交流交往的重要平台和纽带。澳台关系是两岸关系的一个特殊组成部分，也是近年两岸关系良好发展的一个缩影。在中央政府、特区政府的支持和努力下，澳门回归祖国十多年来，利用其特殊的地缘、人缘和文缘优势，对两岸同胞的交流和互动、两岸关系发展模式的突破和创新进行了积极探索，成为海峡两岸接触交流的窗口和平台。

从人员往来看，多年来，台湾访澳旅客年均保持130万人次以上，是澳门第三大客源地。此外，随着近年澳台关系的不断发展，澳门居民赴台旅游、升学也逐渐增多。澳门中联办台湾事务部部长程金中在澳台关系十周年研讨会上指出，2002年至2007年，澳门居民赴台人数平均每年2万人次；2008年为3万多人次，同比增长32%。到台湾大专院校求学的澳门中学生由2000年的197人增加至2009年的1 000多人，目前共有3 000余人在台就读。受地缘和历史原因的影响，澳门回归前有不少居民赴台打工和定居，高峰时打工者多达2万余人、申请定居者

① 林清风、许均铨：《归侨在澳门》，澳门：华人国际新闻出版集团2005年版，第16页。

每年达 1 600 余人。[①]

从两地经贸往来看，1999 年以来，澳台双方贸易额每年保持在 3 亿美元左右，2008 年更是达到了 4.35 亿美元。2005 年以来，澳门逐渐成为台湾向大陆各地推介地方特色产品、促进特色产业发展的视窗和展台。不少澳门工商业者赴台寻求商机和合作者，而一些台湾知名的连锁特色餐饮则纷纷进驻澳门，这为两地经贸交流与合作拉开了新的序幕。

澳门妈祖神像

从语缘、文缘来讲，澳门的妈祖文化具有历史久、规格高、影响深的特点，是推动澳台关系乃至两岸关系发展的重要因素。澳门还拥有约四分之一懂闽南语的福建籍居民，他们身在澳门，不忘闽台，共同的闽南方言和民俗是增进了解、密切情感、扩大信任的有利因素。正如澳门归侨总会副会长刘艺良指出："澳门由于地缘和人缘的关系，可以作为两岸沟通的缓冲地。例如许多台湾民众从未去过内地，到内地前心情较紧张，澳门的环境、社会制度、生活方式及社会气氛会较适合台湾民众，他们先在澳门停留及参与活动后，放松心情再前往内地，会较易适应。"

可见，正是由于澳门的特殊地理位置，澳门归侨能充分利用澳门这一对台联系的桥梁和平台，通过"走出去、请进来"，建立与台胞密切的联系和互动机制，增进相互间的友谊和共识，共同促进中国的和平统一。

其次，澳门具有"一国两制"的示范效应。澳门自 1999 年 12 月 20 日回归以来，积极践行"一国两制"，开创了澳门历史的新纪元。在"澳人治澳"、高度自治方针下，澳门在政治、经济、民生等领域取得

① 程金中：《澳台关系十年回顾与前景展望》，《中国评论》2009 年第 12 期。

了辉煌成就，有效验证了“一国两制”的科学性与生命力。澳门作为“一国两制”的示范基地，为台湾同胞了解“一国两制”的具体内涵，探索“一国两制”对解决台湾问题、实现中国完全统一的意义提供了样本，这必将对最终解决台湾问题有积极影响。

再次，从归侨本身的身份认同来看，血肉相依、同种同文、密不可分的关系，能使澳台同胞彼此间的沟通更多；中华文化，特别是闽南文化，也理应成为沟通澳台关系的桥梁。澳台两地的归侨具有共同的经历、身份和历史认同，具有相似的语缘和文化，因此从新中国成立初期到改革开放时，澳台归侨之间的往来都十分密切。有些澳门归侨，其家人、亲友生活或工作在两岸三地的现象十分普遍。由于澳台两地的归侨联系密切，台湾归侨更能体会和理解“一国两制”的含义。中国改革开放30多年来，随着海峡两岸形势的变化，澳门归侨及其社团与台湾同胞互相合作，往来更为频繁，这起到了“以侨引台”的积极作用。

（三）澳门归侨为促进中国和平统一大业所做的工作

中国政府有关部门认识到澳门侨界社团的地位和作用，重视和不断拓展澳门侨务工作，充分肯定其在推进中国和平统一大业中的优势，积极勉励和大力支持澳门归侨的各项工作。具体的做法有：中国政府赋予澳门侨界参政议政的政治地位；国家领导人和侨务部门官员多次在京高规格接见澳门侨界代表；亲临澳门指导工作，加强与澳门侨界的紧密联系，增进同澳门侨界的交流、沟通与合作，多次举办香港、澳门侨务研讨班；发展壮大爱国爱澳力量，支持澳门侨界参与澳门各项社会建设，促进澳门的长期稳定繁荣；发挥澳门侨界与台湾各界联系密切的优势，推动澳门侨团与世界各地侨团特别是澳台侨团之间的联系与沟通，为推动“一国两制”实践和中国和平统一大业多作贡献。

澳门特区政府也大力支持澳门侨务事业发展。如澳门特首崔世安、全国政协副主席何厚铧等不但全力支持与出席澳门侨界的大型活动，还指示相关政府部门积极配合支持。特首崔世安曾指出，澳门侨界多年来的内外联络使之已成为特区政府“三大商贸服务平台”的重要桥梁和纽带，并表示特区政府将进一步发挥澳门归侨侨眷的独特优势，积极构建侨商经贸合作平台，推动内地与澳门全方位、多领域的交流与合作，为中国的经济社会发展，促进中国的和平统一作出更新、更大的贡献。

此外，近几十年来，在中央政府和澳门特区政府的大力支持下，澳门归侨通过自己的努力也为澳门经济的繁荣、社会的发展以及祖国的和平统一大业作出了巨大贡献。

首先，各侨团章程都明确表示其拥护“一国两制”方针，努力在传播中华传统文化、增进中国人民同各国人民相互了解和友谊、推动中国现代化建设和促进祖国和平统一大业、维护各族人民大团结等方面发挥积极作用。

澳门归侨总会旨在团结澳门归侨、侨眷，维护他们的合法权益，发挥桥梁和纽带作用，加强与国内各省、市侨办、侨联的联系和友好往来，积极支持和配合澳门特区政府的各项政策，为祖国的繁荣安定和统一大业，为澳门的经济发展和稳定作出贡献。

澳门缅华互助会、澳门柬埔寨华侨联谊会等侨团制定各自的新时期宗旨时都提出要“努力融入澳门社会，积极参与澳门社会事务，与澳门同胞一起，为澳门社会的稳定、经济繁荣及持续发展，为祖国的最终统一共同努力，共创明天”。

澳门缅华互助会会徽

2010 年成立的澳门越柬寮归侨联谊会，其宗旨是“积极发挥应有的桥梁与纽带作用，开展团结澳门越柬寮归侨侨眷、联系海内外越柬寮华侨社团、推动澳门与越柬寮三国民间经济文化交流的相关工作，拥护‘一国两制’，支持澳门特别行政区政府依法施政，积极参与澳门社会事务，为澳门繁荣稳定及祖国和平统一大业而努力”。

其次，澳门归侨社团也把握机会，为促进两岸和平发展、推动中华民族和平统一大业开展了以下几方面工作：

（1）支持“一国两制”、“澳人治澳”、高度自治的方针，积极参与澳门的各项建设，这对台湾同胞开展两岸和平统一工作具有一定的示范效应。

为服务归侨，推动澳门顺利过渡，归侨社团以多种方式积极参与澳门的社会建设实务，并在中共中央统战部、国务院侨办、全国侨联、澳门中联办等部门以及特区政府的指导和支持下，根据“凝聚侨心、汇集侨力、发挥侨智、维护侨益、服务侨众”的原则，以主人翁的态度，积极拥护“一国两制”方针，支持特区政府依法施政，为促进国家统一、推进特区建设作贡献。如澳门归侨总会于1989年9月成立基本法关注小组，代表侨界对澳门基本法起草建言献策；1994年5月，举行推介基本法的茶话会，介绍、推广基本法。又如澳门缅华互助会于1997年11月组织澳门基本法研习班，当时有30位学员参加研习；1998年5月，成立澳门后过渡期社会事务关注小组，以实际行动支持澳门平稳过渡，政权顺利交接，迎接澳门回归祖国；1998年8月，提出八点振兴经济的建议，并就推委会产生办法向特区筹委会提出六点建议，以利于澳门平稳过渡；1999年2月，呼吁缅华归侨积极报名参加选举推委会。

（2）发挥“侨”的独特性，充分把握“侨中有台、台中有侨”的特点，以“走出去、请进来”等方式，加强海内外侨界的联系和互动，增进相互间的友谊和共识。

融合亲情、族情，寄希望于台湾人民，大力促进两岸经济和文化交流，实现互利双赢，为两岸同胞谋福祉，是解决台湾问题、实现中国和平统一的根本路径。为此，长期以来，澳门归侨及其社团发挥自己的优势，与世界各地的侨社和台胞保持着深厚的友谊以及良好的合作关系，利用自身已有平台，向侨界宣传“一国两制”方针在澳门的成功实践，努力推动国家的和平统一。

澳门归侨总会坚持以“走出去”的方式加强与海内外侨胞的联系，先后多次组团访问印度尼西亚、柬埔寨、法国、马来西亚、新加坡、澳大利亚、越南以及中国台湾等地，与当地华侨团体建立密切的合作关系，并向当地侨胞和台胞介绍澳门回归后的情况。如2009年4月，澳门归侨总会组团访台，台湾侨联总会全力协助入境。澳门归侨总会访问期间，拜会了海基会董事长江丙坤，以及台湾侨联、华侨协会总会、归侨联谊会和台湾侨界社团，建立了友谊，加强了沟通，增进了共识。总会负责人罗少荣、梁仲虬、黎振强、刘艺良、陈健英等还多次出席了全球促统会在柏林、莫斯科等地举行的活动。

同时，澳门归侨总会也以“请进来”的方式，保持与海外侨胞的友谊。每逢总会五周年、十周年会庆，澳门归侨总会都会邀请海内外侨界代表前来澳门参加活动，让他们亲身体会“一国两制”在澳门实践的成果。如 2001 年、2004 年、2009 年，澳门归侨总会先后举办了三次“华侨华人聚濠江联谊大会”，邀请海内外侨社、侨团代表齐聚澳门，增强彼此友谊，加深侨界和台胞对澳门成功实践“一国两制”的了解和认识，让他们领略和分享“一国两制”在澳门的实践经验。

除此以外，为密切与海内外侨界联系、加深与海内外侨界的友谊，其他澳门归侨社团还举行各类活动。如 2008 年 10 月，澳门归侨总会受全国侨联委托，承办了“2008 两岸侨联和平发展论坛”；2010 年 6 月，澳门侨界青年协会承办了“两岸四地侨界青年年会”；2010 年 9 月，澳门侨界青年协会成功举办了“凝聚侨青，感受澳门，参与世博”系列活动等。

总之，澳门侨团按照“走出去、请进来”的思路，加强了与海内外侨界的联系和互访，拉近了澳门与世界各地侨胞和台胞的距离，增加了他们对“一国两制”的认识，以及对祖国的爱国热情，提升了他们对祖国的向心力和凝聚力，凸显了其在联络海内外侨胞和台胞、促进祖国和平统一等方面的积极作用。

（3）密切关注台湾地区的政治形势变化，适时举办形式不一、主题多样的反“独”促统活动，推动成立澳门地区中国和平统一促进会。

为打击“台独”分子的嚣张气焰，澳门侨团先后多次举办谴责陈水扁当局“台独”主张的大型活动，抨击“台独”分子企图分裂中国、破坏中国和平统一大业的言论和行径，表达了澳门归侨坚决支持中国政府在台湾问题上的原则立场，期盼中国和平统一早日实现。如澳门归侨总会于 1999 年 7 月举行大会，强烈谴责李登辉分裂祖国的言论和行径，严正警告李登辉和台湾的分裂势力；2002 年 3 月，举行座谈会，呼吁台湾同胞警惕“台独”势力，慎重选择地区领导人，阻止“台独”势力上台，维护民族尊严和祖国的领土完整；2002年7月，主办了中华文化与和平统一研讨会。又如2012年1月6日，香港和澳门侨团在港举办“港澳各界支持马英九、吴敦义造势大会”，约1 000人出席。

2004年12月，为呼应全球华人反“独”促统运动的形势，在澳门归侨总会的推动下，澳门地区中国和平统一促进会（下称“和统会”）正式成立，这是澳门侨界开展反“独”促统运动、维护祖国和平统一的一大举措。和统会领导层以归侨总会的管理层为基础，由澳门归侨总会负责人担任主要领导职务，其中，副会长刘艺良担任了和统会的会长。其宗旨是以澳门“一国两制”的成功实践为典范，进一步发挥澳门在两岸间的桥梁和协调作用，加强与台湾同胞，特别是岛内基层人士的接触和沟通，加深台湾同胞对澳门实施“一国两制”成功经验的了解，增加他们对祖国大陆发展的认识，增强台湾同胞对“一国两制”的信心，推动和发展海峡两岸的民间往来，促进祖国早日实现和平统一。其主要任务是广泛联系大陆、香港、澳门、台湾和海外各界人士及相关团体，共同探讨海峡两岸关系，推动和平统一的进程，促进海峡两岸民间在经贸、文化、教育、科技、旅游、体育、艺术、新闻出版、学术等方面的交流和往来。和统会成立以来，秉承其宗旨，密切关注台湾地区的政治形势变化，适时开展反“独”促统活动，先后召开“反分裂促统一”座谈会、支持《反分裂国家法》的促进中国和平统一座谈会、全球华侨华人促进中国和平统一大会、澳台关系十周年研讨会等，汇编出版并向澳门政府和社会各界广泛派发《支持反分裂国家法　促进祖国和平统一》座谈会发言册共1 000册，多次派代表参与世界各地的反“独”促统活动等，充分发挥其在澳门社会各方面的优势，在推动台海两岸往来、开展经贸文化交流等方面起到了重要作用。

综上所述，海内外侨界是中国和平统一事业的独特优势，也是遏制海内外“台独”、“藏独”和“疆独”等分裂势力，维护港澳地区繁荣稳定的重要力量。近十多年来，在台海关系和国际形势的推动下，海内外侨界反“独”促统的队伍不断发展壮大，组织机构日益健全，通过坚持不懈的努力和行之有效的工作方法，有力地宣传了中国政府“一国两制”的方针政策，使“一个中国”的原则在国际社会得到越来越多的理解与支持。同时，世界各地华人开展的形式多样、声势浩大的反“独”促统运动，沉重打击了各种分裂势力的嚣张气焰，为促进中国和平统一作出了不可磨灭的贡献。

第十二章
软实力视野下华侨华人与中国梦的关系：凝聚与共筑

一、中国梦的内涵和软实力视角的解读

中国梦成为中国主流话语是在中共十八大召开后不久。2012 年 11 月 29 日，中共中央总书记习近平带领新一届中央领导集体参观中国国家博物馆“复兴之路”展览现场，提出了建设强大的社会主义现代化新中国的中国梦。2013 年 3 月 17 日，在十二届全国人大一次会议上，习近平总书记又对中国梦作了全面阐述：“实现中华民族伟大复兴的中国梦，就是要实现国家富强、民族振兴、人民幸福。”

对于中国梦，学界有很多探讨，包括：中国梦的内涵和特征、“国家梦”与“个人梦”的关系、中国梦与“美国梦”的比较、中国梦与世界的关系、中国梦的实现等。

就中国梦的内涵，学术界有“国梦”和“家梦”结合的“二元说”，富民梦、强国梦、民族复兴梦的“三位说”，国家实力、幸福指数、价值追求多维度、多层次的“多维说”。[①] 目前，官方、舆论和多数学者同意“多维说”，其中林培雄、刘光明在《人民日报》上所发表的文章《奋力实现民族复兴的中国梦》的观点具有代表性：从国家实力看，中国梦就是要实现综合国力的进一步增强；从幸福指数看，中国

① 程美东、张学威：《当前中国梦研究评述》，《中国特色社会主义研究》2013 年第 2 期。

梦就是要实现人民幸福感的进一步提升；从文明看，中国梦就是要实现中华文明的进一步演进；从价值追求看，中国梦就是要实现每个人的全面发展。

中共十八大提出物质文明、政治文明、精神文明、社会文明和生态文明的全面发展，实际明确了中国梦的多维特征。十八大报告指出："必须更加自觉地把全面协调可持续作为深入贯彻落实科学发展观的基本要求，全面落实经济建设、政治建设、文化建设、社会建设、生态文明建设五位一体的总体布局，促进现代化建设各方面相协调，促进生产关系与生产力、上层建筑与经济基础相协调，不断开拓生产发展、生活富裕、生态良好的文明发展道路。"

为此，实现中国梦不但体现在经济和军事实力增长等富民、强国的方面，也应该体现在制度建设、文化繁荣、价值追求及国家形象和国际影响力等方面。而海外华侨华人能通过帮助提高中国软实力来参与到实现中国梦的历史进程中。

二、华侨华人与中国梦

中国梦自提出以来，得到了包括海外华侨华人在内的各族中华儿女的热烈响应。华侨华人对实现中国梦更为迫切，更愿意为中国梦的实现贡献自己的力量。泰国中华总商会的刘锦庭说："中华民族的伟大复兴是数代中国人共同的愿景和追求，是一个大国之梦、强国之梦。这一点，数千万的海外华侨华人体会最深，愿意为'中国梦'的早日实现添砖加瓦。"①海外华侨华人对中国梦的认识更为深刻，且更乐见一个繁荣富强的中国，原因有三方面：

（一）中国梦是抚平华侨华人历史创伤的良药

中国进入近代以来，频遭西方列强侵辱，领土被侵占，主权沦丧，财富和资源被大肆掠夺。晚清政府摇摇欲坠，国民政府在军阀混战后又

① 《泰国华人的中国梦》，《人民日报》，2013年2月25日。

遭日军侵略。整个近代史，中国自身备受欺凌，自顾不暇，无法为海外侨胞提供庇护。身居海外的华侨虽勤奋工作，为住在国的社会经济发展作出了巨大贡献，却得不到公平合理的待遇，常遭歧视、虐待和迫害。1882 年排华法案的通过开启了美国华侨华人的血泪史，他们不仅财产得不到保障，而且随时有生命危险。法案生效后，在 3 年时间内就有超过 5 万的华工被迫离开加州或被迫害致死。1884 年，国会通过了一项修正案，加强了对法案生效前入境华工的驱逐，并将其适用于一切华人，包括已经获得第三国国籍的华人。在西班牙殖民地小吕宋，“华人若无事在街上行走，偶被洋人撞见，辄呼为畜类，或击以木椎，实令人触目”。在英属非洲殖民地，华侨“只能与驴子同履车道，西人可以牵犬随行，不能与华民偕行”[①]。即使在越南，华侨要承担比国内其他人更重的苛捐杂税，他们必须按时缴纳进出税、人头税、招牌税，连尸体运回国内也要缴税，无力缴税者被处以禁锢、罚刑和苦役等。海外华侨遭受此等屈辱和非人待遇，自然希望祖籍国能够强大，能够为他们提供保护，提高他们在居住国的社会政治地位。这是海外华侨中国梦产生的最初缘由，也是海外华侨不断投身革命、抗日救亡和参加经济建设的动力所在。

时至今日，随着社会文明的发展，自由、民主、平等的思想已为众多国家所接受，居住国对华侨华人原始粗暴的歧视和欺凌虽然已经变少，但对华侨华人的歧视现象仍屡见不鲜。美国虽然号称主张多元文化，反对种族歧视，但美国皮尤研究中心最近发布的调查报告发现，美国亚裔中有 13% 的人认为种族歧视对他们是个大问题，48% 认为种族歧视是个小问题，35% 的人认为种族歧视不是问题。而华人在亚裔中，受种族歧视的感觉又是最强烈的，16% 认为是大问题，56% 认为是个小问题。华人认为种族歧视成问题的比例高达 72%，在亚裔各族群中是

---

① 廖萌：《浅析海外华侨对辛亥革命的经济支持》，《海外华侨与辛亥革命国际学术研讨会论文集》，北京：世界知识出版社 2011 年版。

最高的。[①] 而华人对种族歧视更敏感，有历史和现实的两层原因。历史原因是：从19世纪后期到20世纪中期，以1882年排华法案为标志，美国兴起长达100年的歧视和排斥华人浪潮，给无数华人留下了惨痛的经历和记忆。现在，随着美国国会通过排华致歉案，这悲惨的一页已经翻过去了，但留给华人心灵的伤疤却不容易抹去，而且当今的美国华人依然受到歧视。美国北卡罗来纳州阿巴拉契亚州立大学终身教授陈致远在《多元文化的现代美国》一书中列举了大量华人被歧视的例子，如美国国会的第一位华裔众议员吴振伟，2002年去美国能源部办公事时，警卫不让其进门，怀疑他不是美国公民。在出示议员证后，还是不让进。与此同时，他的两位助手却顺利进去了，因为他们是白人。

《多元文化的现代美国》

现今不光在欧美国家，在华人群体很大的东南亚国家和与中国文化相似的韩国也都存在排华或者歧视华人的现象。1998年发生在印度尼西亚的排华事件使大批华人的财产受到巨大损失、生命受到严重威胁，是当地华人不堪回首的一幕。在韩国，虽然华侨华人的地位得到了一定的提升，但长期受歧视的状态并未得到根本改变。2010年韩国政府向国会提交的《国籍法修正案》中，将旅韩华侨排除在允许持有双重国籍的对象之外。

海外华侨华人在历史上遭受的歧视是他们永远的伤疤，这块伤疤至今仍会隐隐作痛。虽然海外的华侨华人遭受歧视的原因各种各样，但是旧中国积贫积弱以及中国现今仍是发展中国家，国力不够强盛，国际影响力不够大是其重要的原因。一个繁荣昌盛的祖（籍）国是海外华侨华人的坚强后盾，而中国梦的基本内涵就是“国家富强、民族振兴、人

① 《美国华人遭遇的歧视到底严不严重》，http://overseas.cn.yahoo.com/ypen/20121022/1377572_1.html。

民幸福”，这一内涵切合了华侨华人希望祖（籍）国强大的内在需求。身居海外的华侨华人更能感受到祖（籍）国与他们息息相关的内在联系，所以中国梦一提出就得到了海外华侨华人的热烈响应。

（二）中国梦是华侨华人族群认同的精神依托

“认同”是一个心理学概念。根据张春兴的《心理学大辞典》的解释，认同是指一个人将其他个人或群体的行为方式、态度观念、价值标准等，经由模仿、内化，而使其本人与他人或群体趋于一致的心理历程。认同有利于消除紧张、焦虑，获得归属感，是人进行某种活动的动力机制。海外华侨华人由于身处不同的社会、族群、政治环境中，不免产生不同程度的焦虑、紧张以及无根的感觉，这就需要寻找某种认同以缓解此种不良的心理压力。由于融入居住国的程度不同等多种原因，并不是所有的华侨华人都需要同样的认同，认同的程度也不一样，所以应区别对待。但有一点是共通的：所有的海外华侨华人在居住国都是少数族群，新加坡是个例外。其民族的生理特征以及根深蒂固的文化特质是难以泯灭的，这是其不可能完全被其他民族同化、完全为其他民族所接受的重要原因。族群认同是所有华侨华人的心理需求，这种需求促使他们努力保持本族群的文化、价值观念，以获得归属感。

东南亚很多国家的华人在政治上已完全认同居住国，正如新加坡前总理李光耀所言：“我们是华族。但我们必须实事求是地承认，归根到底，我们是效忠于自己居住的国家而不是中国……我们离开中国已有两三代人，现在我们扎根于我们自己的出生地，与我们利害攸关的是自己所居住的国家而不是我们先辈移居来此之前所在的中国。”但他们仍竭力保持本民族的风俗习惯、行为方式、价值观念、传统文化、宗教信仰等，以实现族群认同和文化认同。纵使 20 世纪时东南亚的很多国家都采取强制同化的政策，华人还是顽强地传承和弘扬了中华传统文化。1951 年在马来西亚，英国殖民政府要取消华文、印度文学校。马来西亚华教史上最为知名的人物林连玉组织召开全马华校教师代表大会进行抗争，迫使当局让步。1956 年，马来西亚政府企图对非马来文中小学校实行改制，否则取消津贴，林连玉极力主张“华文中学是华人文化的堡垒，津贴可以剥夺，华文中学不能不办”。为反对《2013 年至 2025 年教育大蓝图》内不利于母语教育发展政策，2013 年 7 月 29 日，大马董总举办的“728 华团大会”获得近 1 100 个团体签名支持，董总更准备提升到联合国的层次，投诉大蓝图歧视母语教育。

马来西亚华人在不断抗争中保存了完整的华文教育体系和完整的中华传统文化。虽然，海外华侨华人在传承的过程中融入了本土文化的元素，但在某些方面比大陆传承得更好。曾任马来西亚交通部部长兼马华总会会长的林良实先生曾说：“今天的大马华人继续讲方言和华语，吃华人食物，穿华人服装和欣赏中国古典音乐等。不过我们也有不同，我们已经历了蜕变，祖先知道的，我们也晓得；祖先做的，我们照做，而且做得更好……我们不但没有失去华人的特征，反而丰富了华人的文化特点。在这许多年里，华人文化不断演进而更具特色，它没有丧失任何东西，反而提升进入一个新的境界。”

随着中国综合国力的增强，国际影响力的日益提高，以及住在国强调多元文化并逐渐放松对华人的控制，华人的族群认同和文化认同日趋明显。主要表现在：①华文学校增多。据不完全统计，2005 年，全球华侨华人社会中有近万所华文学校，其中校舍相对固定的、学制比较完备的华文学校有6 000 多所。在华文学校中，大多是华裔子弟。华文教育的持续发展有利于海外华侨华人持久保持自身的民族特性和传统文化，增强华侨华人的归属感和凝聚力。②华人媒体日益发达。有海水的地方就有华人，有华人的地方就有中文报刊。近两个世纪以来，海外共有 50 多个国家和地区出现过中文报刊，累计总数为 4 000 多种。目前仍在出版的印刷媒体有 500 多种，其中日报有 100 多家。华文传媒是海外华侨华人宝贵而独特的资源，在传播中华文化、宣传介绍华人社会、支持和解释华人政策与行为、展示和塑造海外华侨华人形象等方面均发挥着重要的作用。③近年来，海外华侨华人与中国各方面的交流日益密切，进一步增进了他们对中国的亲近感。

由于海外华侨华人与中国同宗同源，有割舍不断的血脉之情，因此，如果中国繁荣富强，在世界有很大影响力，他们的族群认同感将会进一步加强，会为自己是中华民族的一员感到自豪和骄傲。海外华侨华人族群认同和文化认同的需要会促使他们为实现中国梦贡献自己的力量。

（三）中国梦的世界意义是华侨华人乐于参与中国梦的现实考虑

2013 年 6 月 7 日，习近平主席在与美国总统奥巴马会谈时指出：“‘中国梦’要实现国家富强、民族复兴、人民幸福，是和平、发展、合作、共赢的梦，与包括‘美国梦’在内的世界各国人民的美好梦想相通。”这段话充分指出了中国梦的世界意义：强大中国对世界和平、和谐也有积极意义。虽然，经验思维和“国强必霸”的历史观念使一些人面对中国梦时心态复杂，其中不乏误解、嫉妒、担忧，但实际上，中华文化是一种和谐的文化，中华民族曾拥有领先世界的千年辉煌，却罕有侵凌他国之举。今日中国是历史中国的延续，今日中国文化是中华文化的延伸。植根于中华文化的中国梦，绝不可能违背已经坚守了千年的文化价值追求。由于中国梦根植于几千年以“和”和“仁”为核心价值观的中国传统文化之中，因此，中国梦不可能脱离“睦邻和善”的传统而遵从“强后必霸”的西方霸权主义逻辑。

和　　仁

另外，实践证明，中国的和平崛起对世界的发展是有益的。2010

年，中国对世界经济增长的贡献率达到30%；2011 年，中国的 GDP 近 7.47 万亿美元，为世界经济增长贡献了力量。对于未来中国，经济学界有一个基本共识，那就是中国还能保持 20 年经济稳健发展的态势。20 年后的中国，经济规模将更为庞大，对外开放也将更为深入，未来的中国必将以更为卓越的表现贡献于世界。

中国梦其中一个内涵是中华文化的全面复兴。中国在几千年的悠久历史中创造了灿烂辉煌的文化。中华传统文化对世界的进程产生了重要的影响。而近一百多年来，中国屡遭侵辱，国力衰弱，中华文化也失去了往日的辉煌。现在我们用来思考各种事情的概念体系、话语体系和知识体系基本上都是西方所定义，基于西方社会实践的，而这些有的并不适合中国国情。因此，中国要富强、要有世界影响力，就不能只是在经济实力上位居世界前列。赵汀阳教授认为，“如果中国的知识体系不能参与世界的知识体系的建构，而因此产生新的世界普遍知识体系，不能成为知识生产大国，那么，即使有了巨大的经济规模，即使是个物质生产大国，还将仍然是个小国”，“如果中国文化不具有世界性，‘中国梦’就只能是一种自我玩赏”。[①] 所以，中国梦必然还是中华文化复兴之梦。

由于中国梦是和平、和谐、共赢之梦，中国的富强对周边国家乃至整个世界都有积极意义，已加入其他国家国籍的华人就没有中国的崛起会损害其住在国的国家利益的顾虑。而中国梦之中华文化全面复兴的光明前景有利于强化华侨华人的民族认同和文化认同。中华文化国际影响力的增强也能赢得其在住在国其他民族的认可和尊重。所以，华人在政治上认同其住在国和积极维护住在国利益的基础上，也乐见中华文化的复兴和乐于在住在国与中国之间担当友好使者。

三、华侨华人与中国软实力建设

海外华侨华人参与实现中国梦的主要途径是提高中国国家软实力。

---

① 乐黛云：《美国梦 · 欧洲梦 · 中国梦》，《社会科学》2007 年第 9 期。

而华侨华人在推进中国软实力建设方面也大有作为，主要体现在中华文化的传播、开展民间外交、中国国情和发展模式的宣传、对中国国家政策和行为的理解、支持和解释及塑造中华民族海外形象等方面；而作用机制在于通过华侨华人的个人行为和方式、海外华人传媒、华文教育以及华侨华人社团发挥作用。

华侨华人在中国软实力建设中的作用包含三大部分：一是华侨华人经由华人社团、华人传媒、华文教育和华人精英等路径，在构建、提升中国对外软实力方面发挥的独特作用和影响；二是华侨华人经由华人社团、华人传媒和华人精英等路径，促进中国改革开放与发展，提升中华民族的凝聚力，在构建、提升中国国内软实力方面发挥的独特作用和影响；三是侨务部门如何引导和鼓励华侨华人发挥上述作用。

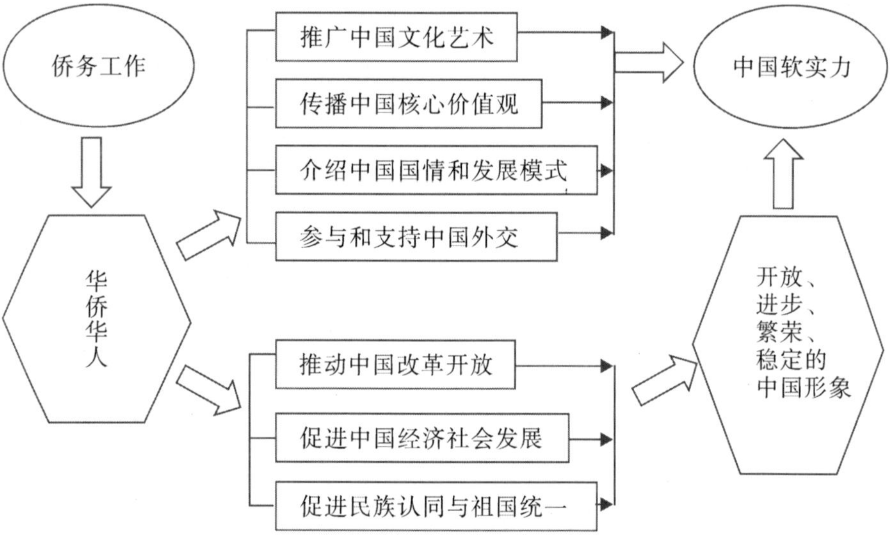

图 12－1　华侨华人与中国软实力建设的关系

（一）中华文化的海外传播

作为沟通中国与居住国桥梁和纽带的广大海外华侨华人，通过建立类型多样的社团组织、创办各种华文学校及华文媒体、创作多种类型的华文文学、开展多种形式的华文教育活动等，一直积极地传播中华传统文化，维护、塑造中国良好的国际形象。同时，海外华侨华人还在吸收当地文化元素的基础上，发展中华文化，形成了颇具特色的海外华人文学与艺术氛围，为当地人民所乐见并接受。

海外华侨华人传承和发扬中华文化，大体表现在三个层次：一是表层的器物文化，如茶具、灯笼、对联等；二是行为文化和习俗文化，如春节、元宵节、清明节、端午节、中秋节等各种节庆，华人婚礼等；三是华侨华人身上展现的中华传统文化价值观。海外华侨华人传承和弘扬中华文化的途径多种多样，下面以“春节”为例进行简要分析。

春节是中国人几千年传统文化的集大成者，最全面、最深刻地承载着传统中华文化的诸多元素。春节的内在意蕴已深入中国人的血液，成为中国人抹不去的文化基因，成为一种文化无意识。每到春节，这种文化无意识就会通过饺子、对联、中国结、年糕、红鲤鱼等具象物质和吃团圆饭、拜年、发压岁钱、舞龙舞狮、逛庙会等活动将春节所赋予的文化内涵传达出来。“即使离开该文化环境，人们也会在相应的时间里装饰节日饰物并制作节日食物或者重复一些与该节日相符的行为；一旦接触到那些具有特定文化含义的符号，就会产生对该文化行为以及文化整体的联想。”①

旅法华侨华人在巴黎举行舞狮

西班牙华侨华人的舞龙队伍

① 何彬：《春节与海外华侨华人的文化认知》，《温州大学学报（社会科学版）》2012 年第 3 期。

现今，春节为众多国家所重视，形成了一定的国际影响力。各国政要在春节期间向当地的华侨华人发表贺词和拜访侨团成为一种惯例。纽约最高的帝国大厦自 2001 年起每年都在中国春节前夕，连续三个晚上亮起象征中国新春喜庆吉祥的红、黄两色夜景灯饰。美国财政部印刷局为庆祝华人农历春节，2009 年发行了“金牛吉利钱”的 1 美元和 5 美元钞票，每张钞票的联号前四码都是许多华人最喜爱的“8888”。2004 年 1 月 24 日，法国著名的埃菲尔铁塔红光闪烁，大放异彩，以庆祝中国春节。埃菲尔铁塔专为一个外国的节日改灯光、披盛装，还是历史上的首次。在德国，中国春节还出现在小学四年级的英文课本里。该课本中专门有一课介绍中国春节，按照教学进度安排，正好赶在春节到来之前讲授；老师的课程设置也颇为有趣，在对中国春节进行介绍后，发给每个学生一张印有十二生肖、“恭喜发财”和生肖年表的问题单，让学生通过回答问题加深对中国春节的认识。

金牛吉利钱

中国春节有如此重要的国际影响力，除了由于中国国力的增强、国际地位的提高及春节本身所蕴含的独特韵味和丰富内涵等原因外，与海外华侨华人的传承和弘扬也密不可分。有位美国人在评价海外华侨华人扩大春节的影响力时如此说道：“随着中国的发展，中国文化影响力也在世界各地不断上升，这有利于中国软实力的提升。我认为，海外华侨华人对中国文化的传播功不可没。增强文化感染力需要发挥民间优势，每一位在海外的华人都可以是文化使者。”①

① 《聚焦世界各国过春节：老外也过“中国年”》，《人民日报》，2011 年 2 月 9 日。

（二）中国国情和发展道路的介绍

改革开放30多年来，中国经济飞速发展，国内生产总值年平均增长9%，为世界所罕见。中国经济快速发展的关键在于中国的经济制度和发展道路。一般认为，经济实力是国家的硬实力，经济制度和发展道路的影响力属于软实力范畴。“中国是社会主义国家，又是发展中国家；中国是对全球经济产生重要影响的国家，又是摒弃剑与火的方式走和平发展道路的国家。中国的成功，标志着中国的政治、经济、文化、社会制度符合中国的国情，中国人民的探索为人类社会发展道路提供了借鉴。‘中国模式’（抑或中国道路、中国经验、中国案例）作为一种发展形态已经引起国际社会的不同解读，主动、客观、全面地介绍中国特色社会主义的发展道路，有助于国际社会对中国的认知，有助于中国软实力的提升。”①

就中国国情和发展道路而言，中国政府开展了多方面的工作，也取得了一定成效，但是，对海外华侨华人和归侨侨眷在这方面的巨大潜能还重视不够。事实上，“海外华文媒体、华人社团、文化中心和华侨华人热心人士都在不同程度，以不同方式介绍中国的国情现状和发展模式，尤其是海外华文媒体近年来普遍增加了对中国新闻的报道，不断扩大版面和报道强度，介绍中国政治昌明、经济发展、文化繁荣、社会稳定”②。

党的十七届六中全会提出要“增进国际社会对我国基本国情、价值观念、发展道路、内外政策的了解和认识”，将国家形象塑造提升到国家文化战略高度。国家形象关系中华文化在世界上的感召力和影响力，而海外华侨华人具有得天独厚的优势，他们对住在国民众的语言习惯、思维方式、价值观念、文化背景非常了解，并且还是住在国民众的邻居、同事、朋友甚至爱人。他们以讲故事的方式向住在国民众介绍中

① 范如松：《侨务工作理论与实践》，北京：世界知识出版社2012年版，第112～113页。

② 陈奕平主编：《和谐与共赢：海外侨胞与中国软实力》，广州：暨南大学出版社2012年版，第7页。

国，不仅不会让他们心存芥蒂和疑虑，而且会让他们以一种欣赏的态度去了解中国。他们不仅是当地民众了解中国的一扇窗口，更是宣传、推介中国的载体。他们通过邻里交谈、社区聚会、在报纸上发表文章、在电视上参加评论、给当地议员写信等种种当地民众接受的方式，不断地影响着身边的人和主流媒体、主流社会，塑造中国良好的国家形象，改变当地民众对中国的看法。在日本，很多民众对中国并不了解，他们接触到的有关中国的信息也比较片面、模糊。为此，一些日本的华裔学者纷纷著书立说，解读中国现状，如朱建荣的《不朽邓小平》、《朱镕基的改革》、《通往中国 2020 年之路》，赵新利的《中国对日宣传和国家形象——从对外传播到公共外交》，后者更是成了日本的畅销书籍。

不仅个人积极宣传和推介中国，一些华人团体更是发挥覆盖面广、影响力大等优势，举办介绍中国传统文化、中国发展现状的活动。如 2009 年 3 月 28 日，纽约华人社团联席会和纽约中国和平统一促进会举办了纪念“西藏百万农奴解放 50 周年”座谈会和“西藏今昔图片展”，让住在国民众和华侨华人了解一个真实的西藏，了解西藏 60 年的变迁。还有不少专业性华人社团利用开研讨会等形式向当地民众和学者介绍中国的国情、发展道路。就连海外华文媒体也成为传播和树立中国国家形象的重要载体。

（三）侨务公共外交与对中国外交政策的理解、支持和解释

公共外交很早就受到中国政府的重视，在当代更成为中国总体外交的重要组成部分。2009 年 7 月 17 日，胡锦涛在第十一次驻外使节会议上明确要求，中国“要加强公共外交和人文外交，开展各种形式的对外文化交流，扎实传播中华优秀文化”。而中共十八大报告也明确指出：“我们将扎实推进公共和人文外交，维护我国海外合法权益。我们将开展同各国政党和政治组织的友好往来，加强人大、政协、地方、民间团体的对外交流，夯实国家关系，发展社会基础。”

中国发展的历史与实践表明，华侨华人是中外交流重要而不可或缺的桥梁与纽带，也是中国海外利益重要的开拓者、承载者和有力的维护

者。华侨华人曾为新中国打开外交局面、化解外交僵局作出了重要贡献。

因此，在当前复杂多变的国际形势下，通过华侨华人开展公共外交，应当是当代中国外交一个富有价值的新命题，也是包括各涉侨部门和涉侨工作者在内的重要任务。正如有学者所说，“几千万华侨华人遍布世界各国，他们熟知住在国的情况，与住在国人民朝夕相处，最便于和住在国人民开展公众外交。如果有千分之一的华侨华人在涉华问题上能够提醒身边的当地民众摘去‘有色眼镜’，帮助他们理解、欣赏中国这幅‘水墨画’；如果有万分之一的华侨华人能担当阐释中国立场、促进邦谊、争取对我们理解和支持的‘民间大使’，这将是一支何等壮观的队伍和力量”①！

中国侨务公共外交的核心问题是海外华侨华人的参与，其目的是构建良好的中国国家形象。具体来说，侨务公共外交的目标包括：传播中华文化；促进友好交往与合作；化解外交僵局；介绍真实中国。

自新中国成立以来，尤其是改革开放30多年来，海外华侨华人充分发挥自身优势，通过不同方式，在协助中国开展外交工作，促进中国对外交往，向世界解释和宣传中国，加强沟通理解，推动友好合作等方面发挥了重要的作用。

华侨华人参与中国外交，推动中国对外友好关系发展的例子有很多，比如：闻名遐迩的陈香梅对中美关系的发展进程产生了重要影响，在过去的几十年中，频繁地穿梭于中美两国之间，为促进中美友好做了许多工作；祖籍广西北流的马来西亚华人曾永森，在20世纪70年代开始了中马外交的“破冰之旅”，为促成中马建交立下汗马功劳，被人们誉为“马来西亚的基辛格”。

---

① 陈奕平主编：《和谐与共赢：海外侨胞与中国软实力》，广州：暨南大学出版社2012年版，第263页。

陈香梅

“马来西亚的基辛格”曾永森

（四）促进中国改革开放与繁荣富强，提升中华民族的凝聚力

国家软实力建设可划分为外向性建设和内向性建设两部分，也就是说，对于国家软实力的界定，不能只关注一国为达到目标而影响、吸引他国的能力，还要考虑到一国国内制度、文化、民族精神等领域的建设，即所谓的内部能力与外部能力并重的“软实力”，由此阐明国家软实力是一国软实力资源在国内与国外两个向度上所产生的影响力、感召力、凝聚力与吸引力的统一。而华侨华人参与新中国建设的过程及其重大贡献，正是推动中国软实力内向性建设的重要方面。

海外华侨华人推动中国软实力内向性建设的机制表现为两种：①直接推动中国国家软实力的内向性建设；②通过推动中国硬实力发展，进而间接推动中国国家软实力的内向性建设。作为中国主要领导人之一的邓小平曾指出：“我们有几千万爱国同胞在海外，他们对祖国作出了很大贡献。”新中国成立以来，尤其是改革开放以来，华侨华人经由华人社团、华人传媒、华文教育和华人精英等路径，在中国改革开放和经济腾飞、中华民族认同与祖国和平统一、科技与教育、文化产业发展和文化体制改革等方面作出了巨大贡献。换言之，通过这两种机制，华侨华人在推动、提升中国国家软实力的内向性建设方面发挥了独特作用和影响。

海外华侨华人这种内向性软实力建设的途径主要体现在以下几个方面：

（1）通过引进侨资、侨智促进中国经济的快速发展，进而形成中国特色的经济发展模式。在改革开放初期，最先到中国投资的就是华侨华人。深圳第001号合资企业是由泰国著名华商谢国民先生领导的于1979年创办的正大集团；常州市第一家三资企业也是侨资企业；中国改革开放初期设立的四个经济特区，都建在华侨华人分布最多的广东、福建等侨乡；马来西亚的郭鹤年集团、印度尼西亚的三林集团和力宝集团、泰国的正大卜蜂集团等都在大陆有较大规模。统计显示，1990—2000年，原东盟五国（马来西亚、新加坡、印度尼西亚、菲律宾、泰国）对中国大陆实际投资金额累计达230.4亿美元，大致反映了东南亚华人企业集团对华投资的规模和程度。另据统计，中国截至2009年登记注册的侨资企业有30多万家，约占三资企业总数的70%，华侨、华人和港澳同胞投入的资金达3 300多亿美元，约占实际利用外资的60%。[①] 侨资企业对中国经济的发展起着先锋队、主力军的作用，功不可没。

进入21世纪以来，中国经济面临结构调整、产业转型等问题，需要高科技人才和高新企业。而海外华侨华人，尤其是旅居欧美等发达国家的华侨华人中，有大量世界级的专业人员、科学家。在美国的华人当中，接受本科及以上高等教育的人口比例超过51%（全美平均为27%）；从职业分布来看，52%的华裔从事管理及其他专业性工作（全美平均为34.1%）；中国的33 750名留美在读博士生占全部留美博士生的29%，比位居第二的印度博士生多一倍。[②] 海外华侨华人是中国的“人才库”，这些高精尖的人才基本上都是新移民，对中国深有感情，他们愿意用自己的知识和技术回报祖国，如饶毅、施一公等。近年来，随着中央和地方引进人才的力度加大，越来越多的留学生回国。2012

① 曹敏：《外资引进中的华侨华人作用、问题、变化与对策》，《世界经济与政治论坛》2009年第4期。

② 王辉耀：《移民潮——中国怎样才能留住人才?》，北京：中信出版社2013年版，第38、45页。

年，各类留学回国人员总数为27.29万。自2008年中组部开始实施的海外高层次人才引进计划（即“千人计划”）截至2012年7月共引进各领域高端人才2 263名，其中99%以上为华侨华人。这些留学归国人员和引进的人才对中国科技的发展和经济的转型有着重要作用。在中国所有的高新技术企业中，有一半企业为留学归国人员所创办。

以中关村为例，截至2010年底，归国留学人员达到9 760名，比2005年增长了36.12%，接近全国总量的1/4。硕士及以上学历人才占比达到75.79%，是中关村从业人员硕士以上学历人才占比的7倍。这些留学归国人员很多都有科技成果或专利。

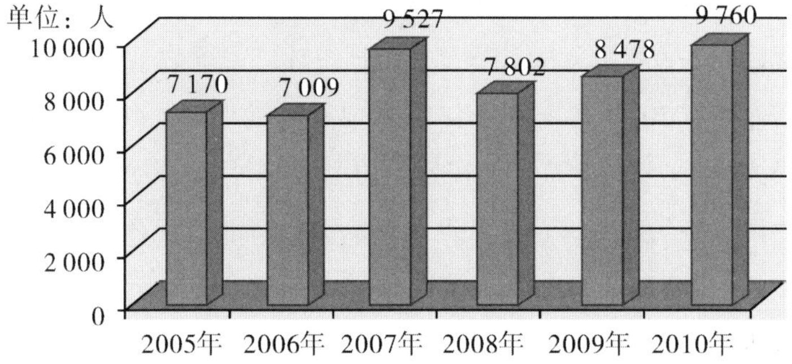

图12－2　中关村留学归国人才存量（2005年至2010年）

资料来源：中关村科技园区管理委员会：《中关村示范区2011年人才发展报告》。

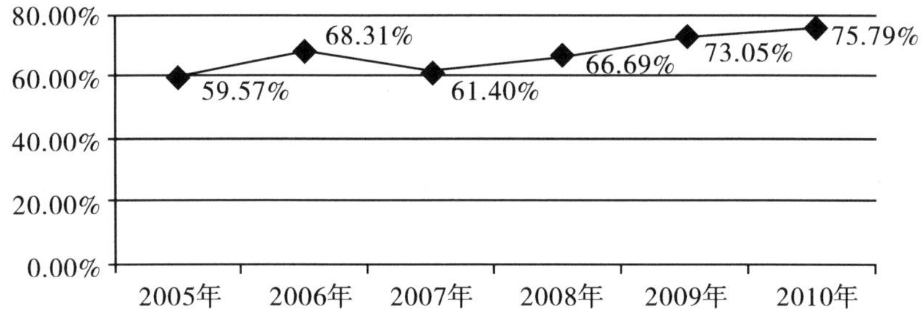

图12－3　中关村留学归国人才中硕士及以上学历人员占比（2005年至2010年）

资料来源：中关村科技园区管理委员会：《中关村示范区2011年人才发展报告》。

从促进中国经济的发展到推动中国经济的转型，海外华侨华人都起着不可替代的作用。他们的积极参与造就了中国经济增长的奇迹，成就了中国模式的形成。

（2）华侨华人通过投资、贸易往来等途径将世界先进文化、思想观念、先进技术、管理经验及全球化视野带到中国，同时又通过庞大的华商网络帮助中国企业“走出去”。华资企业通过在大陆建立新企业，或者将海外经营成熟的企业品牌延伸至大陆，不仅为中国大陆带来了大量资金，而且将管理人才、管理经验等也带入了国内。通过投资创办企业，把国外的先进管理经验和管理模式带入国内，对处于改革开放中的中国来说，这比直接的资金投入具有更大的意义。这些管理经验和管理模式有力地推动了本土企业的成长。中国本土企业壮大后，就需要走出去寻求更大的发展。而华商网络在东南亚、亚太地区乃至全世界都有巨大的影响，并且华侨华人企业家熟悉当地政治、经济、法律以及风俗习惯，熟悉当地的投资项目、投资管理部门与投资的规模和形式。因此，只有通过这个华商网络和华侨华人企业家，中国企业才能更快地了解国外企业的文化和价值观，其“走出去”才能减少风险，才能在世界形成影响力。

（3）海外华侨华人对中华文化的急迫需求加速了中华文化的复兴。海外华侨华人因族群认同和文化认同的需要，对中华文化的需求非常迫切。海外华侨华人需要鲜活的、与时代精神相符合的现代文化。而且新移民对现代文化的需求更加强烈，因为只有现代文化才贴近他们的生活，才能让他们产生共鸣，他们也需要一种具有世界话语权、为世界各国民众所接受的文化，以增强他们的民族自信心和自豪感。要实现中华文化的复兴，就必须以中国的方式去建构一种具有普适性的价值观念、话语体系，而不只是具象性的文化产品。只有这种具有“元”性质的、为世界所接受的知识体系、话语体系，才能使海外华侨华人找到真正的归属感。海外华侨华人这种对中华文化的需求客观上加速了中华文化复兴的进程，对中华文化的发展起到了重要的推动作用。

（4）海外华侨华人建言献策或直接参政促使中国健康发展。海外有5 000多万的华侨华人，他们对中国的发展和自身权益非常关注，会通过各种途径为中国的发展建言献策，为保护自身权益表达自己的诉求。每年都有大量的海外侨团和华侨华人来中国参访或省亲，这些侨团和华侨华人来自不同的领域，很多都是社会和业界精英，并且他们身处国外，对住在国的各种情况比较了解，他们能以“旁观者清”的姿态、以外界的视角对中国的社会经济发展提出很好的对策。他们关注的内容包括从中国和平统一到经济转型、从中华文化复兴到新农村建设的方方面面。此外，中国也主动邀请华侨华人参加或列席一些重要会议。从2001年到2012年，全国政协共邀请了五大洲51个国家的326位海外侨胞列席政协大会。2012年的全国政协会议邀请了40位华侨华人列席会议，不但人数创12年来的新高，而且地域和专业领域的代表性更加广泛。他们既有来自美国、加拿大、日本、法国、泰国、菲律宾、马来西亚、澳大利亚等发达国家和东南亚国家，也有来自土耳其、乌兹别克斯坦、埃及、博茨瓦纳等发展中国家和华侨华人数量较少的国家；既有知名侨领、商界巨头，也有资深报人、专家学者和科技精英。

（5）华侨华人为维护自身的利益，还积极向中国政府表达自身的诉求。华侨华人与中国联系紧密，有探亲、贸易、学术交流等回国的需求，而中国以往的《中华人民共和国出境入境管理法》给他们带来很大的不便。为解决这个问题，华侨华人多次向中国政府反映他们的意见，并利用政府部门在海外调研的机会表达希望修改《中华人民共和国出境入境管理法》的想法。所以在修改《中华人民共和国出境入境管理法》时，中国政府充分考虑了华侨华人的权益。华侨华人政策法规研究的权威专家、北京理工大学教授刘国福在接受国际在线网采访时说：“新的《中华人民共和国出境入境管理法》是中国在出境入境方面以及华侨华人领域的一部非常重要的法律，在这部法律的起草和制定过程中，充分听取了华侨华人的意见和建议。其中，有两条与华侨华人的关系非常密切，一条是关于护照可以作为海外华侨回国临时居住期间的身份证明，另一条规定为华侨回国定居提供了更多便利。”

国内甚至还有一批特别的华侨华人，通过担任村官来建设他们美好的家园。自2006年浙江省丽水市开展“百名侨胞助百村”活动以来，华侨华人踊跃参与到家乡建设当中，更有不少人直接竞选村官。在2008年民主选举换届中，有36名华侨担任村官；2011年的换届选举产生了华侨村官57名，比上一届增加了60%，其中41人还担任了村两委的“一把手”；2011年，前一届的36名华侨村官有32名再度当选。①“华侨村官”有海外闯荡的经历，阅历丰富，视野开阔，创新意识强。他们中的不少人事业有成，甚至有的还是海外侨团的负责人，兼具资金、人脉多种优势，在海外侨社有着不小的号召力。他们回乡任职后，更成为新农村建设的主力军。经过几年的实践，在他们的领导下，农村的各项基础设施得到完善，群众文化生活进一步丰富，村里的经济获得发展，人民生活水平得到提高。

四、中国梦推动中华民族实现伟大复兴

在介绍、推广中国梦话语时，不但要强调中国经济取得的巨大成就以及中国国力的增强，还要重点推介中国制度对于社会经济发展的重要性，中国道路的非凡意义，中华文化的魅力，以及中国“和谐世界”外交理念与和平共处外交政策。

中国梦不但对包括海外华侨华人在内的中华儿女具有重要意义，也对海外华侨华人住在国乃至世界都具有重要意义。习近平主席在2013年3月出访莫斯科以及6月出访拉美三国前接受媒体联合书面采访时，都强调中国梦带给世界的是机遇而非威胁，“实现中国梦，必须坚持和平发展。我们将始终不渝走和平发展道路，始终不渝奉行互利共赢的开放战略，不仅致力于中国自身发展，也强调对世界的责任和贡献；不仅造福中国人民，而且造福世界人民。实现中国梦给世界带来的是和平，不是动荡；是机遇，不是威胁”。而联合国秘书长潘基文在与习近平主席会面时也表示，“中国梦的实现必将对联合国及国际社会产生深远和

① 王晓波：《青田华侨村官人数激增六成》，http://www.yesqiaobao.com/show.asp? id=2762。

积极影响”。正是中国梦具有世界意义才使华侨华人在实现中国梦的过程中没有疑虑。

习近平总书记指出，“实现中华民族伟大复兴的中国梦，就是要实现国家富强、民族振兴、人民幸福”，“中国梦是民族的梦，也是每个中国人的梦”。

既然是民族梦，就不仅是中国国内中华儿女的梦，而且是包括海外5 000多万侨胞在内的梦。从历史看，祖（籍）国的国力强弱在很大程度上决定了华侨华人在住在国的地位高低，因此，海外华侨华人更加希望中国早日实现民族独立与国家富强。事实上，近代以来，遍布世界各地的华侨华人一直全力以赴地投身到争取民族独立、国家富强的追梦之旅中，从辛亥革命到抗日战争，再到新中国建设，海外华侨华人都发挥了重要而独特的作用。“改革开放后的中国驶入了民族复兴和国家富强的快车道，此时，海外华侨华人凭借自己的智慧和辛劳打拼所积累下来的财富又为缺乏资金和经验的中国注入了活力”；“得益于中国的日益繁荣和富强，海外华侨华人的命运和生存环境也有了极大的改观。……可以说海外华侨华人在推进中华民族伟大复兴的过程中也正在分享着民族振兴所结出的辉煌成果”。①

当前最重要的任务是向海外华侨华人介绍中国梦的由来、内涵及其对中国、世界和海外华侨华人的意义，引导海外华人参与讨论，鼓励他们参与中国梦的实现。要充分利用华侨华人在海外政治经济地位较高，且华文学校、华人社团、华文媒体数量众多，华商网络覆盖全世界等优势，发挥他们在传承和弘扬中华文化、塑造中国良好的国家形象、开展公共外交和增强中国软实力等方面的作用。

当然，由于华侨华人群体多、分布广、差异大，在引导华侨华人参与中国国家软实力建设、实现中国梦的过程中，要注意方法、策略，要在尊重自愿原则下，使他们了解中国侨务工作的目的、方向，做到目标

① 时习升：《华侨华人共筑中国梦》，http://world.people.com.cn/n/2013/0226/c1002-20604485.html。

明确，协调一致，活而不乱，有的放矢，以提升工作效果，避免因行为做法不当产生反效果。同时，对不同地区、不同对象，要采取不同的政策措施，甚至“一人一策”。另外，在开展侨务工作时，要注意“软实力威胁论”，尽量避免过多的“官包装”和“硬推销”，要坚持和风细雨，细水长流，水到渠成。

参考文献

1. 何舒敏：《新加坡最早的华文日报——〈叻报〉（1881—1923）》，新加坡：南洋编译所 1979 年版。

2. 李元瑾：《东西文化的撞击与新华知识分子的三种回应——邱菽园、林文庆、宋旺相的比较研究》，新加坡：新加坡国立大学中文系八方文化企业公司 2001 年版。

3. 崔贵强：《新马华人国家认同的转向（1945—1959）》（修订卷），新加坡：新加坡青年书局 2007 年版。

4. 彭伟步：《新马华文报文化、族群和国家认同比较研究》，广州：暨南大学出版社 2009 年版。

5. 杨松年：《从郁达夫〈几个问题〉引起的论争看当时南洋知识分子的心态》，《亚洲文化》1999 年第 63 期。

6. 叶钟玲：《五四时期马华报人吴天囚》，《亚洲文化》2000 年第 24 期。

7. 姚楠编：《东南亚与华人——王赓武教授论文选集》，北京：中国友谊出版公司 1987 年版。

8. 郑良树：《马来西亚·新加坡华人文化史论丛》，新加坡：新加坡南洋学会 1982 年版。

9. 郝时远、朱伦主编：《民族学人类学译丛》，北京：中央民族大学出版社 2009 年版。

10. 马戎：《中国少数民族地区社会发展与族际交往》，北京：社会科学文献出版社 2012 年版。

11. ［美］科斯塔斯·杜兹纳著，辛亨复译：《人权与帝国：世界主义的政治哲学》，南京：江苏人民出版社 2010 年版。

12. 崔贵强：《东南亚华文日报之研究》，新加坡：新加坡南洋学会 2002 年版。

13. 彭伟步：《〈星洲日报〉研究》，上海：复旦大学出版社 2008 年版。

14. 李卓辉：《推进印华软实力　华族应大力办教育——祝贺新雅学院举行专科、本科和研究生毕业典礼言论》，《星洲日报》（印度尼西亚），2013 年 2 月 4 日。

15. 姚志胜：《十八大继往开来　将开创又一个“黄金十年”》，《欧洲时报》，2012 年 10 月 22 日。

16. 《两岸看两会》，《联合早报》，2013 年 3 月 5 日。

17. 《中方关注西班牙“打黑”对华人影响》，《星岛日报》，2012 年 11 月 29 日。

18. I am a Chinese? *New York Times*, 2012－09－28.

19. 王焕芝：《从法令与政策的角度看马来西亚的华文教育及未来发展》，《东南亚南亚研究》2012 年第 4 期。

20. 林蒲田主编：《华侨教育与华文教育概论》，厦门：厦门大学出版社 1995 年版。

21. 黄昆章：《印度尼西亚华文教育发展史》，北京：外语教学与研究出版社 2007 年版。

22. 陈荣岚：《全球化与本土化：东南亚华文教育发展策略研究》，厦门：厦门大学出版社 2007 年版。